ハイエクの伝統論の再構成
―― 日本文化のなかでの自由社会の擁護 ――

土井 崇弘

新基礎法学叢書

成文堂

はしがき

　本書は、筆者が大学入学以来持ち続けてきた問題意識に基づいて、大学院進学以降の研究成果をまとめたものである。本書の問題意識・問題設定・構成は序論で詳しく述べるが、ごく簡単に要約するならば、「川島武宜が『日本人の法意識』論で提起した問題意識を念頭に置いて、日本の伝統・文化を考慮しつつ自由社会を支える根本的な観念・制度原理を擁護する提言としての『日本文化を考慮した自由社会擁護論』を探求するために、F・A・ハイエクの伝統論を再構成する」というものである。

　ここで筆者が、あえて、「（大学院進学ではなく）"大学"入学以来持ち続けてきた問題意識」と述べるのは、以下に挙げる二つの事実が存在するからである。第一に、1993年4月に筆者が大学に入学して最初に本格的に読んだ著作が、川島の『日本人の法意識』だという事実である[1]。入学早々にいわゆる勉強サークルの新入生向け読書会に参加した筆者は、輪読文献として指定された『日本人の法意識』を読んで、その内容を理解できないなりに「非常に重要な問題が論じられているので、しっかりと理解しなければならない」と思ったことを、今でも鮮明に記憶している[2]。第二に、筆者が大学3年生となった秋頃に、社会保障論の研究者であった父から勧められた『ハイエク全集』をじっくりと読み始め、その主張内容に説得されて、大学院に進学して法哲学を専攻しハイエク研究に取り組もうと心に決めたという事実である[3]。

---

　1)　筆者の手許にあるのは、川島武宜『日本人の法意識』岩波新書（1993年1月11日、第38刷発行）である。
　2)　それに加えて、関連文献として、大木雅夫『日本人の法観念――西洋的法観念との比較』東京大学出版会（1983年）を購入して、必死に理解しようと努めたにもかかわらず全く歯が立たなかったことも、強く記憶に残っている。
　3)　なかでも筆者が特に興味深いと感じたのが、気賀健三・古賀勝次郎訳『ハイエク全集5～7　自由の条件Ⅰ～Ⅲ』春秋社（1987年）、矢島欽次・水吉俊彦訳『ハイエク全集8　法と立法と自由Ⅰ――ルールと秩序』春秋社（1987年）、篠塚慎吾訳『ハイエク全集9　法と立法と自由Ⅱ――社会正義の幻想』春秋社（1987年）、渡部茂訳

大学院進学後の筆者は、上記二つの問題意識の"つながり"を解消できないながらも、ハイエク研究に着手し、必要に応じて研究対象を少しずつ広げながら、以下に挙げる論文を発表してきた。この度、これらの論文をもとに新たに書き下ろした箇所を加えて本書をまとめるにあたって、ようやく上記二つの問題意識の"つながり"を筆者なりに明確にすることができた。その際に、初出論文を大幅に改変したり多くの箇所を新たに書き下ろしたりしたため、本書と初出論文との対応関係は示さない。

「自由社会と伝統（一）、（二）・完——ハイエクを手がかりにして——」（『法学論叢』第149巻第1号（2001年）59-78頁、『法学論叢』第150巻第2号（2001年）85-106頁）

「ハイエクにおける立憲主義についての一考察」（『法の理論22』成文堂（2003年）27-48頁）

「啓蒙主義的合理主義批判の二つのかたち（一）、（二）・完——ハイエクの『行為ルールとしての伝統』とマッキンタイアの『知的探求の伝統』——」（『法学論叢』第155巻第3号（2004年）92-108頁、『法学論叢』第155巻第5号（2004年）106-119頁）

「伝統論についての一考察——F・A・ハイエクとA・マッキンタイアの比較検討——」（日本法哲学会編『リバタリアニズムと法理論・法哲学年報2004』有斐閣（2005年）128-136頁）

「M・オークショットの伝統論——F・A・ハイエク、A・マッキンタイアとの比較検討——」（『中京法学』第40巻第1・2合併号（2006年）101-122頁）

「自由主義と伝統の両立可能性に関する一考察——F・A・ハイエクとM・オークショットの比較検討——」（『中京法学』第40巻第3・4合併号（2006年）377-401頁）

森村進 編著『リバタリアニズムの多面体』勁草書房（2009年）27-48頁

「ハイエクの自生的秩序論と進化論に関する予備的考察」（『中京法学』第44巻第3・4合併号（2010年）291-321頁）

「日本文化を考慮した人権論・序説——二つのタイプの『文化的文脈を考慮した人権論』と日本文化——」（『社会科学研究』第32巻第2号（2012年）109

『ハイエク全集10 法と立法と自由Ⅲ——自由人の政治的秩序』春秋社（1988年）であった。

-164 頁）

平野仁彦・亀本洋・川濱昇 編『現代法の変容』有斐閣（2013 年）567-590 頁

「『与那国・自立へのビジョン』とハイエクの共同体論――『境界自治体』の生き残り戦略を支える共同体論に関する一試論――」（『社会科学研究』第 33 巻第 2 号（2013 年）71-117 頁）

桂木隆夫 編『ハイエクを読む』ナカニシヤ出版（2014 年）62 88 頁

　本書の刊行までには、本当に多くの方々に大変お世話になった。本来ならば、そのすべての方々一人一人のお名前を挙げつつ謝辞を述べるのが筋であるが、頁数が膨大になるのを恐れるため、以下の方々のお名前を挙げるにとどめることをお許しいただきたい。

　まずは、筆者が京都大学大学院法学研究科に進学して以来、指導教員としてご指導を賜った田中成明先生（京都大学名誉教授）に、心より感謝申し上げる。先生のご指導がなければ、不出来な弟子であった筆者が本書を刊行することはおよそなかった。

　次に、田中先生がご多忙になったのちに指導教員を引き継いでくださった、亀本洋先生（明治大学法学部教授）に厚く感謝申し上げる。亀本先生は、大学院博士後期課程に在籍していながらも不十分にすぎる筆者を丁寧に指導してくださったのみならず、本書を新基礎法学叢書の一冊として刊行する機会をくださった。

　本書の内容の一定部分については、日本法哲学会・愛知法理研究会・法理学研究会で報告する機会を得た。貴重な機会をくださった関係者の皆様に感謝を申し上げたい。

　また、本書の刊行に至るまで、筆者の本務校である中京大学――とりわけ、所属組織である法学部・法学研究科――の皆様に、大変お世話になった。なかでも、これまでの研究成果をもとに一冊の著書にまとめ上げるに際して、貴重な示唆をくださった石川一三夫先生（中京大学名誉教授）、平川宗信先生（中京大学名誉教授）、古川浩司先生（中京大学法学部教授）には、特に感謝申し上げたい。

成文堂の阿部成一社長および同社編集部の飯村晃弘氏には、本書の刊行をお認めいただくとともに、温かいご支援を賜った。心より御礼申し上げる。

　最後に、私事となるが、研究者を志す筆者を全面的に支援してくれたにもかかわらず本書を見ることなく極楽浄土に旅立った両親と、筆者の多忙な日々に大いなる理解を示してくれている妻と娘に、この場を借りて感謝の意を表する。

2019 年 2 月

土井崇弘

目　次

はしがき ………………………………………………………………… i

序　論 …………………………………………………………………… 1
  1　川島武宜が「日本人の法意識」論で提起した問題意識の根源性
    ——伝統的な法意識と西洋的な法制度とのずれ ………………… 2
  2　本書の問題設定——日本文化を考慮した自由社会擁護論の探求 … 4
  3　本書の構成 ……………………………………………………… 7
    検討課題Ⅰ——自由社会擁護と伝統重視の両立可能性 ………… 7
    検討課題Ⅱ——人権論における普遍的価値と文化的文脈の両立可能性 … 13
    検討課題Ⅲ——日本文化を考慮した自由社会擁護論の探求 …… 15

第Ⅰ部　伝統重視の自由社会擁護論

第1章　ハイエクの自由社会擁護論 ……………………………… 19
  第1節　知識論に基づく設計主義批判と伝統重視 ……………… 19
    1　知識論 ………………………………………………………… 19
    2　設計主義批判 ………………………………………………… 21
    3　伝統重視 ……………………………………………………… 21
  第2節　「伝統」理解 ……………………………………………… 22
  第3節　共同体論 …………………………………………………… 24
    1　「共同体」の用語法 ………………………………………… 24
      （1）社会 ……………………………………………………… 24
      （2）結合体 …………………………………………………… 25
      （3）共同体 …………………………………………………… 26
    2　「大きな共同体」を軸とする共同体論 …………………… 28

（1）「行為ルールとしての伝統」が形成・適用される"場"としての
　　　　「大きな共同体」……………………………………………………… 28
　　（2）「小さな共同体」の位置づけ ………………………………………… 31
　第4節　自由社会と伝統の両立可能性 ………………………………………… 32

第2章　ハイエクが展開する伝統重視の自由社会擁護論の特徴
──マッキンタイアとの比較検討 ……………………………… 36
　第1節　伝統重視の立場に基づく啓蒙主義的合理主義批判
　　　　──ハイエクとマッキンタイアの共通点 ………………………… 36
　　1　ハイエクの設計主義批判 ………………………………………………… 36
　　2　マッキンタイアの啓蒙主義批判 ………………………………………… 37
　　（1）啓蒙主義批判と伝統重視 ……………………………………………… 37
　　（2）伝統重視の背景 ………………………………………………………… 39
　第2節　「伝統」理解──ハイエクとマッキンタイアの相違点Ⅰ ……… 40
　　1　ハイエクの「行為ルールとしての伝統」……………………………… 41
　　2　マッキンタイアの「知的探究の伝統」………………………………… 41
　　3　ハイエクの「伝統」理解の特徴 ………………………………………… 43
　第3節　共同体論──ハイエクとマッキンタイアの相違点Ⅱ …………… 43
　　1　「大きな共同体」を軸とするハイエクの共同体論 …………………… 44
　　2　「小さな共同体」を重視するマッキンタイアの共同体論 …………… 44
　　（1）準備作業Ⅰ──「共通善」重視 ……………………………………… 45
　　（2）準備作業Ⅱ──「厚い伝統」重視と「共通善」重視の関連 ……… 45
　　（3）「厚い伝統」が形成・適用される"場"としての「小さな共同体」
　　　　………………………………………………………………………… 48
　　3　ハイエクの共同体論の特徴 ……………………………………………… 49
　　（1）共同体の同質性を前提としない共同体論 …………………………… 49
　　（2）リバタリアンが提示する共同体論との親近性 ……………………… 51
　第4節　伝統の発展──ハイエクとマッキンタイアの相違点Ⅲ ………… 55

1　内在的批判に基づく伝統の発展
　　　　——ハイエクの「行為ルールとしての伝統」………………… 57
　　　(1) 準備作業——伝統の普及過程 ……………………………… 57
　　　(2) 伝統の発展 …………………………………………………… 58
　　　(3) 補論——ハイエクにおける自生的秩序論と進化論の関係 … 58
　　　(4) 補論を踏まえた小括 ………………………………………… 67
　　2　内在的批判に限定されない伝統の発展
　　　　——マッキンタイアの「知的探究の伝統」………………… 67
　　3　伝統の発展をめぐるハイエクの議論の特徴 ……………………… 74
　　4　伝統の発展と共同体論との密接な関連 …………………………… 76
　第5節　自由社会と伝統の両立可能性
　　　　——ハイエクとマッキンタイアの相違点Ⅳ ………………… 77
　　1　ハイエクの自由社会擁護論 ………………………………………… 77
　　2　マッキンタイアのリベラリズム批判 ……………………………… 77
　　3　自由社会と伝統の両立可能性をめぐるハイエクの議論の特徴 … 79
　　　(1) 個人の自由それ自体の価値を高く評価 …………………… 79
　　　(2) 「行為ルールとしての伝統」を明文化した「法」の下での自由
　　　　　——法の支配 ……………………………………………… 86
　　　(3) 「行為ルールとしての伝統」による権力制限に基づく自由の保障
　　　　　——立憲主義 ……………………………………………… 95

第Ⅱ部　文化的文脈を考慮した人権論

第1章　文化的文脈を考慮した人権論の二つのアプローチ …… 115
　第1節　普遍的価値重視型アプローチの人権論 ……………………… 115
　　1　ドネリーの「強い普遍主義」……………………………………… 115
　　2　ミラーの「人道主義的戦略」……………………………………… 118
　第2節　文化的文脈重視型アプローチの人権論 ……………………… 119
　　1　アッナイムの「構成的アプローチ」……………………………… 119

2 ベルの「地域知重視の人権論」……………………………………… 122

第2章 普遍的価値重視型アプローチの人権論における文化的文脈の考慮 …………………………………………………… 127

第3章 二つのアプローチの共通点
──文化内部の多様性と文化の変化 ……………………………… 131

第4章 二つのアプローチの相違点──議論の進め方 …………… 134
第1節 普遍的価値重視型アプローチの人権論の議論の進め方 …… 135
1 ドネリーの強い普遍主義 …………………………………………… 135
2 ミラーの人道主義的戦略 …………………………………………… 136
第2節 文化的文脈重視型アプローチの人権論の議論の進め方 …… 139

第5章 文化的文脈重視型アプローチの人権論の基礎理論としてのマッキンタイアの「知的探究の伝統」論 ………………… 141
第1節 各論者の立場の位置づけ ……………………………………… 142
第2節 文化的文脈重視型アプローチの人権論とマッキンタイアの「知的探究の伝統」論の比較検討 ……………………………… 142
1 文化的伝統の捉え方 ………………………………………………… 142
2 文化的伝統の多様性 ………………………………………………… 144
 (1) 文化的伝統内部の多様性 ……………………………………… 144
 (2) 文化的伝統それ自体の複数性・多様性 ……………………… 144
3 文化的伝統の変化・発展 …………………………………………… 145

第Ⅲ部 日本文化を考慮した自由社会擁護論

第1章 日本文化の特徴 ……………………………………………………… 155
第1節 日本文化の三つの特徴 ………………………………………… 155

        1　構造的特徴としての「中空均衡構造」……………………… 156
        2　方法的特徴としての「輸入・修正型文化」………………… 162
        3　内容的特徴としての「状況重視型の相対的道徳」………… 163
    第2節　日本文化の三つの特徴の相互関係 ………………………… 166
        1　「中空均衡構造」と「輸入・修正型文化」の相互関係 …… 166
        2　「状況重視型の相対的道徳」と「中空均衡構造」の相互関係 ……… 167
        3　「状況重視型の相対的道徳」と「輸入・修正型文化」の相互関係 …… 168

第2章　「中空均衡構造」に適合的な理論構造 ………………………… 170
    第1節　中心統合構造を批判するハイエクの「行為ルールとしての伝統」
        論 ……………………………………………………………… 170
    第2節　アッナイムの構成的アプローチとマッキンタイアの
        伝統間比較論は「中空均衡構造」に適合的か ……………… 173
        1　「中心統合構造」に適合的なアッナイムの構成的アプローチと
            マッキンタイアの伝統間比較論 ………………………… 173
        2　中空均衡構造と中心統合構造の併存 ……………………… 176
    第3節　連続的な変化に着目するオークショットの「行為の伝統」論
        ………………………………………………………………… 178

第3章　「輸入・修正型文化」に適合的な立論方法 …………………… 180
    第1節　「輸入・修正型文化」に適合的な立論方法としての
        「文化的文脈重視型アプローチの人権論」と
        マッキンタイアの伝統間比較論 ……………………………… 180
    第2節　日本文化における価値観の継続性 ………………………… 181

第4章　「状況重視型の相対的道徳」に適合的な理論内容 ……… 184
    第1節　単純な解釈
        ──「状況重視型の相対的道徳」に適合的な「『小さな共同体』
            を重視するマッキンタイアの共同体論」……………… 184

第2節 「輸入・修正型文化」に適合的な立論方法に基づく解釈Ⅰ
　　　――「状況重視型の相対的道徳」とスミスの道徳理論との
　　　　適合可能性 ··· 187
　1　スミスの道徳理論 ··· 190
　　(1)「同感」論 ·· 190
　　(2) 一般的ルールの形成 ··· 191
　　(3) 小括 ··· 192
　2　「状況重視型の相対的道徳」とスミスの道徳理論との適合可能性 ······ 192
　　(1) 新たな解釈は単純な解釈で解決できなかった問題を解決できるか
　　　 ··· 193
　　(2) 新たな解釈は単純な解釈の抱える問題点の原因を説明できるか ····· 194
　　(3) 新たな解釈は「状況重視型の相対的道徳」との根本的継続性を
　　　　保持できるか ··· 195
　3　結論 ·· 196
第3節 「輸入・修正型文化」に適合的な立論方法に基づく解釈Ⅱ
　　　――「状況重視型の相対的道徳」とハイエクの
　　　　「行為ルールとしての伝統」論との適合可能性 ··················· 197
　1　抽象的なるものの先行性 ·· 199
　2　伝統の普及・明文化過程に焦点を当てた「行為ルールとしての伝統」論
　　 ··· 201
　3　「状況重視型の相対的道徳」と伝統の普及・明文化過程に焦点を当てた
　　　「行為ルールとしての伝統」論との適合可能性 ························ 204
第4節 「行為ルールとしての伝統」論の再構成
　　　――「状況重視型の相対的道徳」に適合的な
　　　　自由社会擁護論を展開するために ···································· 205
　1　「行為ルールとしての伝統」と具体的な文化的文脈
　　　――三つのレベルの「行為ルールとしての伝統」 ···················· 206
　2　「実施のレベルにおける『行為ルールとしての伝統』」間比較の可能性
　　 ··· 210

(1) オークショットの「行為の伝統」論 ………………………………… 211
　　(2) ハイエクにおける伝統間比較の可能性と限界 ……………………… 223
　　(3) 競争相手の伝統を理解した「実施のレベルにおける
　　　　『行為ルールとしての伝統』間比較」……………………………… 226

結　論 ………………………………………………………………………… 228
　1　本書の要約 …………………………………………………………………… 228
　　問題設定——日本文化を考慮した自由社会擁護論の探求 ………………… 228
　　準備作業①——ハイエクが展開する伝統重視の自由社会擁護論の特徴
　　　　　　　　　　………………………………………………………………… 228
　　準備作業②——文化的文脈を考慮した人権論の立論方法 ……………… 231
　　問題設定への回答——日本文化を考慮した自由社会擁護論の提示 …… 232
　2　再構成された「行為ルールとしての伝統」論に基づく自由社会擁護論
　　　の特徴——法をめぐる問題と道徳をめぐる問題とを明確に区別 ……… 238

文献一覧 ……………………………………………………………………… 247
人名索引 ……………………………………………………………………… 260
事項索引 ……………………………………………………………………… 262

序　論

　日本法をめぐっては、明治期以降、西洋法を継受して法制度の近代化を図ってきたにもかかわらず、人々の間にはそれ以前の伝統的な法文化が根強く残っており、法制度の運用や利用の仕方について西洋とかなり異なる特徴がみられるという理解が、一般的に承認されているといってよい。つまり、法の基本的な考え方と用い方について西洋と日本の間には根本的な相違が存在しており、その結果として権利や裁判の見方についても重要な相違がみられ、その相違は日本が19世紀後半から西洋法を継受して近代化のプロセスをたどりはじめた後も比較的最近まで残っていた、というわけである[1) 2)]。
　このような「伝統的な法文化あるいは法意識と西洋的な法制度とのずれ」という問題意識を最も顕著に表明してきたのが川島武宜の「日本人の法意識」論[3)]だという点は、周知のとおりである。

---

1)　田中 2000、101 頁、田中 2016、43 頁。またこれに関連して内田 2018 も参照。
2)　棚瀬孝雄によると、「日本の法を理解する時に、明治時代に継受されたその法が、西洋の、近代の法であったという性格は決定的な意味を持っている。」(棚瀬 2002、1 頁) というのも、どの社会でも法は多かれ少なかれ社会と異質な論理で構築されており、法が社会と接する界面では「法を社会に向けて強く啓蒙していく側面」と「社会がその論理を盾に抵抗していく側面」との対抗関係が存在するが、日本では、まさに法が西洋近代の法であったことから、この対抗関係がより先鋭な形で現れざるを得なかったからである。(棚瀬 2002、1 頁)
3)　この議論をめぐる千葉正士の指摘 (①「日本人の法意識」ではなく「日本的な法意識」という用語法を採用すべき、②日本的な法意識は日本の歴史をつらぬいて一貫するものでなければならない、③狭義の法意識が一般的な「日本的意識」―行動科学的概念を用いれば「日本的な思考様式ないし行動様式」―の全体の中に正確に位置づけられ、他と比較されるべき) については、千葉 1991、118-119 頁を参照。

1 川島武宜が「日本人の法意識」論で提起した問題意識の根源性
——伝統的な法意識と西洋的な法制度とのず̇れ̇

　川島によると、「明治憲法下の法典編纂事業は、まず第一次には、安政の開国条約において日本が列強に承認した屈辱的な治外法権の制度を撤廃することを、列強に承認させるための政̇治̇上̇の̇手̇段̇であった。」(川島1982-2、230頁。圏点は原著者。) そのため、このような歴史的背景の中で作られた諸法典の圧倒的な大部分は、その基本的な用語・観念・論理・思想において、はなはだ西洋的であった。彼の考えでは、これらの法典が西洋的なものとなったのは、当時の日本の国民生活の大部分において、法律を西洋的なものにするような現実的・思想的な地盤が普遍的にあったからではない。そうではなく彼は、不平等条約を撤廃するという政治的な目的のためにこれらの法典を日本の飾りにするという一面があったことは否定できない、と指摘する。(川島1982-2、229-231頁)

　具体例を挙げると、明治政府は、純粋封建制のヒエラルヒーを解体して華族・士族・平民の三身分に再編成し契約自由の原則を認めるという改革——それによって、それまでは世襲的・身分的に決まっていた社会的結合に代わって、契約による社会的結合が社会関係を構成することになった——に対応して、ヨーロッパの近代市民法の体系と構成とを輸入し、国家の裁判所はこのように整備された近代市民法の諸法典を規準として裁判を行うこととなった。この一連の改革を法律家的世界観から見ると、我々の社会は、その社会関係のほとんどすべてが契約によって媒介されていることの結果として、近代的な社会として現れ、さらにいえばそのような法律家的世界観は、法律家でない人間の頭脳をも多かれ少なかれ支配し、契約によって媒介されたすべての社会関係——換言すれば、我々の社会全体——が「近代的」なものであるかのような外観を与える。(川島1982-1、176-177頁)

　だが川島によれば、このような世界像は、観念論的な世界像にすぎず、「現実」に対し観念型態として独立し「現実」に対立するものである。したがってそれは、種々の条件の下においてしばしば、現実から遊離しまた現実と矛盾するに至る。なかでも彼は、「明治日本のようにまだ市民社会として

成熟していないところへ、ヨーロッパ市民社会の法体系を観念型態として『継受』した場合には、特にそうである」(川島 1982-1、178 頁。圏点は原著者。)と指摘する。(川島 1982-1、178 頁)

それゆえ川島は、「西ヨーロッパの先進資本主義国家ないし近代国家の法典にならって作られた明治の近代法典の壮大な体系と、現実の国民の生活とのあいだには、大きなずれがあった」(川島 1982-2、232 頁。圏点は原著者。)という、かの有名な問題を提起するのである。

このような「伝統的な法意識と西洋的な法制度とのずれ」という問題への対処法として明治時代に有力に主張されたのは、「和魂洋才」という言葉であった。だが戦後――すなわち、第二次世界大戦後――になると、法を「洋才」に限定して「和魂」を法の手の届かないところに置こうとした試みは、日本を無謀な戦争に突入させた責任を反省する中で強く批判されることとなり、「『和魂』こそが問題なのであって、法は何よりもそのすぐれた理念性である『洋魂』において学ばれなければならない」という考え方が人々に新鮮に受け止められた。このような新たな法の理解としての近代主義的な民主化・近代化路線を戦後の日本社会に向けて力強く語ったのが、川島であった。すなわち彼は、自身の法意識論の基本的な問題関心を「日本の政治・経済・社会の民主化のために、『法的生活の近代化』を推進すること」に向けて、「日本国憲法体制が理想的前提・目標とする近代的権利意識は、戦後も残存する伝統的な身分階層的社会構造と義理・人情文化によって成長を阻止されており、民事紛争解決における裁判回避傾向やインフォーマルな調停利用行動は、近代的権利意識の未成熟による特殊日本的なものであり否定的に評価されるべきものだ」という理解を提示したのである[4) 5)]。

---

4) 田中 1996、1-2 頁、棚瀬 2002、1-2 頁
5) 川島が提示したこのような新たな法の理解について、棚瀬は、「法社会学を通して認識された西洋の理念的な法と、法を使わない日本社会の現実という、川島の二元的な図式は、明治以来の近代化の課題とその中に埋め込まれた不断の漸近的運動としての法の継受という、特殊日本的な文脈の中では極めて自然な認識図式である」とともに、「川島の学問を貫くこの近代化と法学の自己反省は、まさに戦後の日本の、旧来の秩序とそこに様々なかたちで組み込まれていた法律学を解体して新たな民主的社会

もっとも1980年代後半以降になると、戦後に生じた国民の政治意識の成長や様々な市民運動の高まりを受けて、日本社会にも西洋流の権利意識が着実に根を張りつつあるという見方が広まってきた。だがこのような見方に対して長谷川晃は、人々の間で権利意識が着実に高まっていることは確かであるが、それにもかかわらず、そのような意識動向の背面において「我々は真に権利の概念の意義を把握し得ているか——換言すれば、我々が今感じている権利の感覚は、その観念が本来予定しているものに適合しているか——」という問題は依然として存在している、と指摘する。青木人志の言葉を借りるならば、「『法は本当にわたしたちの意識に合致したものか』という骨太な問いかけは、今なお意味を失ってはいない」（青木2005、13頁）というわけである。それゆえ、「伝統的な法文化あるいは法意識と西洋的な法制度とのずれ」という川島が提起した問題は、現代においてもなお——いやむしろ、以前にも増して——切実に論じられている問題であり、19世紀後半から西洋法を継受して法制度の近代化を図ってきた日本法に一貫して存在し続けてきたひとつの根源的な問題だということができる[6]。

2　本書の問題設定——日本文化を考慮した自由社会擁護論の探求

　このような根源的な問題意識を念頭に置いて「現代日本の法状況をどのように理解し評価したうえで、どこをどのように改革すべきか」という課題に取り組む際に重要な示唆を与えるのが、田中成明の議論である。彼の指摘によると、日本法の現況や改革の方向を論じる際には、伝統的な法文化がその規定要因として常に重要な位置を占めており、それをどのように理解し評価するかが議論の分かれ目になっている場合が少なくない。それゆえ彼は、先に述べた課題に取り組むに際して、「日本社会全体が、グローバル化のインパクトを受け、構造改革を迫られているなかで、法的領域でも、従来の"内

　　に向けて再編し直していくという、大きな時代のうねりとともにあったものであり、決して川島一人の問題意識から発したものではなかった」と指摘する。（棚瀬2002、2-3頁）

6）　長谷川1991、215頁、青木2005、12-13頁

の論理と外の論理"の使い分けはできなくなっており、法的な規準の内容や問題処理の仕方についても、『国際的にはそうかもしれないが、国内的にはこうだ』といった論法が通用しなくなってきている」(田中 2014、52 頁)という現代の日本社会が置かれた状況を直視したうえで、「日本の伝統や文化を見直し、改めるべきものは改め、継承発展させるべきものは洗練し、国際的にも通用する独自の在り方を追求すること」(田中 2014、52 頁)が求められていると主張する[7][8]。

　田中の考えによれば、既に相当期間にわたって近代西洋法をモデルに法システムの近代化を図ってきた日本のような非西洋諸国において国際的な法的摩擦の解決や国内法システムの改革に取り組む際に、権利・人権、自由・平等、民主制・立憲主義・法の支配などの観念・制度原理について、近代西洋的な起源やキリスト教的な背景を強調して文化の異質性や文明の衝突という側面をクローズ・アップすることが有益かどうかは、かなり疑わしい。もちろん非西洋諸国においては、それぞれの文化的・宗教的・伝統的背景や政治経済的・社会的諸条件に適合する仕方で近代西洋法の継受と定着が図られてきているため、制度の現実の用い方や動かし方のレベルで西洋諸国と同列に論じることが困難な現象があちらこちらにみられることは事実である。それゆえ彼は、普遍性志向と特殊性志向が国際レベル・国内レベルで連動しながら同時進行的に展開されている複雑な現況を直視したうえで、権利・人権、自由・平等、民主制・立憲主義・法の支配といった自由社会を支える根本的な観念・制度原理を、各国の伝統・文化・歴史の原理的差異に配慮しつつも、そのような相違を超えて相互に対話し学び合うための背景的準拠枠組として「脱西洋化」「脱宗教化」し、従来の"内の論理と外の論理"の使い分けを許さないほど相互規定的となっている国際的・国内的な問題状況を解明・解決できるものへと、創造的に再構築することに努めるべきだと主張する。(田中 1996、7-8 頁)

---

7) 田中 2000、101 頁、田中 2014、51-52 頁
8) なお、「伝統」と「文化」の違いを厳密に区別しない用語法については、例えば青木 1992、特に 473 頁、475 頁を参照。

以上のような田中の議論を踏まえると、「伝統的な法文化あるいは法意識と西洋的な法制度とのずれ」という川島が提起した根源的な問題意識を念頭に置いて「現代日本の法状況をどのように理解し評価したうえで、どこをどのように改革すべきか」という課題に取り組む際に求められているのは、「日本の伝統・文化を考慮しつつ、自由社会を支える根本的な観念・制度原理を擁護する」提言だということができる。したがって、本書の問題設定は次のとおりである。

　日本文化を考慮した自由社会擁護論とはどのようなものか

　この問いに答えるために、本書では以下の順で論を展開する。まず初めに**第Ⅰ部**で、日本文化を考慮した自由社会擁護論を探求するための準備作業として、「自由社会擁護と伝統重視の両立可能性をどのように考えるか」という一般化された問いに応答する「伝統重視の自由社会擁護論」と名付けられ得る立場について検討を加える。次に**第Ⅱ部**で、日本文化を考慮した自由社会擁護論を探求するためのさらなる準備作業として、議論の射程を「自由社会を支える根本的な観念・制度原理」のひとつとしての人権論に絞り込み、近年の人権をめぐる議論において一定程度以上の研究蓄積が存在する「文化的文脈を考慮した人権論」と名付けられ得る立場について検討を加えることで、文化を考慮した自由社会擁護論を説得的に展開するための立論方法を明らかにする。最後に**第Ⅲ部**で、**第Ⅰ部**および**第Ⅱ部**での準備作業における検討結果を前提に、現代の日本社会が置かれた状況を踏まえて議論の射程をさらに絞り込み、**第Ⅰ部**で検討を加えたＦ・Ａ・ハイエクが展開する伝統重視の自由社会擁護論を、**第Ⅱ部**で明らかにした文化を考慮した自由社会擁護論を説得的に展開するための立論方法を用いて再構成することで、「日本の伝統・文化を考慮しつつ、自由社会を支える根本的な観念・制度原理を擁護する」提言としての「日本文化を考慮した自由社会擁護論」の探求に向かいたい。

3　本書の構成
検討課題Ⅰ——自由社会擁護と伝統重視の両立可能性

　日本文化を考慮した自由社会擁護論を探求するために、本書では、「自由社会擁護と伝統重視の両立可能性をどのように考えるか」という一般化された問いに対する応答から、論を開始する。そこで最初に、この一般化された問いの重要性を明らかにするために、自由と伝統の関係をめぐるE・シルズの整理を確認することから始めよう。(Shils 1997, pp. 103-104)

　シルズの指摘によれば、西洋と東洋における自由主義的な思想伝統の多くは、自由と伝統が対立し矛盾するという主張を展開している。この点に関して彼は、①プロテスタンティズムは、聖書における啓示の優先性を根拠に、蓄積された伝統の妥当性を否定し、②個々人の理性に照らした決定のみが妥当だと考える合理主義的な自由主義は、伝統を受け継がれた思想や行為を思慮なく繰り返すものだと捉えて、そこに個人という要素が入り込む余地が存在しないと批判し、③ロマン主義的な自由主義は、個人の本質を構成する自発性を伝統が束縛することを根拠に、伝統に強く反対する、といった具体例を挙げる。つまり、伝統は、人間の行為や思考を拘束し、自身の目で見て自身の創造力に従って感じ価値判断を下すことを禁ずる、というわけである。

　シルズの分析に従うと、自由と伝統の対立・矛盾を指摘するこのような主張が強調されてきた背景には、「自由を擁護する運動に敵対する論者が、ほとんど常に、自身を伝統の擁護者だと主張してきた」という事実が存在する。つまり、そのような論者が具体的な制度上の慣行と信念に基づく実体的な伝統のみならず伝統そのものの価値をも擁護し、「伝統そのものを擁護すること」と「具体的な伝統的取り決めを支持すること」とが密接に結び付いた結果として、伝統の価値が疑われるようになった、というわけである。

　だがシルズは、以上で述べてきた自由主義的な思想伝統の展開に対して、自由主義を擁護する論者がこのようなかたちで伝統の価値を疑うのはあまりにも単純な図式ではないかとの疑問を呈する。

　これと同様の疑問は、いわゆる「現代正義論」の展開をめぐる教科書的な説明に対しても、提起することができる。

現代正義論は、効用 対 権利、自由 対 平等、国家 対 市場など、基本的にリベラリズム内部の対立や論争を通じて展開されてきたが、1980年代に入ると、このような従来の基本的にリベラリズム内部の対立を超えて、リベラリズムの前提や限界を原理的に問い直す動きが強まり、リベラリズム 対 コミュニタリアニズムという対立構図で活発な論議が展開されるようになった、と説明される。その際にコミュニタリアニズムは、現代社会の病理が自己と社会についてリベラリズムの個人主義的な見方が拡がっていることによるものと診断し、リベラリズム正義論——その主張内容は、公的領域・私的領域の峻別に対応して、正義と善を区別し、善に関する個人の自己決定・選択を尊重する一方で、正義の善に対する優先を説き、特定の善の見方に対する国家の中立性を要請する点に、集約される——を批判して、正義の構想や実現において、共同体とその歴史・伝統・文化に基底的な位置を与え、共通善の実現や人々の徳の完成を重視すべきことを強調する、と要約される。（田中 2011、423 頁）

このような現代正義論の展開をめぐって、ここでは特に、リベラリズムの前提や限界を原理的に問い直すコミュニタリアニズムが、共同体の伝統・文化に基底的な位置を与えた点に着目したうえで、次のような疑問を提起したい。すなわち、伝統や文化を重視する立場を採用すれば、必然的に、リベラリズムを批判しなければならないのか、と[9]。

以上で提起した疑問に答えるものとして、筆者はM・オークショットの議論に注目したい。というのも彼の考えでは、自由主義者（libertarian）とは、伝統の中の一員であることを誇りとしている者であり、自由を信仰し、「自由を強調することこそが、自身が身を置いている伝統の特徴的な側面であ

9） なお田中は、いわゆるリベラル・コミュニタリアン論争について、「コミュニタリアンによるリベラリズムの理解が偏っていたり批判の論点がずれていたりするため、議論が必ずしもかみ合っていないものもある」と認めつつも、「コミュニタリアニズムがリベラリズムの哲学的基礎や正義論としての限界などについて重要な問題提起をしたこの論争をきっかけに、リベラリズムの軌道修正がみられただけでなく、この論争と重なり合いながらフェミニズムや多文化主義などのリベラリズム批判の有力な潮流が台頭してきた」という点に着目して、この論争の意義を確認しておくことは重要だと考えている。（田中 2011、424 頁）

る」と考えている者であり、自由の抽象的定義から議論を開始するのではなく、「ある生活様式を享受してきた人々が、自由な生活様式と呼び慣れているもの」を実際に享受して、それを良きものだと考える者だからである。(Oakeshott 1991, pp. 385-387［邦訳 42-44 頁］)[10] さらに、このようなオークショットの議論と同様の視点を提示するR・T・アレンの分析も、注目に値する。というのもアレンは、ハイエクとM・ポラニ（Michael Polanyi）によるリベラリズムの再定式化の特徴を、リベラリズムを本質的に伝統や習慣と対立するものとして合理主義的に捉えるのではなく、「自由は伝統や習慣に依存しており、自由社会は、大抵、受け継がれた伝統や制度によって生きている社会であるに違いない」ということを認めてきた点に見出すからである。つまり、「ハイエクとポラニによるリベラリズムの再定式化の重要な部分は、リベラリズムと伝統・習慣の和解だ」(Allen 1998, p. 67) というわけである。その理由としてアレンは、自由に関する知識と内容は習慣や伝統に由来し、したがって自由に関する知識と内容は、共有された生活様式を生きる自由を含み、そのような自由の中に存在し得る、という点を挙げる。(Allen 1998, p. 67, p. 75)

　このようなオークショットの議論とアレンの分析に示唆を得て、本書ではまず初めに**第Ⅰ部**で、「自由社会擁護と伝統重視の両立可能性をどのように考えるか」という一般化された問いに応答するために、「伝統重視の自由社会擁護論」と名付けられ得る立場について検討を加える。その際に筆者は、先のアレンの分析でも言及されていた、ハイエクが展開する伝統重視の自由社会擁護論に注目したい。というのもハイエクは、自由社会擁護という立場を鮮明にしつつ、同時に、伝統重視という立場も明確に提示することで、「自由社会擁護の立場と伝統重視の立場は両立可能だ」ということを最も明

---

10) オークショット曰く、「政治における自由主義者の企てとは、既に種が蒔かれたところを耕すことである。……政治とは、何か新しい社会について想像することでも、既存の社会を抽象的理想に一致させるために、既存の社会を変形させることでもない。政治とは、既存の我々の社会が暗示していることをさらにもっと完全に実現するために、今何をする必要があるのかを認識することである。」(Oakeshott 1991, p. 397［邦訳 55 頁］)

快に主張する論者だからである。このような彼の主張は、以下に挙げる一文に最も端的に現れている。

> 自由社会が機能するために不可欠である……のは……伝統的なものに対する敬意である。(Hayek 1960, p. 63 [『自由の条件Ⅰ』92頁])

> 成功した自由社会は、常にほとんどの場合は、伝統に制約された社会である。(Hayek 1960, p. 61 [『自由の条件Ⅰ』90頁])

それゆえ**第Ⅰ部**では、まず初めに**第1章**で、ハイエクが展開する伝統重視の自由社会擁護論に検討を加えたうえで、次に**第2章**で、このような彼の理論の特徴を浮き彫りにするために、伝統重視の立場を採用しながらリベラリズム批判を展開するA・マッキンタイアの理論との比較検討を行いたい。

では、ハイエクの自由社会擁護論の特徴を浮き彫りにするために、コミュニタリアニズムの代表的論者の一人と目されている[11]マッキンタイアの理論と比較検討を行うのはなぜか。その理由を明らかにするために、ここで、「ハイエクの理論とコミュニタリアニズムとの関係」および「ハイエクの理論とマッキンタイアの理論との関係」をめぐるいくつかの指摘を確認しておきたい。

まず初めに、いわゆるリベラル・コミュニタリアン論争におけるハイエクの理論の位置づけをめぐっては、複数の論者が、コミュニタリアニズムによるリベラリズム批判はハイエクにあてはまらないとの指摘を行っている。例えばC・クカサスは、「コミュニタリアニズムによるリベラリズム批判をめぐるハイエクの貢献は、個人の権利や理想化された人格構想ではなく社会理論に基づいてリベラルな政治秩序を支持する理論的根拠を提示したことにある」と考える。(Kukathas 1989, p. 222. cf. *ibid*., pp. 84-86, pp. 215-222.) また

---

11) もっとも、マッキンタイア自身は自らの立場をコミュニタリアニズムだとは考えていないという点には、注意が必要である。(MacIntyre 1994, p. 302, MacIntyre 1998, p. 235, pp. 243-246)

H・H・ギスラーソンによれば、ハイエクは、彼自身の自生的秩序論を明確に説明し、個性を共同体の達成物と解釈することで、個人主義とコミュニタリアニズムとの論争の解消に貢献することができる。(Gissurarson 1987, p. 7, p. 163. cf. *ibid.*, pp. 6-7, pp. 10-15, pp. 163-164.) さらにC・R・マッカン＝ジュニアは、「ハイエクの社会哲学の中心には、人間は社会によって構成されるものだという性質に対する尊重がある」と特徴づけたうえで、「ハイエクのリベラリズムは、コミュニタリアニズムが典型的に標的としているリバタリアニズムと比較すると、むしろコミュニタリアニズムに類似している」と指摘し、「ハイエクは、人間が社会によって構成されるという捉え方を否定するリバタリアニズムの哲学を代表している」との理解を示すM・サンデルの批判に対して反論を加える。(McCann, Jr. 2004, esp. pp. 355-356) J・M・ブキャナンの言葉を借りるならば、「コミュニタリアンの哲学者たちは、とりわけ、ハイエクの道徳秩序には確かに重要なコミュニタリアン的要素が含まれているということを、認識できていなかった」(Buchanan 2005, p. 72) というわけである。(cf. Buchanan 2005, pp. 72-85)[12]

　このようにハイエクは、人間の社会性を重視し、各々の個人が自由に活動するための基盤である共同体の価値を強調する。では彼自身は、各々の個人にとって必要不可欠な存在である共同体についてどのように理解しているのであろうか。彼による共同体の理解とコミュニタリアニズムによる共同体の理解との間に、異同は存在するのであろうか。彼の理論をコミュニタリアニズムの代表的論者の一人と目されているマッキンタイアの理論と比較検討することで、上記のような問いに回答を与え、ハイエクが展開する伝統重視の自由社会擁護論の特徴を浮き彫りにすることが可能となる。

　次に、ハイエクの理論とマッキンタイアの理論との関係をめぐっては、「両者はともに『伝統』重視の立場に基づいて啓蒙主義的合理主義批判を展開するという共通点を有しながらも、ハイエクが自由社会擁護論を展開する

---

12) もっともブキャナンは、ハイエク自身は明らかに「自由社会の道徳秩序に関する自らの記述の中にコミュニタリアン的要素が存在する」ということを認識していなかったという点に、注意を促す。(Buchanan 2005, p. 72)

のに対してマッキンタイアはリベラリズム批判を展開するという相違点が存在する」という点が指摘できる。だがそもそも、このような観点に基づくハイエクとマッキンタイアの比較検討という議論枠組の設定は、妥当であろうか。

確かに、このような議論枠組の設定は一般的ではない。なぜなら、現代正義論と呼ばれるJ・ロールズの『正義論』(Rawls 1999-1) 登場以降のリベラリズムをめぐる議論状況は、一般に、次のように整理されているからである。すなわち、1970年代における「功利主義 対 権利主義」「平等主義的リベラリズム 対 リバタリアニズム」という対立図式を経て、1980年代には「リベラリズム 対 コミュニタリアニズム」という対立構図へと進み、さらに1990年代に入るとリベラリズムは公民的共和主義・多文化主義・フェミニズムなどからの新たな挑戦を受けている。そしてこのような議論状況を前提とする場合、ハイエクを古典的リベラリズム的なリバタリアニズムに、マッキンタイアを保守的・歴史主義的なコミュニタリアニズムに分類するのが、一般的である、と。

もちろん筆者も、以上のような議論状況の把握と、ハイエクおよびマッキンタイアについての以上のような分類それ自体を否定するものではない[13]。だがこのような分類に対して、①ハイエクはリバタリアンか、②マッキンタイアはコミュニタリアンか、という二つの疑問を投げ掛けることは可能である。なぜなら、①の疑問についていえば「ハイエクの自由社会擁護論は、典型的なリバタリアニズムとはとてもいえない（参照、森村2001、第7章）」からであり、②の疑問についていえば「マッキンタイア自身は、自らの立場をコミュニタリアニズムだと考えていない（MacIntyre 1994, p. 302, MacIntyre 1998, p. 235, pp. 243-246)」からである。

そこで筆者は、「現代正義論における一般的な分類のみに従うならば、ハ

---

13) なお、現代正義論の文脈におけるリバタリアニズムとコミュニタリアニズムの対立に着目するものとしては、例えば、Machan 2006, pp. 1-2, Ch. 4, Den Uyl and Rasmussen 2006、菊池 2004、特に171頁、菊池 2007、特に36-37頁、森村 2012、森村 2013、第1章-第3章、森村 2016 がある。

イエクとマッキンタイアの重要な共通点を見落とす可能性がある」という問題意識に基づいて、「彼らは、ともに、『伝統』重視の立場に基づく啓蒙主義的合理主義批判という立場に分類できる」という観点を提示したい。ここで啓蒙主義的合理主義とは、「いかなる歴史的・社会的・文化的特殊性からも独立した観点に基づいて、社会制度を設計したり正義原理や行為規範を正当化しようとする考え方だ」と理解しておく。(cf. Warnke 1992, p. vii, pp. 1-5［邦訳 i 頁、1-8 頁］) もっともハイエクとマッキンタイアの間では、①「伝統」理解、②共同体論、③伝統の発展、④自由社会と伝統の両立可能性をめぐって、大きな相違が存在する。したがって、「伝統」重視の立場に基づく啓蒙主義的合理主義批判という基本的な共通点を有しながらも、「伝統」理解・共同体論・伝統の発展・自由社会と伝統の両立可能性をめぐって異なる主張を展開している、ハイエクの理論とマッキンタイアの理論に比較検討を加えることで、ハイエクが展開する伝統重視の自由社会擁護論の特徴を浮き彫りにすることが可能となる。

検討課題 II ── 人権論における普遍的価値と文化的文脈の両立可能性

　日本文化を考慮した自由社会擁護論を探求するために、本書で次に検討するのは、**第 I 部**における「自由社会擁護と伝統重視の両立可能性をどのように考えるか」という一般化された検討課題の射程を、「自由社会を支える根本的な観念・制度原理」のひとつとしての人権論に絞り込んだ、「人権論における普遍的価値と文化的文脈の両立可能性をどのように考えるか」という問いである。

　1990 年代以降、人権の理解と人権保障の理論的正当化に際して、「人権は、普遍的価値を有するのか、それとも、各々の社会における文化的文脈を十分に考慮に入れて論じられるべきなのか」という問題が、しばしば意識されてきた。もっとも、このような問題を意識するからといって、リー・クアンユーらに代表される政治的指導者が提起した、いわゆる「アジア的価値」論の議論枠組に追従することを意味するわけでは、決してない。多くの論者が指摘するように、1990 年代に注目を集めたいわゆる「アジア的価値」論

における「人権の普遍性 対 文化的相対性」という議論枠組はあまりにも単純であり、理論的考察の対象として取り上げるに値しない[14]。むしろ、「今日議論されつつあるのは、人権の普遍性は認めるが、いかなる人権が存在しそれがどのようなものなのかなどはその社会の文化などによって決まるといった、もっと穏健な見解をめぐってである。」(深田 1999、136 頁)

　人権の理解と人権保障の理論的正当化に関するこのような議論の捉え方は、現在、多くの論者の間で共有されている[15]。例えばJ・ドネリーの指摘によると、「我々が直面しているのは、文化相対主義か普遍的人権かの選択ではない。そうではなく我々は、人権の普遍性と特殊性の双方を承認し、一定の限定的な相対性を容認しなければならない。」(Donnelly 2003, p. 98) またA・A・アッナイムも、「現在の国際的な人権基準と主要な文化的伝統との間には衝突・緊張関係が存在するので、文化相対主義的な議論は一見説得的にみえるが、だからといって極端な文化相対主義の主張が抱える危険性を過小評価してはならない」と指摘して、人権の普遍性とそれに対する文化相対主義の挑戦との双方の立場に目配りをすることで現在の国際的な人権基準の信用性と有効性を高めることができる「構成的 (constructive) アプローチ」を提示する。(An-Na'im (ed.) 1992, p. 3) さらにM・フリーマンは、「人権の普遍性を主張したからといって、すべての社会が同じ制度を採用すべきだとか、非西洋社会は自身の文化的遺産を捨てて西洋的な生活様式を取り入れるべきだということにはならない」と述べて、人権の概念 (concept) と人権の諸構想 (conceptions) との区別の必要性に言及し、「人権の概念は、法的には国際的であり、哲学的には普遍的であり、歴史的には西洋的であ

---

14) cf. An-Na'im 1990, An-Na'im and Deng (eds.) 1990, pp. xⅲ-xⅳ, Bauer and Bell 1999, esp. pp. 3-5, pp. 8-9, Inoue 1999, Donnelly 1999, p. 62, pp. 70-83, Sen 1999-1, Onuma 1999, Donnelly 2003, pp. 107-119, Bell 2000, pp. 3-19, pp. 23-35 [邦訳1-17頁、21-33頁], Bell 2006, pp. 52-53, pp. 55-56, 大沼 1998、3-9 頁、井上 1999、深田 1999、第4章、第5章、施 2003、22-25 頁、ゼンクハース 2006、260-261 頁、施 2010、158-159 頁、井上 2010、243-245 頁。なお、いわゆる「アジア的価値」論をめぐる議論状況を概観したものとしては、Peerenboom 2003 を参照。

15) cf. An-Na'im (ed.) 1992, Freeman 1995, Bauer and Bell (eds.) 1999, Bell 2000, Donnelly 2003, Peerenboom (ed.) 2004, pp. ⅹ-ⅹⅲ, Bell 2006, 施 2010

る」と指摘する。(Freeman 1995, p. 17)[16] つまり施光恒が述べるように、近年の理解では、人権の構想や制度は文化的文脈に基づき形成されるものであるという理解が優勢となってきているが、だからといって文化的文脈の重要性を強調する理論家の多くも人権の理念や制度が有する普遍的要素を否定するわけでは決してない。それゆえ、人権の理念や制度が有する普遍的要素を認めつつ、同時に、人権の構想や制度の形成における文化的文脈への着目の必要性を強調する論者にとって問題となるのは、人権の普遍的要素と文脈依存的要素との関係性がどのように捉えられ、それぞれがどのように位置づけられ得るかという問題なのである。(施 2010、165-166 頁)[17]

このように人権の普遍性を認めつつ文化的相対性も考慮して、人権の理解と人権保障の理論的正当化に際して普遍的価値と文化的文脈との両立可能性を探求する理論的立場を、本書では「文化的文脈を考慮した人権論」と名付ける。それはすなわち、「人権が有する普遍的価値を基本的に承認しつつ、同時に、各々の社会における具体的な人権の構想や制度を論ずる際には各社会の文化的文脈の重要性を強調する」という見解である。

そこで本書では、第Ⅱ部において、第Ⅰ部で検討した「伝統重視の自由社会擁護論」の問題意識を近年の人権をめぐる議論に絞り込んだ見解である、「文化的文脈を考慮した人権論」について検討を加えることで、文化を考慮した自由社会擁護論を説得的に展開するための立論方法を明らかにする。

検討課題Ⅲ――日本文化を考慮した自由社会擁護論の探求

最後に第Ⅲ部で、第Ⅰ部および第Ⅱ部での準備作業における検討結果を前提に、現代の日本社会が置かれた状況を踏まえて議論の射程をさらに絞り込

---

16) なお、フリーマンの議論に関連して、de Croot 2012, p. 14, van Genugten 2012 も参照。
17) 施は、この問題に関する近年の有力な捉え方として、M・ウォルツァーやD・ミラーに代表される、道徳的二元論と称しうる議論に言及している。(施 2010、166-169 頁。cf. Walzer 1994, Miller 2007) なお、ウォルツァーの「薄い道徳と厚い道徳」をめぐる議論に示唆を得たものとして、J・チャンの人権論も参照。(Chan 1995, Chan 2000)

んだ問いである「日本文化を考慮した自由社会擁護論とはどのようなものか」という本書の問題設定に直接的に向き合う。この問いに答えるために必要とされるのは、田中の言葉を借りるならば「普遍性志向と特殊性志向が同時進行的に展開されている現況を直視したうえで、権利・人権、自由・平等、民主制・立憲主義・法の支配といった自由社会を支える根本的な観念・制度原理を、各国の伝統・文化・歴史の原理的差異に配慮しつつ、創造的に再構築することに努め、国際的にも通用する独自の在り方を追求」することであり、深田三徳の言葉を借りるならば「自由社会を支える根本的な観念・制度原理の普遍性は認めるが、それがどのようなものなのかはその社会の文化などによって決まるという、もっと穏健な見解」を探求することであり、文化的文脈を考慮した人権論にならうと「自由社会を支える根本的な観念・制度原理が有する普遍的価値を基本的に承認しつつ、同時に、各々の社会におけるその具体的な構想や制度を論ずる際には各社会の文化的文脈の重要性を強調する、という見解」を探求することである。

　そこで第Ⅲ部では、第Ⅰ部で検討を加えたハイエクが展開する伝統重視の自由社会擁護論を、第Ⅱ部で明らかにした文化を考慮した自由社会擁護論を説得的に展開するための立論方法を用いて再構成することで、「日本の伝統・文化を考慮しつつ、自由社会を支える根本的な観念・制度原理を擁護する」提言としての「日本文化を考慮した自由社会擁護論」を探求したい。

第Ⅰ部　伝統重視の自由社会擁護論

　第Ⅰ部では、日本文化を考慮した自由社会擁護論を探求するための準備作業として、まず初めに**第1章**で、ハイエクの自由社会擁護論に検討を加えたうえで、次に**第2章**で、このような彼の理論の特徴を浮き彫りにするために、伝統重視の立場を採用しながらリベラリズム批判を展開するマッキンタイアの理論との比較検討を行いたい。

第1章　ハイエクの自由社会擁護論

　本章では、ハイエクが展開する伝統重視の自由社会擁護論を、次の順で検討する。まず初めに**第1節**で、知識論に基づいて設計主義を批判したうえで「伝統」の重要性を強調する、彼の議論を確認する。次に**第2節**で、その重要性を強調する「伝統」を、彼がどのように理解しているかを整理する。さらに**第3節**では、伝統が形成され適用される"場"としての共同体を、彼がどのように理解するのかを明らかにする。以上を踏まえて最後に**第4節**で、自由社会擁護の立場と伝統重視の立場の両立可能性をめぐる、彼の主張をまとめたい。

第1節　知識論に基づく設計主義批判と伝統重視

1　知識論

　ハイエクによると、我々は、人間社会の各構成員すべての行為を決定する具体的な事実のほとんどについて各々の個人は不可避的に無知であるという事実を、常に念頭に置かなければならない。このように、一人の人間が有する知識と関心には本質的な限界があるという議論の余地のない事実をくりかえし強調する彼の知識論の特徴を一言で表現すれば、「知識の分散」と「暗黙知・実践知」という言葉にまとめることができる。

　ハイエクはまず、知識の分散について、「社会秩序について考察を加える際に考慮に入れなければならない知識は、統一的な知識として存在することはあり得ず、無数の個々人の間に分散された状態でのみ存在し得る」と指摘する。すなわち、知識は個々人の知識としてのみ存在するので、すべての個人の知識の合計が一つの統一体として存在することなど決してあり得ない、というわけである。したがって、社会の各構成員が持ち得る知識は、全構成

員の知識の合計からすると、ほんの一部にすぎない。それゆえ各々の個人は、社会の営みの基礎になっている大部分の事実について無知なのである。

　さらにハイエクは、暗黙知・実践知について、「ある個人の知性によって意識的に操られる知識は、個々人の活動の成功に役立つ知識のうちのほんの一部分にすぎない」と指摘する。彼の考えによれば、個々人に分散した知識の多くは、明文化されたかたちで正確に述べることができる明示的な知識としてではなく、いわば「ノウ・ハウ」というかたちで習慣や慣習に体現された暗黙的な知識として存在するのである[1][2][3]。

---

1) Hayek 1960, pp. 22-25 [『自由の条件Ⅰ』37-42 頁], Hayek 1967, pp. 43-45 [ハイエク 2010、177-179 頁], Hayek 1980, p. 14, pp. 77-78 [邦訳 17 頁、110 頁], Hayek 1988, pp. 14-15 [邦訳 17-18 頁], Hayek 1993-1, pp. 12-14 [邦訳 20-22 頁], Feser 2006, pp. 3-5, Gamble 2006, pp. 111-112

2) 　オークショットは、ハイエクが「暗黙知・実践知」の特徴として指摘している点について、「実践知・伝統知」という名称を用いてさらに詳細かつ具体的に論じている。(Oakeshott 1991, pp. 11-17 [邦訳 8-14 頁])

　　オークショットによると、あらゆる人間の活動に関わる知識は、「技術知」と「実践知・伝統知」の二種類に分類できる。技術知とは、ルール・原理・指図・格率のような命題のかたちで正確に定式化できる、明確に意識化された知識である。これに対して実践知・伝統知とは、正確な定式化が不可能であって、慣行や実践の中で表現されその中でのみ存在し得る知識である。

　　したがってオークショットは、命題のかたちで定式化できる技術知は書物から学ぶことができるのに対して、実践知・伝統知を教えたり学んだりすることは不可能であって、それを伝えたり習得したりすることだけが可能だ、と指摘する。彼曰く、「実践知・伝統知を習得する唯一の方法は、名人に弟子入りすることである。それは、名人が実践知・伝統知を教え得るからではなく（名人にはそれは不可能である）、実践知・伝統知を絶えず実践している人間と継続的に接触していることによってのみ、実践知・伝統知を習得し得るからである。」(Oakeshott 1991, p. 15 [邦訳 11 頁])

　　なお、「暗黙知・実践知」の特徴をめぐるポラニの理解については、Polanyi 1974, Polanyi 1983 を参照。

3) 　R・E・バーネットは、一人の人間が有する知識と関心——すなわち、ある人の個人的な視角や、個人的な選好・必要・願望や、個人的な能力や、個人的な機会に関する、具体的な個人に特有の知識——に接近する可能性が非常に限定されており、そのほんの一部のみが他人に伝達可能な理由として、我々が知っていることの大半は暗黙的だから——すなわち、明文化されたかたちで正確に述べることができないから——という点を指摘している。(Barnett 1998, pp. 31-33 [邦訳 48-51 頁])

2 設計主義批判

このような知識論に基づいて、ハイエクは、「社会制度はすべて、熟慮のうえでの設計の産物であり、またそうあるべきだ」と想定する設計主義を、厳しく批判する。彼によると、設計主義の基本にあるのは、「人間は自身の手で社会制度や文明を創造したのだから、自身の願望を満たすために意のままにそれらを変えることができるに違いない」という考え方である。だが彼は、このような考え方を次のように批判する。すなわち、人間が社会制度や文明を創造したというのは、無数の個々人に分散された知識の相互交流や相互活用に基づいて社会制度や文明が形成されたという意味であって、社会制度や文明の設計に関連する知識がすべて何らかの単一の知性に知られており、そのような知識に基づいて望ましい社会秩序を設計できるという意味では決してない、と。

つまり設計主義は、「社会秩序に関する知識すべてが統一的知識として存在し、それを知る一人の人間がその知識を基礎にして望ましい社会秩序を設計できる」と想定する、誤った知識論に基づいた考え方なのである[4]。

3 伝統重視

ハイエクによれば、人間の理性は全能ではない。したがって、理性を適切に使用するためには、人間は、理性それ自体の限界を認識しなければならない。人間の理性がそれ自体の発展を自律的に制御できるという信念は、やがては、理性それ自体を破壊することになるであろう。それゆえ彼は、人間が理性を適切に使用するために必要不可欠な基盤として、「伝統」の重要性を強調する。

ハイエクのいう伝統とは、遺伝子によって決定されるものという意味での「自然」と、知性による設計の産物という意味での「人工」との中間に位置し、本能と理性の中間に位置するものであって、「A・ファーガソンが『人

---

4) Hayek 1960, pp. 23-26, p. 69［『自由の条件Ⅰ』38-43頁、99-100頁］, Hayek 1988, p. 8［邦訳8頁］, Hayek 1990, pp. 3-4［ハイエク2010、25-26頁］, Hayek 1993-1, p. 5, pp. 14-15［邦訳12頁、23頁］

間の行為の結果ではあるが、人間の設計の結果ではないもの』と述べた」(Hayek 1993-1, p. 20［邦訳30頁］）第三の範疇に属する、自生的な秩序形成過程の産物である。ハイエクの考えによると、無数の個々人に分散した知識を最大限に利用するためには、個々人が保持している知識を自らの目的のために自由に使用することを最大限に尊重して、分散した知識の相互交流や相互活用に基づく秩序形成を重視しなければならない。それゆえ彼は、知性の命令ではなく、個々人の自由な活動の相互調整に基づいて形成される自生的秩序の有用性を強調する[5][6]。

第2節 「伝統」理解

先に述べたように、ハイエクがその重要性を強調する「伝統」とは、「人間の行為の結果ではあるが、人間の設計の結果ではないもの——すなわち、自生的な秩序形成過程の産物——」である。彼は、伝統が有する特徴を明確化するために、人間の社会生活を可能にするルールに言及して次の二点を指摘する。第一に、そのようなルールは、元来明文化されたかたちで行為者に知られることなく、行為の中で遵守され尊重されているルールであった。第二に、個々の人間は、ルールに対応する具体的な行為を模倣することで、ルールに従って行為することを学習する[7]。ハイエクは、以上のような特徴を有する「行為ルール」のようなものとして、伝統を理解している[8]。

---

5) Hayek 1960, pp. 29-31, pp. 58-59, pp. 159-161［『自由の条件Ⅰ』46-49頁、85-86頁、『自由の条件Ⅱ』39-41頁］、Hayek 1988, p. 10, p. 15, pp. 21-23, p. 95, pp. 143-144［邦訳11頁、17-18頁、26-29頁、140頁、213頁］、Hayek 1990, p. 136［ハイエク 2009-1、139頁］、Hayek 1993-1, p. 20, Ch. 2［邦訳30頁、第2章］、Hayek 1993-2, pp. 10-11［邦訳19-20頁］、Hayek 1993-3, Epilogue, esp. p. 163［邦訳終章、特に222頁］、Feser 2003, pp. 17-19, Feser 2006, pp. 4-5, Scruton 2006, pp. 218-220, 葛生1998、48-49頁

6) このような自生的秩序の典型例は言語である。言語以外では、市場・法・貨幣などが、自生的秩序の例としてしばしば言及される。(Boaz 1997, pp. 40-42)

7) Hayek 1960, Ch. 10［『自由の条件Ⅱ』第10章］、Hayek 1993-1, pp. 17-19, Ch. 4［邦訳26-29頁、第4章］

8) なお、ハイエクが考える「行為ルールとしての伝統」は、個々の行為ルールひと

このような「行為ルールとしての伝統」に関して、ハイエクはまず、その抽象性を繰り返し強調する。それは、「人間の意識的思考や言語的表現に現れるずっと以前から人間の行為を決定するパターンが存在しており、そのようなものとしての『行為ルールとしての伝統』が、明確に意識化された具体的な行為を枠付けている」ということを意味する[9]。

　次に、「行為ルールとしての伝統」とは、理性ではなく成功によって導かれる、淘汰の過程の産物である。ハイエクは、新しい行為ルールを実践する集団が成功を収めて他の集団に取って代わったり、成功している集団を見て成功を導く新しいルールを他の集団が模倣することによって、新しいルールが人々の間に広まると考える。つまり彼の考えでは、あるひとつの伝統が遵守され尊重されるようになったのは、その伝統が有する効果を人々が理解したからではなく、それを実践する集団が成功したからなのである。彼の指摘によると、人間は、理性ではなく成功によって導かれる淘汰の過程の産物である伝統の多くを嫌う傾向があり、その重要性を大抵は理解できず、その妥当性を証明できない。それにもかかわらず、理由を知らないまま偶然に採用された伝統から得るある集団の利益が、その伝統を採用していない他の集団に比べて非常に大きいということに基づいて、その伝統は急速に広まる[10] [11]。

　　つひとつのことではなく、行為ルールの全体的な秩序のことだという点には、注意が必要である。(cf. Hayek 1967, pp. 66-81)
 9)　Hayek 1967, pp. 60-63［ハイエク 2010、197-201 頁］, Hayek 1990, pp. 36-37, pp. 38-39, pp. 43-47［ハイエク 2010、157-158 頁、159-160 頁、165-171 頁］, Hayek 1993-1, pp. 29-30［邦訳 42 頁］.
10)　Hayek 1967, pp. 163-164［ハイエク 2009-1、72 頁］, Hayek 1988, p. 6, p. 16, p. 20［邦訳 5-6 頁、18-19 頁、24 頁］, Hayek 1990, pp. 67-68［ハイエク 2010、72 頁］, Hayek 1993-1, p. 11, pp. 17-19, p. 99［邦訳 19 頁、26-29 頁、133 頁］, Hayek 1993-2, pp. 4-5, pp. 70-71［邦訳 11-13 頁、100-101 頁］, Hayek 1993-3, p. 159, p. 161, pp. 164-165［邦訳 218 頁、219-220 頁、224-225 頁］, Kresge and Wenar (eds.) 1994, pp. 72-73［邦訳 60-62 頁］
11)　このようにハイエクは、伝統を、「自生的な秩序形成の結果として生き残ってきたもの」と捉える。それゆえ伝統は、過去の痕跡──すなわち、過去には存在していたが現在では既に廃れてしまったもの──としての旧弊や遺物と、明確に区別されなければならない。

さらにハイエクは、「『行為ルールとしての伝統』は不変ではなく、進化の中で成長し発展する」という点に、注意を促す[12]。

第3節　共同体論

ではハイエクは、「行為ルールとしての伝統」が形成され適用される"場"としての共同体をどのように理解するのであろうか。本節では、まず初めに1で、彼による「共同体」の用語法を確認したうえで、次に2で、彼の共同体論の特徴として、「大きな共同体」を軸として共同体を理解するという点を抽出する。

1　「共同体」の用語法

以下では、ハイエクによる「共同体 community」の用語法を確認するために、「社会 society」および「結合体 association」の用語法との対比を行う。

(1) 社会

ハイエクは、「社会」という言葉を、具体的な目的を持たずこの点において組織と明確に区別される、自生的な全体秩序を指し示す場合に限定して使用する。

ハイエクによると、「社会」という言葉は、正確にはそもそも、自生的に発展する人間関係を指すために使われるようになったものであり、国家による意図的な組織化と区別するための言葉であった。このような用語法に基づくことで、「自生的に発展する人間関係は、ある個人の意志によって作り出されたものではなく、数えきれないほどの人々が数えきれないほどの世代を通じて営んできた偶然の行動がもたらした予測不可能な結果であった」ということを示すことが可能となった。彼は、自生的秩序の極めて重要な点として、人々の平和な共存の可能性を広げ——すなわち、具体的な目的を共に追

---

12)　この点について、詳細は、**第2章第4節**で検討を加える。

求するとか同じ指導者に従うとかいった小さな集団の範囲を超えて、人々が互いの利益のために平和的に共存する可能性を広げ——、その結果として「大きな社会（Great Society）」あるいは「開かれた社会（Open Society）」の出現を可能にしたという点を指摘する。したがって彼は、「共同体内の個々人の独立した活動の結果として現れる調整力だけでなく、共同体に関連するものなら何でも『社会的』と呼ぶことをよしとするならば、すべての本質的な差異が完全に消されてしまうことになる」（Hayek 1967, p. 242 ［ハイエク 2009-1、191 頁］）と批判する。というのも、このようなかたちで「社会」という言葉を使用するならば、世の中で何らかの意味で「社会的」ではないものはほとんどあるいは全くなくなってしまい、いかなる実際的な点からみてもこの言葉は何の意味も持たなくなってしまうからである。（Hayek 1967, p. 163, pp. 241-242 ［ハイエク 2009-1、72 頁、190-192 頁］）[13]

ハイエクによれば、自生的な全体秩序としての社会は、社会全体として、具体的な目的を志向したりそのために行為することはできない。そうではなくそれは、社会の構成員の誰もが自らの知識を用いて自らの目的を達成するための最大の機会を与える、抽象的秩序として理解されなければならない。したがって彼は、「社会」という言葉を、そのような自生的な全体秩序を指し示すためにとっておくほうがよいと主張する[14]。

(2) 結合体

以上のようなかたちで「社会」という言葉を使用する利点は、「具体的な

---

13) それゆえハイエクは、「社会的」という言葉が単に「共同体に関連した」という意味ではないとすれば、この言葉は「社会の利益に即して」あるいは「社会の意志に従って」という意味になるはずだと指摘する。だが彼によると、このように使われるときの「社会的」という言葉は、共同体の活動の背後に周知の共通の目的があることを前提としているにもかかわらず、そうした目的が何であるかを定義しないで、「社会」には皆が承知している具体的な課題があり「社会」は個人の活動をその課題達成に向けて指導すべきだということが想定されているだけなのである。（Hayek 1967, pp. 242-243 ［ハイエク 2009-1、192-193 頁］）

14) Hayek 1967, pp. 162-163 ［ハイエク 2009-1、71-72 頁］、Hayek 1993-1, pp. 46-47 ［邦訳 63-64 頁］、Hayek 1993-2, p. 64 ［邦訳 92 頁］

目的を持たない自生的な全体秩序としての社会と、社会の中に存在するより小さな集団との区別が、可能になる」という点にある。(Hayek 1993-1, pp. 46-47 [邦訳 63-64 頁])この点を明らかにするためにハイエクは、社会と国家の明確な区別に言及する。

ハイエクの主張によれば、意図的に組織化され意識的に方向づけられた権力の具現体である国家は、社会の中の小さな部分にとどまって、個人の自由な協力が最大限の範囲で発揮されるような枠組の提供のみを行わなければならない。このような主張を行う際に彼は、一方に意図的に組織化された国家を置き他方に個人を置いてこれら両者のみを実在とみなし、他のすべての中間的な形成物や結合体を意図的に抑圧されるべきものだと捉える立場には与せず、社会における人々の交流を支える非強制的な慣習は人間社会が秩序ある活動を維持するうえで本質的な要素であると考える。(Hayek 1980, p. 22 [邦訳 26-27 頁])

それゆえハイエクは、社会の中に存在するより小さな集団の中で、特に、個人と国家の間にある自発的な「結合体」の重要性を強調し、「何らかの共通の利益を共有する人々の具体的な目的のためだけでなく、真の意味での公共の目的のためにも、無数の自発的な結合体の存在が重要だ」と指摘する。彼の考えに従えば、我々は、家族の価値や小さな集団が行う共通の努力を肯定し、地域の自治や自発的な結合体が有する価値を信じなければならない[15]。

このようにハイエクは、「結合体」という言葉を、個人と国家の間に存在する中間的な集団である自発的な結合体を指し示す場合に、主として使用する。

(3) 共同体

以上 (1) および (2) で確認した「社会」および「結合体」の用語法と対照的に、ハイエクは、「共同体」という言葉を、具体的な目的や価値観を共有している人間集団だけに限定されない多様な意味を有する言葉として、

---

15) Hayek 1980, p. 23 [邦訳 27 頁], Hayek 1993-2, pp. 150-152 [邦訳 205-207 頁]

「社会」に対しても、自発的な「結合体」に対しても、さらにまた別のもの――例えば、部族社会（tribal society）――に対しても、使用する。

　例えばハイエクが、自発的な結合体の重要性を強調する文脈の中で「科学・芸術・スポーツのような価値に奉仕する無数の特色ある自発的な価値共同体の存在を可能にすることこそが、手段だけに関わる自生的秩序の大きな利点なのである」(Hayek 1993-2, p. 151 ［邦訳 207 頁］. 圏点は筆者。) と述べる場合、彼は「共同体」という言葉を、自発的な「結合体」を指し示す用語として使用している。また彼が「小さな集団から定住した共同体へ、そして最後に開かれた社会とそれに伴う文明への移行は、人々が、生得本能に導かれて共通に知覚された目的を追求してきた結果ではなく、同一の抽象的なルールに従うよう学習したおかげである」(Hayek 1993-3, p. 160 ［邦訳 218 頁］. 圏点は筆者。) と述べる場合、彼は「共同体」という言葉を、顔見知りの構成員が共通の目的を追求する組織化された集団である「部族社会」を指し示す用語として使用している。これに対して彼が、「抽象的な社会は、学習されたルールに基づいており、認識された望ましい共通の目的の追求に基づくわけではない」と述べて、共同体の抽象的で目的独立的なルールを遵守することの重要性を強調する場合 (Hayek 1993-3, p. 168 ［邦訳 229 頁］) には、彼は「共同体」という言葉を、具体的な目的を持たない自生的な全体秩序としての「社会」を指し示す用語として使用している。

　このようにハイエクが「共同体」という言葉を多様な意味で使用しているということは、彼が「社会」という言葉を自生的な全体秩序を指し示す場合に限定して使用すべきだと主張する際に「共同体に関連するものなら何でも『社会的』と呼ぶことをよしとするならば、すべての本質的な差異が完全に消されてしまうことになる」(Hayek 1967, p. 242 ［ハイエク 2009-1, 191 頁］. 圏点は筆者。) と指摘したところからも、読み取ることができる。このような彼による「共同体」の用語法の特徴が最も顕著に現れているのが、「部族社会」に対する「大きな社会」あるいは「開かれた社会」の優位性について述べた、次の一文である。

人間を野蛮から引き上げたのが、知性や計算する理性であるよりもむしろ道徳や伝統であるとしたならば、現代文明の特徴的な基礎は、古代の地中海沿岸地域で築かれた。そこでは、長距離にわたる交易の可能性によって、個々人が自身の個人的な知識を自由に用いることを許されていた共同体は、ローカルな共通知識や支配者の知識が万人の活動を決定していた共同体に対して、優位する地位に就いた。我々の知るかぎり、地中海地域は承認された私的領域を自由にする個人の権利を認めた最初のところであり、かくして個人は、異なる共同体間の商業的関係からなる緊密なネットワークを発展させることができた。
（Hayek 1988, p. 29 ［邦訳 39-40 頁］. 圏点は筆者。）

2　「大きな共同体」を軸とする共同体論

　以下では、ハイエクが多様な意味を有する言葉として使用している「共同体」をどのように理解し、どのような共同体論を展開するのかを明らかにするために、次の順で論を進める。まず初めに (1) で、「部族社会」から「大きな共同体」への共同体の拡張過程をめぐる彼の議論を用いて、「彼は、自らの重視する『行為ルールとしての伝統』が形成・適用される"場"として、『大きな共同体』を想定する」という点を明確にする。続いて (2) で、「大きな共同体」を軸とした彼の共同体論の中で、「小さな共同体」がどのように位置づけられているのかを明らかにしたい。

(1)「行為ルールとしての伝統」が形成・適用される"場"としての「大きな共同体」

　ハイエクは、「行為ルールとしての伝統」が形成され適用される"場"として、顔見知りの構成員が共通の目的を追求する組織化された集団である「部族社会」から拡張された、具体的な目的を持たない自生的な全体秩序としての「大きな共同体」──彼はこれを「大きな社会」あるいは「開かれた社会」と名付ける──を想定する。では彼は、このような共同体の拡張過程をどのように説明するのであろうか。

　ハイエクは、「部族社会」と「大きな社会」あるいは「開かれた社会」とを対置し、人類が文明を持って進歩を遂げたのは我々が「部族社会」を抜け

出して「大きな社会」あるいは「開かれた社会」の住人となったからだと考える。彼の指摘によれば、文明の発展を可能にし、遂には「大きな社会」あるいは「開かれた社会」の発展を可能にした、偉大な前進を達成できたのは、抽象的な行為ルールが具体的な義務的目的に漸進的にとって代わり、それが自生的秩序を育んだからである[16]。

　ハイエクによると、顔見知りの構成員からなる集団である「部族社会」では、すべての構成員が何らかの共通の具体的な目的に従わなければならない。これに対して「大きな社会」あるいは「開かれた社会」では、個々人は、自身の目的を達成するために使用することが許されている手段の領域に関する境界を示す、抽象的ルールだけに従うことが求められる。つまり、「大きな社会」あるいは「開かれた社会」における唯一の共通する価値観は、ある抽象的な秩序を絶え間なく確実に維持する共通の抽象的な行為ルールだけなのである。したがって、「部族社会」から「大きな社会」あるいは「開かれた社会」への共同体の拡張は、共通の具体的な目的を一般的で目的独立的で抽象的な行為ルールに置き換えることで、そのようなルールの適用範囲を同じ具体的な目的や価値観を共有しない者同士の関係にまで拡張し、その結果「個々人は、自らが追求する具体的な目的について互いに合意することなく、共に、平和裏にかつ相互に便益を与えあうようなかたちで生活できる」ということを発見することによって、達成されたということができる[17]。

　ここで、このような共同体の拡張が達成されるための具体的なきっかけに関する、ハイエクの考えに言及しよう。この点について彼は、「自生的秩序を生み出すことができる一般的で目的独立的で抽象的な行為ルールの発達は、部族という組織化された『小さな共同体』の内部で始まったのではなく、ある未開人が別の部族との物々交換を期待して自分たちの支配領域の境

---

16) Hayek 1990, p. 60 ［ハイエク 2010、61 頁］, 登尾 2011、162 頁
17) Hayek 1967, p. 165 ［ハイエク 2009-1、74 頁］, Hayek 1988, p. 31 ［邦訳 43 頁］, Hayek 1993-2, p. 109, p. 144 ［邦訳 152 頁、197 頁］, Hayek 1993-3, p. 164 ［邦訳 224 頁］

界線あたりに何か物財を置くという行為から始まった」と指摘し、「お互いの役に立つものではあったが同じ目的を目指した共同行為ではなかったこのような交換という行為こそが、共通の具体的な目的を追求する『部族社会』から、人々が平和裏に個々の目的を追求することが認められる『大きな社会』あるいは『開かれた社会』の自生的秩序へと発展する端緒であった」と考える。また彼は、現代文明の特徴的な基礎を古代の地中海沿岸地域で築かれた異なる共同体間の商業的関係からなる緊密なネットワークに求め、このような交易の発展が「部族社会」から「大きな社会」あるいは「開かれた社会」への秩序の拡張に大いに貢献したと主張する[18]。

このように、一般的で目的独立的で抽象的な行為ルールの適用範囲を自身が所属する小さな集団における顔見知りの構成員を超えてよそ者や外国人にまで拡張し、その結果として同じ目的を追求する小さな集団を超えて平和な秩序を拡張するためには、小さな集団内で他の構成員に対する関係において施行されているルールのうち少なくともいくつかの内容を希薄化させる必要がある。というのも、「最初は目的の共有によって結ばれた小さな集団から生まれたルールも、次第にもっと大きな集団を対象にしたものへと拡張されてゆき、最終的には共通の具体的な目的を持たず同一の抽象的ルールに従うだけの『開かれた社会』の構成員間の関係に適用されるほどに普遍化されたならば、その過程の中で具体的な目的との関連性を失わざるを得ない」(Hayek 1967, p. 168［ハイエク 2009-1、79 頁］) からである。この点についてハイエクは、小さな集団で可能なものと「大きな社会」あるいは「開かれた社会」で可能なものとの間には基本的な相違が存在すると指摘し、「部族社会」から「大きな社会」あるいは「開かれた社会」への共同体の拡張に際して、我々は、すべての他者に対して負っている義務の領域を削減しなければならないと主張する。彼によると、共同体の拡張は、同一の行為ルールを社会のあらゆる構成員との関係に適用するよう要請する。そのような要請を満たしたすべての人々に適用可能なルール・システムは、小さな集団に適用さ

---

18) Hayek, 1967, p. 168［ハイエク 2009-1、79-80 頁］, Hayek 1988, p. 29, pp. 38-43［邦訳 39-40 頁、53-60 頁］, Hayek 1993-1, pp. 81-82［邦訳 110 頁］

れるルール・システムと比べて、いくらか少ない内容しか持たないに違いない。したがって、すべての人々に適用可能なルール・システムにおける我々の義務の内容は、共同体の拡張に必然的に伴うかたちで、不可避的に希薄化されなければならない[19]。

　以上で述べてきたようにハイエクは、「行為ルールとしての伝統」が形成され適用される"場"として「大きな共同体」を想定し、そのような「大きな共同体」が成立するためには、同じ具体的な目的や価値観を共有しない者同士の関係にまで適用可能な、内容が希薄化された一般的で目的独立的で抽象的な行為ルールが必要不可欠であると主張する。それゆえ彼の共同体論は、「大きな共同体」で形成・適用される「薄い伝統」を重視したものだとまとめることができよう。

(2)「小さな共同体」の位置づけ

　ではハイエクは、このような「大きな共同体」を軸とした共同体論の中で、「小さな共同体」をどのように位置づけるのであろうか。

　ハイエクは、自生的な全体秩序としての「大きな共同体」とその中に存在するより小さな集団である「小さな共同体」とを明確に区別し、「大きな共同体」の中に相互に重なり合い交錯しあう多数の「小さな共同体」が存在すると考える。したがって彼によると、各個人は、「大きな共同体」の一員であるとともに、その内部に存在する様々な「小さな共同体」の一員ともなり得るのである。このような多数の「小さな共同体」の中で、特に彼が重要だと考えているのが、自発的な結合体・家族・言語共同体・宗教共同体・地域共同体である[20]。

　もっとも、ハイエクが「小さな共同体」の存在を容認し、とりわけ自発的な結合体のような「小さな共同体」の重要性を認めるのは、あくまでもその

---

19) Hayek 1990, p. 66［ハイエク 2010、69-70 頁］, Hayek 1993-2, pp. 88-91［邦訳 123-127 頁］.

20) cf. Hayek 1960, pp. 88-91［『自由の条件Ⅰ』125-130 頁］, Hayek 1980, pp. 22-23, p. 31［邦訳 27 頁、37 頁］, Hayek 1993-1, pp. 46-47［邦訳 63-64 頁］, Hayek 1993-2, pp. 150-152［邦訳 205-207 頁］, Hayek 1993-3, pp. 140-141［邦訳 192 頁］.

ような共同体が部族社会の情緒の保持を放棄するという条件を満たしている場合のみに限られる、という点には十分に注意しなければならない[21]。確かに彼は、自らの共同体論を展開する際に、「大きな共同体」の内部に存在する様々な「小さな共同体」に対して適切な位置づけを与える。だが彼の共同体論の中心的な特徴は、あくまでも「大きな共同体」を軸とした共同体の理解にあるということを、決して見逃してはならない。(参照、登尾 2011、168-169 頁)

第4節　自由社会と伝統の両立可能性

先に**第1節**で述べたようにハイエクは、個々人の不可避的な無知という事実を念頭に置いた知識論に基づいて、設計主義を批判し、個々人の自由な活動の相互調整に基づく自生的秩序の有用性を強調する。このように、知識論に基づく自由擁護論を展開し、個々人の自由な活動を最大限に尊重する自由な社会を高く評価する彼の主張は、次の一文に顕著に現れている。

> すべての個人が有する知識は極めて乏しく、また特に、誰が最善の知識を持っているかを我々はめったに知ることができないからこそ、我々は、多数の個人が独立して競争的に行う努力を信頼して、我々が望むものを我々が気付いたときに出現させようとするのである。(Hayek 1960, p. 29 [『自由の条件I』46 頁])

> あらゆる自由の制度は、無知というこの根本的な事実に適応するためのものである。(Hayek 1960, p. 30 [『自由の条件I』48 頁])

---

21) この点に関して、ハイエクは次のように述べている。「継承され一部分は生得的でさえある我々の道徳的情緒は、抽象的社会である『開かれた社会』に対して、部分的には適用不可能であり、小さな集団において可能であり深いところに根差す本能を満たす『道徳的社会主義』のようなものは、『大きな社会』では実行不可能だといってよい。ある顔見知りの友人の利益を目指した何らかの利他的行動は、小さな集団では極めて望ましいことであろうが、『開かれた社会』の場合にはそうである必要はなく、有害でさえあるかもしれない。」(Hayek 1993-2, p. 91 [邦訳 126-127 頁])

あらゆる道徳的原理と同様に、個人の自由は、それ自体ひとつの価値として——すなわち、具体的な事例の結果が有益かどうかにかかわらず尊重されなければならない、ひとつの原理として——受け入れられなければならない。(Hayek 1960, p. 68［『自由の条件Ⅰ』98 頁］)[22]

ではハイエクは、このような自由社会擁護の立場と伝統重視の立場の両立可能性を、どのように説明するのであろうか。

ハイエクによると自由社会とは、共通の目的が存在せず、単一の目的に決して従属しない、多元的社会である。そこでは、個々人がそれぞれ、各々の目的を追求する。したがって自由社会は、「至高のものだと考えられている何らかの単一の目的が存在し、それに対して社会全体が、完全かつ恒久的に従属しなければならない」という考え方に基づく社会から、完全に区別されなければならない[23]。

このように具体的な共通の目的が存在しない社会において、人々が平和的に共同することが可能となるためには、交換の採用が不可欠である。そしてこのために必要とされるのが、各々に属するものと、その所有物が同意によって移転される方法とを決定する、ルールが認められることである。自由社会では、各々の個人に、公的領域から明確に区別された私的領域が認められており、各個人は、すべての人々に平等に適用されるルールにのみ従うことが期待されている[24]。「したがってリベラルな自由の構想とは、必然的に、すべての人々の同一の自由を保障するために各々の自由を制限する、法の下での自由という構想であった。それが意味したのは、……社会において可能な自由であり、他者の自由を保護するために必要なルールによって制限された自由であった。」(Hayek 1990, p. 133［ハイエク 2009-1、135 頁］)

---

22) なおこの点に関連する、ハイエクの自由擁護論における義務論的要素と帰結主義的要素の併存をめぐる問題については、山中 2007、特に第 2 章を参照。
23) Hayek 1991, pp. 152-153［邦訳 281-282 頁］, Hayek 1993-2, pp. 109-111［邦訳 151-155 頁］
24) それゆえ自由社会では、人々は、既知の法の範囲内にいるかぎり、誰の許可を求める必要も誰の命令に従う必要もない。(Hayek 1960, pp. 207-208［『自由の条件Ⅱ』107 頁］)

このような「法の下での自由」という構想が意味をなすかどうかは、「法」という言葉にどのような意味が与えられるかにかかっている。ハイエクの考えでは、法の下での自由という構想が意味をなすためには、法は、具体的な事例に対する適用に関係なく定められた一般的・抽象的ルールでなければならない。というのも、そのような一般的・抽象的ルールは、ある具体的な状況において満たすべき行為の条件を明記するだけであって、これらの条件を満たす行為はすべて許容されるからである。換言すれば、そのようなルールは単に枠組を提供するだけであって、個人はその枠組の中で自由に行動し決定を下すことができる、というわけである。ハイエクによると、法の下での自由を可能にする「法」は、具体的な結果を決定することはできず、また一般的にいって、正義にかなう具体的な行為を命令するのではなく、不正義な行為を禁止するものである[25]。

では、法の下での自由という構想を可能にする、以上で述べたような特徴を有する法は、どのように形成されてきたのか。ハイエクは以下のように考える。

そもそも、社会における人間の平和な生活は、個々人が共通のルールに従って行為することで可能となる。もっとも、個々人があるルールを行為の中で遵守しているからといって、そのルールが意味する内容を他人に伝達できるという意味で、個々人がそのルールを知っているということにはならない。人間は、ルールについて述べることができるようになるずっと以前から、ルールに従って行為している。その際に人間は、ルールに対応する特定の行為を模倣することで、ルールに従って行為することを学習する。それゆえこの段階では、明文化されたかたちではルールは存在しないが、ルールが行為を支配するという意味ではルールは確かに存在する。そのようなルールとは特定のやり方で行為するあるいはしない傾向や性質のことであり、いわ

---

25) Hayek 1960, pp. 151-156, pp. 207-208 [『自由の条件Ⅱ』27-34頁、107頁], Hayek 1990, pp. 132-135 [ハイエク 2009-1、134-138頁] Hayek 1993-2, pp. 35-38, pp. 109-111, pp. 123-124, pp. 126-128 [邦訳 53-57頁、151-155頁、169-170頁、173-176頁], Kley 1994, pp.75-77

ゆる慣行や慣習の中に現れる。そして、そのようなルールを最初に明文化しようとした人々は、新しいルールを発明したのではなく、彼らが既によく知っていたルールを言葉で表現しようとしたのである[26]。

ところでハイエクは、先に**第2節**で述べたように、①元来明文化されたかたちで行為者に知られることなく、行為の中で遵守され尊重されており、②個々の人間は、ルールに対応する特定の行為を模倣することで、ルールに従って行為することを学習するような、行為ルールを「伝統」と呼ぶ。つまり彼の考えでは、法の下での自由という構想を可能にする「法」は、「行為ルールとしての伝統」を明文化したものであった。したがって彼は、自由社会と伝統の関係について、次のような結論を導く。

> 自由社会が機能するために不可欠である……のは……伝統的なものに対する敬意である。(Hayek 1960, p.63 [『自由の条件Ⅰ』92頁])

> 成功した自由社会は、常にほとんどの場合は、伝統に制約された社会である。(Hayek 1960, p.61 [『自由の条件Ⅰ』90頁])

ハイエクの指摘によると、確かに人間は、伝統の重要性を大抵は理解できず、その妥当性を証明できない。(Hayek 1988, p.6 [邦訳5-6頁]) だがそれにもかかわらず、自由社会が有効に機能するためには、「行為ルールとしての伝統」を支持する理由が理解できるかぎりではなくそれに反対する明白な理由がないかぎり、それに従おうとすることが非常に重要である。というのも、「行為ルールとしての伝統」の有効性が合理的に証明されておらずあるいはそれに従うべき理論的根拠が知られていないからといって、それに従おうとしなければ、自由社会が有効に機能することは困難になりあるいは不可能になるからである。(Hayek 1980, pp. 22-25 [邦訳26-30頁])

---

[26] Hayek 1960, pp. 148-149 [『自由の条件Ⅱ』23-25頁], Hayek 1993-1, pp. 72-77 [邦訳97-104頁]

第2章　ハイエクが展開する伝統重視の自由社会擁護論の特徴
——マッキンタイアとの比較検討

　本章では、第1章で検討を加えたハイエクの自由社会擁護論と、伝統重視の立場を強調したうえでリベラリズム批判を展開するマッキンタイアの理論を比較検討するために、次の順で検討を加える。まず初めに第1節で、ハイエクとマッキンタイアは、伝統重視の立場に基づいて、啓蒙主義的合理主義——すなわち、いかなる歴史的・社会的・文化的特殊性からも独立した観点に基づいて、社会制度を設計したり正義原理や行為規範を正当化しようとする考え方——を批判するという、共通点を有していることを確認する。そのうえで、「伝統」理解（第2節）、共同体論（第3節）、伝統の発展（第4節）、自由社会と伝統の両立可能性（第5節）をめぐる両者の四つの相違点を明らかにすることで、ハイエクが展開する伝統重視の自由社会擁護論の特徴を浮き彫りにしたい。

第1節　伝統重視の立場に基づく啓蒙主義的合理主義批判
——ハイエクとマッキンタイアの共通点

1　ハイエクの設計主義批判

　先に第1章第1節で述べたように、ハイエクにおける啓蒙主義的合理主義批判は、彼の設計主義批判に見出すことができる。彼は、「知識の分散」と「暗黙知・実践知」というキーワードでまとめられる知識論に基づいて、「社会制度はすべて、熟慮のうえでの設計の産物であり、またそうあるべきだ」と想定する設計主義を厳しく批判し、人間が理性を適切に使用するための必要不可欠な基盤である「伝統」の重要性を強調する。

2 マッキンタイアの啓蒙主義批判

(1) 啓蒙主義批判と伝統重視

マッキンタイアにおける啓蒙主義的合理主義批判は、彼の啓蒙主義批判に見出すことができる。そこでの焦点は、正義原理の正当化である。

まずマッキンタイアは、正義の要請をめぐる問い——例えば、「正義は、収入や所有の著しい不平等を許容するか」という問い——に関する考察から議論を始めて、「現代社会においては、そのような問いに対して、相互に対立し矛盾する回答が提示される」と指摘する。このように両立不可能な回答が多数提示されることの背景には、相互に争っている複数の正義構想の存在がある。例えば、ある正義構想は功績概念に中心的地位を与えるが、別の正義構想はそれを全く認めない。

したがってマッキンタイアによると、現代社会に身を置く人間としての我々が直面せざるを得ないのは、競争し対抗している両立不可能な正義に関する主張が多数存在する状況において、我々はどのように決定を行うべきかという問題である。この問題に対して、「合理性という基準を用いる」という回答が提示されるかもしれない。だが彼は、「『合理性とは何か』ということそれ自体について、争いが存在する」という点を指摘して、この回答を否定する。つまり、現代社会においては、実践的合理性をめぐる論争は特に、正義をめぐる論争と同じくらい解決不可能なものとなっている、というわけである。それゆえ彼は、現代社会において特徴的な議論状況を、「正義と実践的合理性の本質に関する、合理的に正当化可能な結論の一致に到達できず、対立し矛盾する見解を各々の個人や社会集団が主張している状況」だと捉える。

このような議論状況の背景には、啓蒙主義の試みの失敗が存在する。すなわち、啓蒙主義は、いかなる歴史的・社会的・文化的文脈からも独立した合理的正当化の基準・方法を目指したにもかかわらず、そのような基準・方法についての一致した見解を提供することができなかった、というわけである。

そこでマッキンタイアは、啓蒙主義に代わる理解様式としての「伝統に体

現されたものとしての合理的探究という構想 (a conception of rational enquiry as embodied in a tradition)」(MacIntyre 1988, p. 7) を回復する必要がある、と主張する。彼によると、現代社会で特徴的に見られる個人の状況——すなわち、どの伝統に対してもまだ忠誠を示しておらず、「正義とは何か」「合理的な行為とはどのようなものか」に関する論争に包囲されているという、個人の状況——に対して、どの選択肢が正しいかを決定できる中立的な根拠を発見しようとする対応は、合理的な対応ではない。なぜなら、ある個人が、あらゆる伝統の外側に存在する観点から、正義と実践的合理性をめぐる問題について問いを投げ掛け、その問題に答えることは不可能だからである。彼の考えでは、どの伝統にも足場を置かずに、ある個人が発言することはできない。したがって、個々人が議論を進め、評価し、受け入れ、拒絶するための立脚点は、何らかの伝統によって初めて提供されると考えなければならない[1][2]。

1) MacIntyre 1984, Ch. 4 ［邦訳第 4 章］, MacIntyre 1988, pp. 1-7, p. 350, p. 369, p. 393, p. 401, MacIntyre 1990, p. 59. cf. Gray 1995, p. 147 ff., Gray 1997, p. 85.
2) なおマッキンタイアは、「伝統に体現されたものとしての合理的探究という構想」の特徴について、次の四点を指摘する。(MacIntyre 1988, pp. 7-11)
　第一に、伝統に体現されたものとしての合理的探究という構想においては、合理的正当化の基準それ自体がひとつの歴史から出現し、その基準自体がひとつの歴史の一部だと考えられる。そのひとつの歴史において、あるひとつの合理的正当化の基準が擁護されるのは、その基準がそのひとつの伝統における以前の基準の欠陥が持つ限界を超越し、その欠陥を修正するからである。伝統に体現されたものとしての合理的探究に適合的な、合理的正当化という概念は、本質的に歴史的である。この点について、マッキンタイアは以下のように論じている。すなわち、あるひとつの伝統の中で理論を構築する人々は、しばしば、ある構造を有する理論を提示する。その理論の観点に基づけば、ある具体的な主張が第一原理の地位を占め、その理論の内部にある他の主張は、それがその理論の第一原理から派生したものだということによって正当化される。だが、その理論の第一原理それ自体、あるいは、その理論の全体構造が正当化されるのは、それらが、その伝統において以前になされた理論や原理の定式化の試みすべてに対して、合理的に優越するからである。したがってあるひとつの伝統において提示される第一原理が正当化されるのは、その第一原理がいかなる合理的な個々人によっても受け入れられるからではない、と。

(2) 伝統重視の背景

このようにマッキンタイアが、啓蒙主義を批判して「伝統に体現されたものとしての合理的探究という構想」の回復を主張する背景には、「埋め込まれた自我 (embedded self)」という彼の自我観が存在する。彼の指摘によると、人間はすべて、主観的選択を超えるかたちで自身のアイデンティティーや自身の今日の状況を定義する、歴史的伝統を有しており、「私の人生についての物語は、常に、私のアイデンティティーの源である共同体の物語の中に埋め込まれている。」(MacIntyre 1984, p. 221［邦訳271頁］) したがって各々の個人は、好むと好まざるとにかかわらずまた認めるかどうかにかかわらず、自身を、ひとつの伝統を背負う者だと考えなければならない。

　　第二に、伝統に体現されたものとしての合理的探究という構想においては、合理的正当化の様式だけでなく、正当化されなければならないものの内容についても、啓蒙主義と全く異なる。この点について、マッキンタイアは次のように論ずる。すなわち、啓蒙主義では、争っているのは競争し対抗している教義である。その教義は、事実問題としてはある具体的な時代および場所で詳述されてきたが、その内容・真偽・それが合理的に正当化可能かどうかはその歴史的起源から全く独立している。これと対照的に、伝統に体現されたものとしての合理的探究では、教義・主題・議論はすべて歴史的文脈という観点から理解されなければならない、と。したがって伝統に体現されたものとしての合理的探究においては、正義や合理性という概念それ自体が歴史を有する概念なのである。

　　第三に、マッキンタイアの考えでは、実際、多様な歴史を有する多様な伝統が存在する。それゆえ、ひとつの合理性ではなく複数の合理性が存在し、また、ひとつの正義ではなく複数の正義が存在するということができる。もっとも啓蒙主義者は、「このような考え方に基づくと、あらゆる合理的な個人が同意しなければならない原理に関する、競争し対抗している複数の主張の不一致を解決できない」と批判するかもしれない。だがマッキンタイアは、このような啓蒙主義者の批判に対して、次の二つの観点から応答する。第一に、ひとたび伝統の多様性が適切に特徴づけられたならば、啓蒙主義者やその継承者たちが提供できるよりももっと適切に、観点の多様性について説明できる。第二に、伝統の多様性を認め、各々の伝統が自身の具体的な合理的正当化の様式を有することを認めるからといって、競争し対抗している両立不可能な伝統間の違いを合理的に解決できないということにはならない。なおこのような彼の応答について、詳しくは、**第4節**で検討する。

　　第四に、伝統に体現されたものとしての合理的探究という概念を、例証から離れて解明することはできない。そこでマッキンタイアは、その概念を例証するために、アリストテレス主義・アウグスティヌス主義的キリスト教・スコットランド啓蒙主義・近代リベラリズムという四つの伝統を検討する。

もっともマッキンタイアによると、そのような自我観を採用するからといって、自我が、それが埋め込まれた共同体の特殊性に由来する道徳的限界をも受け入れなければならないということにはならない。例えば彼は、自分自身のアイデンティティーに対する反抗も、自らのアイデンティティーを表現するひとつの可能な様式だという点に、注意を促す。しかしながら、同時に彼は、「人間は、自身の属する道徳的伝統の限界を超える善を探求する際にも、意識して、自らの伝統の内部から自身の善の探求を始めなければならない」ということを強調し、「自身の善を求める個人の探求は、一般的かつ特徴的には、個人の生活がその一部である伝統によって定義される文脈の中で行われる」(MacIntyre 1984, p. 222 [邦訳273頁])ということを指摘する。というのも、始点となる何らかの具体的な道徳的伝統を想定しなければ、個人による善の探求を始めるべき地点が、どこにも決して存在しないということになるからである。(MacIntyre 1984, Ch. 15, esp. pp. 220-221 [邦訳第15章、特に269-272頁])[3]

第2節 「伝統」理解──ハイエクとマッキンタイアの相違点 I

ではハイエクとマッキンタイアは、それぞれ、啓蒙主義的合理主義を批判

---

3) したがってマッキンタイアは、善そのもの、普遍的なるものの探求とは、何らかの具体的な道徳的伝統という特殊性から前進することだと考える。もっとも彼によると、そのような特殊性が完全に抹消されることは、決してあり得ない。特殊性から逃れて、人間そのものに属する完全に普遍的な格率という領域に到達するという観念は、18世紀のカント的形態であれ現代の分析的道徳哲学の主張であれ、幻想である。「そうではなく、実際に存在し得るのは、このあるいはその伝統の実践的合理性と、このあるいはその伝統の正義のみなのである。」(MacIntyre 1988, p. 346)

それゆえマッキンタイアによれば、少なくとも道徳哲学の主題──すなわち、道徳哲学者が探究する、評価的・規範的な概念・格率・議論・判断──に関していえば、それが具体的な社会集団の歴史的生活に体現されていなければ、それをどこにも見出すことはできない。彼曰く、「いかなる社会の道徳でもない道徳など、どこにも見出すことはできない。紀元前4世紀のアテナイの道徳、13世紀の西ヨーロッパの道徳は存在した。そのような道徳は多数存在する。だが、いったいどこに、道徳そのものが存在したあるいは存在するのか。」(MacIntyre 1984, pp. 265-266 [邦訳323-324頁]) cf. MacIntyre 1984, p. 221, pp. 265-266 [邦訳271頁、323-324頁])

して伝統重視の立場を主張する際に、「伝統」をどのように理解するのか。そこで本節では、両者の「伝統」理解の違いを比較検討する。

1 ハイエクの「行為ルールとしての伝統」

先に**第1章第2節**で述べたようにハイエクは、「人間の行為の結果ではあるが人間の設計の結果ではなく――換言すれば、自生的な秩序形成過程の産物であって――、明文化されたかたちで行為者に知られることなく行為の中で遵守され尊重されている、『行為ルール』のようなもの」として伝統を理解し、その特徴として、①抽象性――それは、「行為ルールとしての伝統」が明確に意識化された具体的な行為を枠付けている、ということを意味する――、②理性ではなく成功によって導かれる淘汰の過程の産物であること、③不変ではなく進化の中で成長し発展する点、を指摘する。

2 マッキンタイアの「知的探究の伝統」

これに対して、マッキンタイアが主に論ずるのは、正義と実践的合理性に関する、明確に意識化され明文化された構想・主張・説明・理論としての「知的探究の伝統」である。(MacIntyre 1988, pp. 349-350, pp. 389-391)

もっとも、マッキンタイアが論ずる伝統は、知的探究の伝統だけに限られない。彼の考えによれば、各々の伝統における、正義と実践的合理性に関する探究としての知的探究は、ある共同体における何らかの体系的な社会的・道徳的生活形態の中の不可欠な一部分であり、そのような社会的・道徳的生活形態は社会制度や政治制度に体現されている。このように社会的・道徳的生活形態とそれを体現した社会制度・政治制度というかたちで現れる、伝統の非知的側面を、彼は「社会的・文化的伝統」と名付ける。正義と実践的合理性に関する構想としての知的探究の伝統は、その構想が展開されている社会的・文化的伝統と密接に関係する一側面として、我々の前に現れるのである[4)][5)]。

---

4) MacIntyre 1988, p. 349, p. 389, MacIntyre 1994, pp. 290-293, Irwin 1989, p. 49
5) この点についてマッキンタイアは、例えば、アリストテレス主義的な知的探究の

したがってマッキンタイアによると、各々の知的探究の伝統は、それが出現した社会的・文化的伝統の歴史的文脈という観点から理解されなければならない。ある人々が、あるひとつの社会的・文化的伝統の内容を正確に理解してそれに従おうとする際には、そのような人々は、社会関係についての具体的な様式、他者の行動に関する具体的な解釈・説明規範、具体的な評価的慣行といったものを有する、何らかの体系的な生活形態に基づいて生活しなければならない。つまり、何らかのひとつの伝統内で、その伝統の下で生活している人々と会話し、協同し、衝突しなければ、その伝統における正義と実践的合理性に関する説明を明文化し、詳述し、合理的に正当化し、批判することは不可能だ、というわけである。(MacIntyre 1988, p. 350, pp. 390-391)[6][7]。

伝統は、ポリスにおける生活に由来すると考える。マッキンタイアの指摘によると、アリストテレスの正義構想と実践的合理性構想は、ポリスにおいて体現されているような実践に基礎を置いた具体的な共同体の主張を、明文化したものであった。したがって、アリストテレスの正義構想は、ポリスにおいて具体的に制度化された社会的・道徳的生活形態の中でのみ達成され得るのであり、アリストテレスが考える正義の規範は、各々のポリスの現実を離れては存在し得ない。(MacIntyre 1988, p. 122, p. 349, p. 389)

6) したがってマッキンタイア曰く、「ある人間がアリストテレス主義者であり得るのは、アリストテレス主義的な正義構想を行使し、行為を導き解釈を行う際にアリストテレス主義的な実践的合理性構想を使用するために不可欠な文脈を提供する、ポリスの特徴が、その人自身の生活に再体現され、その人が生きている時代・場所の生活に再体現され得るかぎりにおいてのみである。」(MacIntyre 1988, p. 391)

7) もっともマッキンタイアは、「知的探究の伝統は、社会的・文化的伝統の単なる従属変数にすぎない」とは決して主張しない。というのも、知的探究の伝統が社会的・文化的伝統に組織化された表現を与えるのであり、そうすることで知的探究の伝統は、社会的・文化的伝統を批判して、それをさらに発展させることが可能となるからである。したがって彼は、各々の哲学者が生活した歴史的文脈を単なる背景にすぎないと考える、多くの哲学史に特徴的に見られる考え方だけでなく、「哲学的な思考と探究は、ある集団が有する、前もって定義可能な社会的・政治的・経済的利害をまとった、仮面にすぎない」と説明する、知識社会学のいくつかの著作に見られる考え方も、間違いだと批判する。(MacIntyre 1988, p. 390)

3　ハイエクの「伝統」理解の特徴

　以上の比較検討に基づくと、ハイエクの「伝統」理解の特徴として、次の二点が指摘できる。

　第一に、「明文化されたかたちで行為者に知られることなく行為の中で遵守され尊重されている、行為ルールのようなもの」と捉えるハイエクの伝統理解は、「正義と実践的合理性に関する、明確に意識化され明文化された構想・主張・説明・理論」と捉えるマッキンタイアの伝統理解と対照的である。なかでも特に注目したいのは、ハイエクが「行為ルールとしての伝統は、具体的な行為——その中には、明文化された構想も含まれる——を枠付ける」ということを強調する点である。

　第二に、伝統に言及する際に、共同体における社会的実践や道徳的生活を含む「厚い伝統」に焦点を当てるマッキンタイアと対照的に、ハイエクは、一般的で目的独立的で抽象的な行為ルールとしての「薄い伝統」に着目する。このようなハイエクの伝統理解と対照的なマッキンタイアの伝統理解の特徴が最もよく現れているのが、『美徳なき時代』（MacIntyre 1984）で彼が提示した伝統理解——すなわち、目的論・徳・実践・物語的統一性・伝統の一体的な把握——である。そこにおいて彼は、目的論を否定する啓蒙主義を批判して、徳中心の道徳構想を主張し、徳概念を説明する際に、実践・物語的統一性・伝統という概念に言及することで、目的論・徳・実践・物語的統一性・伝統を一体的に把握する伝統理解を提示する[8)][9)]。

第3節　共同体論——ハイエクとマッキンタイアの相違点II

　ではハイエクとマッキンタイアは、それぞれ、伝統が形成され適用される"場"としての共同体をどのように理解するのか。そこで本節では、両者の

---

8)　MacIntyre 1984, Ch. 5, Ch. 14, Ch. 15［邦訳第5章、第14章、第15章］, Warnke 1992, p. 116［邦訳176頁］.

9)　なお、本書で検討を加えたハイエクおよびマッキンタイアの伝統理解と全く異なる伝統理解として、例えば、E・ホブズボームらの「創られた伝統」がある。(Hobsbawm and Ranger (eds.) 1983)

共同体論の違いを比較検討する。

1 「大きな共同体」を軸とするハイエクの共同体論

先に第1章第3節で述べたようにハイエクは、「行為ルールとしての伝統」が形成され適用される"場"として、顔見知りの構成員が共通の目的を追求する組織化された集団である「部族社会」から拡張された、具体的な目的を持たない自生的な全体秩序としての「大きな共同体」を想定し、そのような「大きな共同体」が成立するためには、同じ具体的な目的や価値観を共有しない者同士の関係にまで適用可能な、内容が希薄化された一般的で目的独立的で抽象的な行為ルールが必要不可欠であると主張する。つまり彼の共同体論は、「大きな共同体」で形成・適用される「薄い伝統」を重視したものなのである。

そのうえでハイエクは、自生的な全体秩序としての「大きな共同体」とその中に存在する「小さな共同体」とを明確に区別し、「大きな共同体」の中に相互に重なり合い交錯しあう多数の「小さな共同体」が存在すると考える。もっとも、彼が「小さな共同体」の存在を容認し、とりわけ自発的な結合体のような「小さな共同体」の重要性を認めるのは、あくまでもそのような共同体が部族社会の情緒の保持を放棄するという条件を満たしている場合のみに限られる、という点には十分に注意しなければならない。

2 「小さな共同体」を重視するマッキンタイアの共同体論

これに対してマッキンタイアは、「小さな共同体」を重視する共同体論を展開する。その主張内容を明らかにするために、まず初めに準備作業として、(1)では彼が「共通善」の重要性を強調する点を、(2)では「厚い伝統」重視の立場[10]と「共通善」重視の立場との間に密接な関連がある点を、それぞれ確認する。そのうえで(3)で、「彼は、自らの重視する『厚い伝統』が形成・適用される"場"として、『小さな共同体』を想定する」という点を明らかにしたい。

---

10) 詳細は第2節3を参照。

(1) 準備作業Ⅰ──「共通善」重視

マッキンタイアの主張によれば、現代政治を理解するためには、政治社会の「共通善」の性質について探究することが必要不可欠である。ここで彼は、「共通善」という概念を明確に理解するために、漁船の船員の例を用いて次のように説明する。

ある漁船に乗船しているすべての船員が共通して実現を目指すべき「共通善」は何かということを、個々の船員にとっての善は何かという観点から定義することは、不可能である。なぜなら、その漁船の船員はすべて魚を釣ることにおける高度な卓越性を目指して共同作業を行っているので、あるひとりの船員にとっての善は「その漁船に乗船するすべての船員にとっての善が実現されるために、自分自身が果たすべき役割は何か」という観点から定義されなければならないからである。

したがってマッキンタイアは、個々の船員の善をすべての船員の「共通善」から独立したかたちで述べることは不可能だと主張し、個々人の善を明確化する際における「共通善」の重要性を強調する[11]。

(2) 準備作業Ⅱ──「厚い伝統」重視と「共通善」重視の関連

マッキンタイアは、先に第2節で述べた「厚い伝統」を重視する「知的探究の伝統」論の主張内容を明確にするために、目的論を否定する啓蒙主義を批判するところから論を始める。(MacIntyre 1984, Ch. 5〔邦訳第5章〕)

マッキンタイアによると、啓蒙主義は、人間本性に関する諸前提から道徳的規定が有する権威についての結論を導こうとするが、このような試みは失敗せざるを得ない。なぜなら、人間本性に関する啓蒙主義の構想と、道徳的規定に関するその構想との間には、根絶不可能な不一致が存在するからである。

そこでマッキンタイアは、これら二つの構想の関係を理解するために、これらの歴史的起源である道徳体系の一般的形態を考察すべく、アリストテレ

---

[11] MacIntyre 1994, pp. 284-286, MacIntyre 1998, pp. 239-241, Murphy 2003, p. 160 ff.

スの『ニコマコス倫理学』における分析に言及して、次のようにまとめる。すなわち、その基本的構造は、①あるがままの未教化の人間本性、②自身の真の目的を実現することで到達可能となる人間本性、③前者の状態から後者の状態への移行を可能にする道徳的規定、という三要素からなる構造であった、と。

以上の分析を踏まえてマッキンタイアは、「このような基本的構造のうちの②の観念を一切排除したのが、啓蒙主義であった」と指摘する。その結果、あるがままの未教化の人間本性に関する何らかの見解と、目的論的文脈を奪い取られた何らかの一連の道徳的規定という、両者の関係が全く不明確となった二要素からなる道徳体系が、あとに残されることになるわけである。

このようなかたちで、啓蒙主義の失敗の原因を啓蒙主義が目的論を否定したことに求めるマッキンタイアは、続いて、「善き人生とは徳に従って生きる人生のことであり、徳は、人間についての目的論的な構想を背景にして理解されなければならない」と考える徳中心の道徳構想を擁護し、徳概念の論理的な展開を試みる。(MacIntyre 1984, Ch. 14, Ch. 15 [邦訳第14章、第15章])

まずマッキンタイアは、徳の核心にある概念を同定しようとする際には、「徳が示される舞台を提供するのは、具体的な型の実践だ」というアリストテレスの考え方が極めて重要だと指摘する。そこで次にマッキンタイアは、「何らかの一貫した複雑な形態の、社会的に確立された協力的な人間の活動」と定義される実践を通じて「実践に内的な善」[12]が実現されると主張する[13]。

---

12) 「実践に内的な善」という観念について、マッキンタイアは次のように説明する。すなわち、実践の一例であるチェスをすることで獲得できる善には、二種類のものがある。チェス競技に外的・偶然的に付随する善と、チェスという実践に内的な善である。前者の例としては、名声・地位・金のような善が挙げられる。このような善を達成するためには、常に複数の方法が存在するため、チェスという特定の種類の実践によらずともそのような善を達成することが可能である。これに対して後者——チェスという実践に内的な善——の達成は、チェスをするのでなければ不可能である、と。(MacIntyre 1984, pp. 188-189 [邦訳231-232頁])

さらにマッキンタイアによると、徳概念を完全に説明するためには、人間の人生をひとつの統一体として捉えなければならない。なぜなら、人間の人生の統一性とは、善そのものを求める物語的探求の統一性のことだからである。したがって人間にとっての善き人生とは、そのような人生を求めて過ごされる人生であり、その探求に必要な徳とは、人間にとっての善き人生とは何かを我々に理解させてくれる徳なのである。

そのうえでマッキンタイアは、「各々の個人が、単なる個人として善を追求し徳を行使することは、不可能だ」と指摘する。なぜなら、我々は皆、実践を通じて善を実現しようとする際に、自身が所属する共同体における具体的な社会的アイデンティティーを背負う者として自らの境遇に対応するので、各々の個人にとっての善は、このような社会的アイデンティティーを背負い具体的な社会的役割を担う者にとっての善であるに違いないからである[14]。したがって彼の考えによると、各々の個人は、実践を通じて善を追求し徳を行使しようとする際に、自身が所属する共同体において自らが果たすべき役割を明確に意識しなければならず、これを可能とするためには、各々の個人が所属する共同体の「共通善」を明らかにすることが必要不可欠であ

---

13) したがってマッキンタイア曰く、「徳とは、獲得された人間の性質であり、その所有と行使によって、我々は実践に内的な善を達成できる。」(MacIntyre 1984, p. 191 ［邦訳234頁］)

14) マッキンタイア曰く、「我々は皆、具体的な社会的アイデンティティーを背負う者として、自身の環境に接近する。私は誰かの息子あるいは娘であり、別の誰かのいとこあるいはおじである。私はこのあるいはあの都市の市民であり、このあるいはあの同業組合・同業団体の構成員である。私はこの一族、あの部族、この民族に属している。したがって私にとって善いことは、これらの役割の内側に位置を占めている人間にとっての善であるに違いない。そのような者として私は、自身の家族・都市・部族・民族の過去から、様々な負債・遺産・正当な期待と責務を受け継ぐ。これらが私の人生の所与を構成し、私の道徳的な出発点となっている。私の人生に独特の道徳的な特殊性を与えているのは、部分的には、このようなものである。」(MacIntyre 1984, p. 220 ［邦訳270頁］) したがって、「私が何であるかということは……、重要な部分において、私が何を受け継ぐかということである。」(MacIntyre 1984, p. 221 ［邦訳271頁］) それゆえ彼の主張によれば、各々の個人は、好むと好まざるとにかかわらずまた認めるかどうかにかかわらず、自身を、ひとつの伝統を背負う者だと考えなければならない。

る。換言すれば、各々の個人は、自身が所属する共同体の「共通善」に基づいて自らが果たすべき役割を明らかにし、その観点から実践を通じて自身の善を追求し徳を行使しようとするのである[15]。

(3)「厚い伝統」が形成・適用される"場"としての「小さな共同体」

マッキンタイアの指摘によると、「共通善」重視の立場と密接に関連する「厚い伝統」の典型例は、アリストテレス主義的な知的探究の伝統である。というのもアリストテレスの正義構想と実践的合理性構想は、ポリスにおいて体現されているような実践に基礎を置いた具体的な共同体の主張を明文化したものであり、ポリスにおいて具体的に制度化された社会的・道徳的生活形態の中でのみ達成され得るものだからである。このようにマッキンタイアは、「アリストテレス主義的な知的探究の伝統が形成・適用される"場"は、ポリスだ」ということを確認したうえで、ポリスと近代国民国家との違いはあまりに大きい[16]と指摘する。それゆえマッキンタイアは、「実践に基礎を置くアリストテレス主義的な共同体が近代世界に出現するときには、それは常に規模の小さいローカルなものとならざるを得ない」（MacIntyre 1994, p. 302）と考え、「厚い伝統」が形成され適用される"場"として「小さな共同体」を想定する[17]。

さらにマッキンタイアの考えでは、「厚い伝統」と密接に関連する「共通善」があるひとつの共同体で達成されるためにはすべての構成員がアクセスできる制度化された熟議が存在しなければならず、このような熟議を行うことが可能なのは規模の小さいローカルな共同体——すなわち「小さな共同体」——だけである。なぜなら、「小さな共同体」で行われるローカルな熟

---

15) 以上のようなマッキンタイアの見解について、M・マーフィーは、「共通善が可能な空間とは、実践の空間」（Murphy 2003, p. 161）であり、「実践の領域においてこそ、共通善が実現され得るのである」（Murphy 2003, p. 162）とまとめている。
16) マッキンタイアは、いわゆるリベラル・コミュニタリアン論争においてこの違いにほとんど注意が払われてこなかった点を、批判している。（MacIntyre 1994, p. 302）
17) MacIntyre 1988, p. 122, p. 349, p. 389, MacIntyre 1994, pp. 302-303

議は、その共同体における社会的・道徳的生活形態とそれを体現した社会制度・政治制度というかたちで現れる、何らかの具体的な社会的・文化的伝統を通じて展開されるものであるので、そのようなローカルな熟議に参加する「小さな共同体」の構成員は、その共同体における人間関係についての特定の様式、他者の行動に関する特定の解釈・説明規範、特定の評価の慣行といったものを有する何らかの体系的な生活形態に基づいて、熟議を行わなければならないからである。このように彼は、共同体の「共通善」の達成に必要な熟議を行うための前提条件である、共有された文化が形成され適用されるのはローカルな社会的文脈だと考え、それゆえ「共通善」を重視する共同体は「小さな共同体」でなければならないと結論づける[18]。

3 ハイエクの共同体論の特徴

(1) 共同体の同質性を前提としない共同体論

以上の比較検討に基づいて、共同体の同質性という観点からハイエクの共同体論の特徴を指摘すると、「小さな共同体」を前提とした「厚い伝統」と「共通善」を重視するマッキンタイアの共同体論が共同体の同質性を前提とする共同体論である[19]のに対して、「大きな共同体」を前提とした「薄い伝統」を重視するハイエクの共同体論は、共同体の同質性を前提とせず、むしろ共同体内の異質性・多様性を前提とする共同体論だと特徴づけることができる。(cf. McCann, Jr. 2004, pp. 376-378)[20]

ここで注目すべきなのが、ハイエクの重視する一般的で目的独立的で抽象

---

18) MacIntyre 1988, p. 391, MacIntyre 1998, p. 241, pp. 246-250, MacIntyre 1999, pp. 129-146, Murphy 2003, pp. 162-165

19) この点に関連して菊池理夫は、コミュニタリアニズムの特徴として、「共同体に共通する価値である『共通善』や目的を共有し、それを実現していく政治的な実践が必要であることを強調する」という点を指摘する。(菊池 2004、25-26頁)

20) 山田八千子の指摘によれば、「市場と共同体との対比は、異質性と同質性との対比として表すことが可能」(山田 2008、56頁)であり、「伝統的な共同体に表されるような同質な社会との対比では、市場あるいは市場経済は、多様な生き方を実現する制度として捉えることが可能になるのである。」(山田 2008、58頁)

的な「薄い伝統」は、複数の同質的な「小さな共同体」間の交流を支えるものとして当初この世界に登場した、「大きな共同体」内における多様な価値観の存在を前提とする行為ルールだという点である。彼の指摘によれば、自由な人間は、平時にはもはや、その人間が所属する共同体に共通する具体的な目的には拘束されない。そこで問題となるのが、すべての人間にとって可能となる最大限の自由をどのようにして保障するかということである。彼は、共通の具体的な目的を共通の抽象的なルールに置き換えることで——換言すれば、他者によるあるいは他者に対する恣意的で差別的な強制を排除していかなる人間も他人の自由な領域を侵犯しないようにする、抽象的なルールによって、すべての人間の自由を一律に制約することで——すべての人間に可能な最大限の自由を保障し得ると考えて、次のように主張する。すなわち、共通の具体的な目的に対する服従を強制されることは奴隷状態に等しいのに対して、我々は、共通の抽象的ルールを遵守することによって、比類なき自由と多様性の余地を与えられるのである、と。(Hayek 1988, pp. 63-64 [邦訳88-89頁])[21]

以上の点を踏まえて、次に (2) では、「このように共同体の同質性を前提とせず、むしろ共同体内の異質性・多様性を前提とするハイエクの共同体論は、リバタリアンが提示する共同体論と親近的であり、コミュニタリアンが提示する共同体論と対照的だ」という点を指摘したい[22]。

---

21) ハイエク曰く、「そのような多様性は、我々が文明と結び付けてもいる関係的秩序を脅かすカオスをもたらすのではないかと、時には考えられるが、実は一層大きな多様性が一層大きな秩序をもたらすと分かる」(Hayek 1988, p. 64 [邦訳89-90頁]) のであり、「一見すると逆説的であるが、個々人が有する目的の多様性は、均質性・全員の一致・管理よりも、ニーズを一般的に満足させるより大きな力を生む。」(Hayek 1988, p. 95 [邦訳140頁])

22) なお仲正昌樹は、このようなハイエクの共同体論の特徴をコミュニタリアニズムや共和主義と比較しながら、次のように整理している。すなわち、ハイエクは、「大きな共同体」を成り立たせている自生的秩序には全体として追求すべき共通の目的が備わっていないということを強調し、各人が部族的な目的や価値観を共有して組織化された動きをする「小さな共同体」ではなく、様々な目的に開かれた「大きな共同体」を主として念頭に置く。そのため「大きな共同体」では、各人が追求する目的の収束点としての「共通善」は必ずしも共有されていない。したがってこのようなハイ

(2) リバタリアンが提示する共同体論との親近性
A 個人の自由と多様性を重視する共同体論

先に (1) で明らかにしたように、ハイエクの共同体論の特徴は、共同体の同質性を前提とした「厚い伝統」と「共通善」を重視するマッキンタイアの共同体論と対照的に、共同体内における多様な価値観の存在を前提とした「薄い伝統」を重視し、そのような一般的で目的独立的で抽象的な行為ルールを遵守することで個人の自由と多様性が保障されると主張する点にある。このようなハイエクの共同体論と同様の観点を展開するのが、リバタリアンであるD・デン＝アイルとD・ラスマッセンが提示する共同体論である[23]。

デン＝アイルとラスマッセンは、コミュニタリアニズムの代表的論者の一人であるC・テイラーの「アトミズム」批判（Taylor 1985, Taylor 1995, pp. 181-203）に対して、リバタリアニズムが前提とする存在論的個人主義は共同体の存在を無視したり否定したりするものでは決してなく、したがってリバタリアニズムを「アトミズム」と捉えるのは根拠のない批判であり不当な風刺であると反論する。デン＝アイルとラスマッセンの考えでは、コミュニタリアニズムとリバタリアニズムの真の相違は、共同体が体現しているとされる「共通善」と個々人の権利とのどちらを優先させるかという点にある。それゆえ彼らは、個々人の善に先立ってそれとは独立したかたちで存在する

エクの共同体論は、「共通善」の共有を前提とした同質的な共同体を重視するコミュニタリアニズムや共和主義の共同体論とは、その理論的前提をかなり異とするものなのである、と。（仲正 2011、152-153 頁、211-212 頁）

ちなみに、以上の点に関連して那須耕介は、「内在世界間の媒介がルールによってなされることが、政治社会の成立にとって本質的な意味を持つ」と主張し、関係世界としての政治社会が必然的に有すべき特徴として、情緒的な共感や価値観ではなくより一般的で抽象的なルールが構成する社会制度の共有を足場にした、一種の「ルール社会」としての性格を指摘する。（那須 2005、315 頁）

23) もっとも、デン＝アイルとラスマッセン自身はリバタリアニズムを指し示す用語として「リベラリズム」という表現を使用している点には、注意しなければならない。（Den Uyl and Rasmussen 2006, p. 841, footnote 3）なお本書では、ハイエクの共同体論とリバタリアンが提示する共同体論との親近性を明らかにするという論旨に沿うために、デン＝アイルとラスマッセンがリバタリアニズムを指し示す用語として「リベラリズム」という表現を使用している場合には、それを「リバタリアニズム」という表現に置き換えて論を展開する。

「共通善」を重視するテイラーの共同体論を批判して、個人の自由と多様性を重視する——すなわち、個人の権利の保護に基礎を置く政治制度を採用して、すべての倫理的原理を共有する必要はないと考える——リバタリアニズムの共同体論を擁護する[24]。

このようなリバタリアニズムとコミュニタリアニズムの違いについて、日本におけるリバタリアニズムの代表的論者の一人である森村進は、両者の最も根本的な相違は個人の自由に対する評価にあると指摘して、次のように述べる。すなわち、個人の自由を非常に尊重するリバタリアニズムは、自発的な脱退が不可能あるいは困難な団体による強制をできるだけ認めないようにするために、自発的な結合体と加入・脱退が自由でない地縁血縁共同体とをはっきり区別する。これに対して、個人の自由をあまり尊重しないコミュニタリアニズムは、ある共同体への加入・脱退の自由の存否という区別を重視せず、むしろうつろいやすい自発的な結合体への所属よりも加入・脱退の自由がない運命共同体への帰属のほうが大切だとみなす傾向さえ示す、と。（森村編著 2005、15 頁）また日本におけるコミュニタリアニズムの代表的論者である菊池も、リバタリアニズムを含めた意味でのリベラリズムとコミュニタリアニズムとの相違は、個人の権利およびそれを保障する価値中立的な正義と共同体およびそれを形成していくための「共通善」とのどちらをより強調するかにある、と指摘する。（菊池 2004、26 頁）[25]

B 「大きな共同体」の中に存在する多数の「小さな共同体」

先に述べたようにハイエクは、「共通善」の達成に必要な熟議を行うための前提条件である「厚い伝統」が形成・適用される"場"は「小さな共同体」でなければならないと結論づけるマッキンタイアの共同体論と対照的

---

24) Den Uyl and Rasmussen 2006, esp. pp.841-842, p. 861, pp. 867-868. 参照、森村編著 2009、195 頁。

25) もっとも菊池によれば、「現代のコミュニタリアンの多くは、個人が、自発的に加入する結合体を形成していくことや複数の共同体に帰属していることを認めており、個人の自由や権利を否定しようとするわけでは決してない」という点には注意を払わなければならない。（菊池 2004、26 頁）

に、自生的な全体秩序としての「大きな共同体」とその中に存在するより小さな集団である「小さな共同体」とを明確に区別し、「大きな共同体」の中に相互に重なり合い交錯しあう多数の「小さな共同体」が存在すると考える。そこで以下では、「このようなハイエクの共同体論は、リバタリアンが提示する共同体論と親近的であり、コミュニタリアンが提示する共同体論と対照的だ」という点を明らかにするために、D・ボウツが整理するリバタリアニズムの共同体論とR・ベラーらが整理するコミュニタリアニズムの共同体論を紹介する[26]。

ボウツは、『リバタリアニズム入門』(Boaz 1997) において、リバタリアニズムの共同体論を以下のように整理する。いわゆる市民社会を構成しているのは、我々が他人と形成する多数の自発的な結合体である[27]。彼は、このような自然で自発的な結合体と強制的な結合体である国家との区別に言及したうえで、「市民社会の内部に存在する結合体は具体的な目的を達成するためにつくられるが、全体としての市民社会はいかなる目的も持っていない」(Boaz 1997, p. 128) と指摘する。つまり市民社会は、具体的な目的の達成を目指すあらゆる結合体から、設計によらず自生的に出現した結果なのである。彼によると、このような特徴を有する市民社会を否定的に評価するのがコミュニタリアニズムである。コミュニタリアニズムは、「個々人は、ひとつの共同体の一部として、必然的に理解されなければならない」(Boaz 1997, p. 130) と主張し、ある個人の他人に対する関係を、その個人はひとつの家族・近隣・市・都市圏・国家・民族の一部であるというように、一連の同心円として説明する。だがボウツは、このようなコミュニタリアニズムの説明に対して、次のような批判を投げ掛ける。すなわち、近代世界における共同体をよりよく理解するためには非常に複雑な関係を持って交わった一連の円という理解が求められるので、どのひとつの結合体も個々人の人格を語り尽

---

26) なお、本書でボウツによる「リバタリアニズムの共同体論」という言葉を使用する場合、ボウツ自身による「共同体」の用語法ではなく、**第1章第3節1**で確認したハイエクによる「共同体」の用語法に従う。

27) ボウツ曰く、「市民社会は、社会における自然で自発的な結合体のすべてとして、広く定義され得る。」(Boaz 1997, p. 127)

くし個々人を完全に定義することは決してない、と。それゆえ彼は、個々人は自由で自発的な同意によって様々な人々と様々なやり方で関係を取り結び、その中で共同体——それは、自発的に選択した多数の結合体に所属する、自由な個々人からなるひとつの共同体である——が出現すると考え、個々人から共同体が出現するのであって共同体から個々人が出現するわけではないと指摘し、「社会とは、法的ルールによって統治される個々人からなるひとつの結合体であるか、あるいは、多数の結合体を束ねるひとつの結合体であって、ひとつの規模の大きい共同体あるいはひとつの家族ではない」(Boaz 1997, p. 131) と主張する。(Boaz 1997, pp. 127-128, pp. 130-131)

　したがって、ボウツが以上のように整理するリバタリアニズムの共同体論は、自生的な全体秩序としての「大きな共同体」の中に相互に重なり合い交錯しあう多数の「小さな共同体」が存在するというハイエクの共同体論と親近的だ、ということができよう。

　このようなハイエクおよびボウツの共同体論と対照的に、共同体への所属によって個々人が規定される程度を誇張し、「個々人はただ一つではなく多数の共同体に所属しているので、各々の共同体へのコミットメントの有無と強さには個人差がある」という事実を無視して、うつろいやすい自発的な結合体への所属よりも加入・脱退の自由がない運命共同体への帰属のほうが大切だと考えるのが、ベラーらが整理するコミュニタリアニズムの共同体論である。それによると、共同体とは、公的な生活と私的な生活との相互依存関係をよしとする包括的な全体であり、個人のアイデンティティーが形成される文脈であって、その共同体の過去によって構成されるという意味で歴史を有するものである[28]。したがってベラーらは、このような特徴を有する「共同体」と個人の選択に基づく「ライフスタイルの飛び地」とを明確に区別し、「歴史と希望が忘れられ、共同体が単なる似た者同士の集まりにすぎなくなった場合には、共同体はライフスタイルの飛び地へと退化する」(Bellah et al. 2008, p. 154 ［邦訳 187 頁］) と指摘する[29]。

---

28)　それゆえベラーらは、真の共同体とは「記憶の共同体」だと主張する。(Bellah et al. 2008, p. 153 ［邦訳 186 頁］)

もちろんコミュニタリアニズムの中には、生まれながら自然に帰属するあらかじめ与えられた共同体だけでなく自己選択によって自発的に加入する結合体をも含めたかたちで共同体を理解し、個人が複数の共同体に帰属していることを認める立場も存在する。だがコミュニタリアニズムは、共同体についてたとえそのような理解を採用したとしても、すべての集団が自発的な結合体というわけではない——例えば我々は、自己選択によって自発的に、ある家族・地域・国家の下に生まれてくるわけではない——という点を指摘し、「個々人のアイデンティティーは、まず初めに、そのような自発的な自己選択に基づかない所与の共同体の中で形成され、そこから個々人は、自らの帰属する共同体の歴史と伝統を自覚し尊重することで、その共同体に共通する価値である『共通善』や目的を共有するようになり、そのことによって共同体に対する参加と責務やその構成員間の相互扶助が生まれてくる」という点を繰り返し強調する。(菊池 2004、25-26 頁、223-224 頁)

第4節　伝統の発展——ハイエクとマッキンタイアの相違点Ⅲ

先に**第1節 2 (2)** では、マッキンタイアによる伝統重視の背景としての「埋め込まれた自我」という自我観を指摘したうえで、彼が「そのような自我観を採用するからといって、自我が、それが埋め込まれた共同体の特殊性に由来する道徳的限界をも受け入れなければならないということにはならない」と考えている点を確認した。だが、このような彼の議論に対しては、「埋め込まれた自我と道徳的限界の拒絶は、両立可能か——換言すれば、伝統への立脚と伝統が抱える限界の拒絶は、両立可能か——」という批判が投げ掛けられ得る。例えばW・キムリカは、これら二つの両立可能性に疑問を投げ掛けて、次のように批判する。すなわち、確かにマッキンタイアは、埋め込まれた自我という自我観を提示し、「私にとっての善は、私が現在埋め込まれている社会的地位・役割を占めている人間にとっての善でなければな

---

29) Bellah et al. 2008, pp. 72-73, p. 135, pp. 153-154［邦訳 85-86 頁、165 頁、186-187 頁］. 参照、森村編著 2005、15-16 頁。

らない」と主張する。だが、我々はそのような社会的地位・役割の価値を問題にでき、実際に問題にしているということに鑑みると、埋め込まれた自我というマッキンタイアの自我観には問題があるといわざるを得ない、と。(Kymlicka 1989, pp. 56-58)[30] ではマッキンタイアは、このような批判に対してどのように応答するのか。

マッキンタイアは、伝統が静態的ではなく動態的だということを強調し、伝統は不変ではなく成長し発展すると主張して、以上で指摘したような批判に応答する。彼によると、あるひとつの伝統の発展は、①所与の信念がまだ問題とされていなかった段階、②所与の信念に内在する不適切な点がいろいろと同定されたが、まだ修正されていなかった段階、③そのような不適切な点を修正してその限界を超えようとする、再定式化・再評価と新しい定式化・評価が行われる段階、の三段階に区別できる。(MacIntyre 1988, pp. 354-355)[31] ここで注目すべきは、彼が伝統の発展に関して、「所与の信念に内在

30) さらにキムリカは、「マッキンタイアが伝統の抱える道徳的限界の拒絶を主張するならば、彼自身のリベラリズム批判にもかかわらず、彼の議論も結局はリベラリズムと変わらないことになるのではないか」という疑問も投げ掛けている。すなわちキムリカは、「我々が、結局、自身が受け継いでいる役割や地位についての『正当な期待と責務』を問題視でき、所与の実践に内在的な善が有する価値を拒絶できるならば、マッキンタイアの見解が、彼が拒絶しようとするリベラルな個人主義者の見解とどれほど異なるのかは、明確ではない」(Kymlicka 1989, p. 57) と指摘して、「自身が現在埋め込まれている社会的地位・役割の価値を問題視することをマッキンタイアが認めるときには、彼のリベラリズム批判は崩壊する」と結論づけるのである。(Kymlicka 1989, pp. 56-58) マッキンタイアの議論に対して、キムリカがこのような疑問を投げ掛けるのは、キムリカ自身が、「善構想の合理的修正可能性を受容すること——すなわち、あるひとつの共同体で受け継がれてきた具体的な規範・役割・理想等について、個人が疑問を呈して、それを修正するのを認めること——が、リベラリズムの特徴だ」と考えているからである。(cf. Kymlicka 1989, Ch. 2, Kymlicka 1995) だがマッキンタイアは、リベラリズムをキムリカとは全く異なったかたちで理解して、リベラリズム批判を展開している。なお、マッキンタイアのリベラリズム批判については、**第5節**で検討する。

31) したがってマッキンタイアの考えによれば、伝統に体現されたものとしての合理的探究は、すべて、歴史的にみて純粋に偶然の事柄——例えば、何らかの具体的な共同体において受け入れられている信念——から開始されるが、だからといって、そのような所与の信念がいかなる変化にもさらされないというわけでは、決してない。それゆえ彼は、次のように指摘する。すなわち、帝国主義的な近代主義社会の文化の下

する不適切な点を修正して、その限界を超えようとする」段階の存在を指摘している点である。彼の考えでは、伝統に体現されたものとしての個人の探究は、所与のものの発見や認識だけでなく、個人が立脚する伝統に関する批判的熟慮の可能性をも含み、しかもそのような批判的熟慮は、伝統の内在的批判に基づく漸進的改善や修正に限定されない[32]。

伝統の発展に関するこのようなマッキンタイアの主張は、ハイエクの主張と大きく異なる。というのもハイエクの場合、伝統の発展を重視しつつも、内在的批判に基づく伝統の発展を主張するからである。そこで本節では、伝統の発展に関する両者の議論を比較検討する。

1　内在的批判に基づく伝統の発展——ハイエクの「行為ルールとしての伝統」

(1) 準備作業——伝統の普及過程

まず初めに、伝統の発展に関するハイエクの議論を検討する準備作業として、「大きな共同体」で形成され適用される「行為ルールとしての伝統」の普及過程に関するハイエクの説明を確認したい。

ハイエクは、未開人による無言の物々交換や古代の地中海沿岸地域で築かれた異なる共同体間の商業的関係からなる緊密なネットワークに代表される、部族のような「小さな共同体」間の交流が、「部族社会」から「大きな共同体」への共同体の拡張が達成される具体的なきっかけだと考えて[33]、「行為ルールとしての伝統」が「大きな共同体」に普及した過程を、進化論

で教育を受けた人々が、「我々は、変化が存在せず、変遷ではなく繰り返しが支配する、いわゆる原始社会・未開社会を発見した」と報告したとき、彼らは、いわゆる原始社会・未開社会の構成員によって時折なされる、「自分たちは、太古からの習慣の命令に従順である」という主張についての彼ら自身の理解と、社会的・文化的変化とはどのようなものであるかについての、彼ら自身のあまりにも単純で時代錯誤的な構想とによって、惑わされていたのである、と。(MacIntyre 1988, p. 354)

32)　マッキンタイア曰く、「推論はすべて、何らかの伝統的な思考様式の文脈内で行われ、批判と考案 (invention) を通して、その伝統の中でこれまで推論されてきたことの限界を超越する。」(MacIntyre 1984, p. 222 [邦訳 272 頁])

33)　詳細は**第 1 章第 3 節 2 (1)** を参照。

を用いて次のように説明する。すなわち、複数の「小さな共同体」間の交流とルールをめぐる競争の中で、試行錯誤の結果、淘汰と模倣によって、「行為ルールとしての伝統」が偶然に生き残ったのである[34]、と。

(2) 伝統の発展

ハイエクは、このようなかたちで普及した「行為ルールとしての伝統」は不変ではなく、成長し発展すると主張する。その際に彼は、次の点に注意を促す。すなわち、「行為ルールとしての伝統」の中に含まれるひとつひとつの内容を批判的に検討して、それを改善しようとするのは重要なことだが、そのすべての内容やその全体構造それ自体を問題にして、それらを批判し、それらを完全に放棄することは不可能である、と。なぜなら、伝統の中に含まれるひとつの価値観を批判的に検討して、それを改善しようとする際には、その伝統が有する他のすべての価値観に基礎を置かなければならないからである。

したがってハイエクの考えでは、我々は、自身の伝統に足場を置いたうえでその中に存在する問題点を内在的に批判することで、自身の立脚する伝統が有している欠陥を少しずつ改善し修正して行かなければならない[35]。

(3) 補論——ハイエクにおける自生的秩序論と進化論の関係

以上のようにハイエクは、「行為ルールとしての伝統」について、一方で、その普及過程を進化論に基づいて説明しつつ、他方で、普及した伝統の発展に関しては「内在的批判に基づく伝統の発展」を強調する。このような彼の主張に対しては、「伝統の普及過程に関する進化論に基づく説明と、伝統の発展に関する内在的批判に基づく説明は、矛盾するのではないか」という批判が投げ掛けられ得る。この批判が焦点を当てるのは、「ハイエクにおける自生的秩序論と進化論の関係」をめぐる問題——すなわち、「彼の自生的秩

---

34) 詳細は**第1章第2節**を参照。
35) Hayek 1988, p. 69［邦訳101頁］, Hayek 1990, pp. 18-20［ハイエク2010、43-45頁］, Hayek 1993-3, pp. 166-167［邦訳227-228頁］.参照、太子堂2006、77-78頁。

序論と進化論は、矛盾するのではないか」という問題——である。そこで以下の補論で、この問題について詳細な検討を加える。

A　問題設定

ハイエクは、自生的秩序を支えるルールの起源について、「自生的秩序を支える一般的で目的独立的で抽象的なルールの多くは、実際には、自生的な秩序形成の結果であり試行錯誤に基づく進化の結果である」と考える[36]。では彼は、自生的秩序論と進化論の関係をどのように捉えているのか。この点について彼は、「進化と自生的秩序という双子の観念」という言葉で説明するが、その内実は不明確である[37]。それゆえ彼の自生的秩序論と進化論に対しては、各々の議論を明確に区別せず両者を一体的・連続的に捉えたうえで[38]、そこに内在する問題点や矛盾を指摘して批判を展開する議論が数多く存在する。例えば、その代表格ともいえるV・ヴァンバーグのハイエク批判は、「ハイエクの自生的秩序論・進化論には『方法論的個人主義』と『集団淘汰論』という互いに異質な二つの要素が混在しており、その二つの要素の間における重大な矛盾を克服できていない」という主張を展開している。(Vanberg 1991, p. 178 ff.［邦訳 141 頁以下］)[39]

---

36)　Hayek 1967, pp. 163-164［ハイエク 2009-1、72 頁］, Hayek 1988, p. 12［邦訳 15 頁］, Hayek 1990, pp. 135-136［ハイエク 2009-1、138-139 頁］, Hayek 1993-1, pp. 50-51, pp. 81-82, pp. 85-88［邦訳 68 頁、109-110 頁、114-117 頁］, Hayek 1993-2, pp. 4-5［邦訳 11-13 頁］, Kresge and Wenar (eds.) 1994, pp. 72-73［邦訳 60-62 頁］

37)　Hayek 1967, p. 77［ハイエク 2010、230 頁］, Hayek 1988, p. 146［邦訳 216 頁］, Hayek 1990, p. 250［ハイエク 2009-2、50 頁］, Hayek 1993-1, p. 23［邦訳 33 頁］, Hayek 1993-3, p. 158［邦訳 216 頁］, Kley 1994, pp. 39-40, Petsoulas 2001, p. 32

38)　cf. Paul 1988, p. 251［邦訳 181-182 頁］, Vanberg 1991, p. 178 ff.［邦訳 141 頁以下］, Gray 1998, Ch. 2［邦訳第 2 章］, Caldwell 2004, p. 352 ff., 江頭 1999、第 7 章、山中 2007、8 頁以下、100 頁以下

39)　ヴァンバーグのハイエク批判の要点を簡潔に整理したものとして、山中 2007、104-116 頁も参照。

　　なお、ヴァンバーグと同様の問題意識に基づくハイエク批判として、Paul 1988, Gray 1998, pp. 129-130［邦訳 230-232 頁］がある。また、ハイエクの自生的秩序論・進化論における方法論的個人主義と集団淘汰論との矛盾をめぐる近年の議論動向を整理したものとして、江頭 1999、214 頁、山中 2007、221-226 頁も参照。

もっとも、ヴァンバーグに代表されるこのようなハイエク批判に対しては、有力な反論が存在する。例えば渡辺幹雄は、ハイエクの方法論的個人主義をめぐる論争について、ハイエクが提示する存在論的全体論は彼の方法論的個人主義と難なく両立できると指摘する。なぜなら方法論的個人主義とは、純粋に社会理論を展開する際の方法論として、個人の次元から社会現象を説明しようと試みるものであり、社会現象をそれ自体の総体として捉えるよりも個々の構成員たる個人の働きに着目したほうがより良い理解につながるという主張であって、本質的には社会と個人との間の関係性や両者が備える性質について何らの見解も挟まないものだからである[40]。それゆえ渡辺の指摘に従えば、ヴァンバーグが主張する「ハイエクの自生的秩序論・進化論における方法論的個人主義と集団淘汰論の矛盾」は、そもそも存在しないということになる。

　この点について、確かに以上で述べた渡辺の指摘は、極めて的確なものである。だが筆者は、このことを認めたうえで、以上のような渡辺の指摘と異なる観点に基づいて、先に述べたヴァンバーグに代表されるハイエク批判に反論することが可能だと考える。そのような観点の根底にあるのは、「ハイエクの自生的秩序論と進化論に検討を加える際に、各々の議論の区別や両者の関係を明確にしないまま両者を一体的・連続的に捉える理解に基づいて論を展開することは、そもそも妥当か」という問題意識である。換言すれば、彼が自生的秩序論で対象とする問題は、彼が進化論で対象とする問題と、明らかに異なるのではないか。だとすれば、彼の自生的秩序論と進化論を検討する際には、各々の議論が対象とする問題の違いを明確に意識する必要があるのではないか。そうであるならば、彼の自生的秩序論と進化論を明確に区別せず両者を一体的・連続的に捉え、両者を同一平面上の問題を対象とする議論だと理解するヴァンバーグのようなハイエク批判には、そもそも大きな誤りがあるのではないか、というわけである。

---

40) 渡辺 2006、445-446 頁、494 頁。また、森村編著 2005、62-63 頁、渡辺 2007、111-117 頁も参照。なお、この点に関して渡辺と同様の指摘を行うものとして、Gissurarson 1987, pp. 44-45, 太子堂 2006、80 頁がある。

そこで以下では、まず初めにBで、ハイエクの自生的秩序論と進化論を一体的・連続的に把握したうえで、彼の自生的秩序論・進化論における「個人主義的で『見えざる手』的な考え方」と「集団淘汰的な考え方」の矛盾を指摘する、ヴァンバーグのハイエク批判を確認する。そのうえで次にCで、このようなヴァンバーグのハイエク批判の問題点を指摘し、それを回避し得るハイエクの自生的秩序論と進化論についての理解を提示したい。

B　ヴァンバーグのハイエク批判――自生的秩序論と進化論の一体的・連続的な把握

　ヴァンバーグの指摘によると、自生的秩序としての市場というハイエクの構想は、進化の過程としてのルールの発展――ハイエク自身の言い方でいえば、文化の進化――という彼の考えと、密接に結び付いている。なぜならハイエクは、自生的秩序としての市場という構想について論を展開する際に、自生的秩序を支える文化的ルールの生成と変化の過程をめぐる問題を取り扱う、「文化の進化」論に特に注意を向けるからである。このようにヴァンバーグは、ハイエクの自生的秩序論と進化論を一体的・連続的に把握したうえで、彼の「文化の進化」論の詳細な検討に向かう。(Vanberg 1991, pp. 178-180〔邦訳 141-143 頁〕)

　まず初めにヴァンバーグは、ルールの生成と変化の過程に検討を加える際に、政治的過程と自生的過程の基本的区別から議論を開始する。ヴァンバーグによると、ルールの生成と変化の過程に関する政治的過程とは、何らかの代表者あるいは機関が、ある社会共同体のために、熟慮のうえでルールを選択し実行する場合のことである。これに対して、ルールの生成と変化の過程に関する自生的過程とは、個別的に各々の目的を追求する個々人の間で展開される相互行為の、意図せざる社会的結果としてルールが出現する場合のことを指す。(Vanberg 1991, p. 180〔邦訳 143 頁〕) 以上のような基本的区別を踏まえてヴァンバーグは、ハイエクの「文化の進化」論について、「その議論は、ルールが自生的に出現し変化する過程が進化論的な過程だということを、明らかにしなければならない」と指摘し (Vanberg 1991, p. 182〔邦訳 144

頁])、以下のような分析を加える。(Vanberg 1991, pp. 182-185 [邦訳 145-148 頁])

　一方で、ハイエクの著作の中には、文化の進化という観念についての「個人主義的で『見えざる手』的な考え方」を見出すことができる。それは、個人が新しいやり方を取り入れることによって変異の過程が進行し、個人の模倣によって淘汰の過程が進行するという考え方である。つまり、文化の進化に関するハイエクの「個人主義的で『見えざる手』的な考え方」によるならば、文化の進化に関する様々な問題を認識し状況の変化に反応するのは、明らかに個人のみだということができる。

　だが他方で、文化の進化をめぐるハイエクの議論の中には、このような「個人主義的で『見えざる手』的な考え方」から「集団淘汰的な考え方」への暗黙の移行が存在する。それは、「ルールが出現し広まるのは、そのルールを実践している個人にとって利益になるからだ」という考えから、「ルールが守られるようになるのは、そのルールが集団にとって有利だからだ」という考えへの移行である。

　この文化の進化に関する集団淘汰的な考え方について、ヴァンバーグは、「その中に、個人レベルの考え方と集団レベルの考え方という二種類のものが、本質的に存在し得る」と指摘する。個人レベルの考え方とは、あるルールがある集団に対してもたらす有益な結果を個々人が認識し、そのルールを実行し施行するために個人的あるいは集合的に行動する、というものである。これに対して集団レベルの考え方とは、何らかの独特なフィードバックのメカニズムが集団的・集合的なレベルで機能している、と想定するものである。このように、文化の進化に関する二つの集団淘汰的な考え方を提示したうえで、ヴァンバーグは、どちらのレベルの考え方も、必然的に、文化の進化に関する「個人主義的で『見えざる手』的な考え方」と衝突すると批判する。

　文化の進化に関する個人レベルの集団淘汰的な考え方が「個人主義的で『見えざる手』的な考え方」と衝突するのは、個人レベルの考え方が、意図せざるルールの出現ではなく、熟慮のうえでのルールの設計の重要性を強調

するからである。つまり個人レベルの考え方は、厳格な個人主義的立場を基礎に置くという点では「個人主義的で『見えざる手』的な考え方」と共通点を有するものの、その考え方が焦点を合わせるのはルールの選択・変更・施行に関する政治的過程であって、個別的に各々の目的を追求する個々人の間で展開される相互行為の結果としてルールが出現するという、自生的で「見えざる手」的な過程ではないということができる。また、ハイエクの「文化の進化」論における、集団レベルの集団淘汰的な考え方と「個人主義的で『見えざる手』的な考え方」との衝突について、ヴァンバーグは次のように結論づける。すなわち、これら二つの考え方が衝突するのは、集団的・集合的なレベルで機能する文化の進化過程に訴える前者の主張と後者の基礎にある方法論的個人主義とが、明確に対立し矛盾するからである、と[41]。

C 対象の違いに基づく自生的秩序論と進化論の区別

先にBで確認したようにヴァンバーグは、ハイエクの自生的秩序論と進化論について、両者を一体的・連続的に把握したうえで、彼の「文化の進化」論における「個人主義的で『見えざる手』的な考え方」と「集団淘汰的な考え方」の矛盾を指摘し、彼の自生的秩序論・進化論における一貫性の欠如を厳しく批判する。だがこのようなヴァンバーグのハイエク批判は、ハイエクの自生的秩序論と進化論についての正確な理解に基づく、妥当な批判といえるのであろうか。

ここで注目すべきなのが、自生的秩序を支える行為ルールの出現過程を論ずるハイエクの「文化の進化」論をめぐる、C・ペッツウラの議論である。なぜならペッツウラは、ハイエクの「文化の進化」論について、「集団内において、新しいルールが、その集団の各構成員によってどのように採用され

---

[41] もっともヴァンバーグは、文化の進化に関する集団レベルの集団淘汰的な考え方について、このようにハイエクにおける方法論的個人主義との矛盾を指摘するだけでは不十分だと考える。そこでヴァンバーグは、文化の進化に関するハイエクの「集団淘汰的な考え方」それ自体について詳細な分析を加えて、「その考え方はあまりにも漠然としたものであるため、真に興味深い結論を得ることはできない」との評価を下している。(Vanberg 1991, pp. 185-188〔邦訳 147-150 頁〕)

てくるか」をめぐる議論と、「集団間の競争で、どのルールが優位となるか」をめぐる議論とを、明確に区別するからである。(Petsoulas 2001, pp. 3-4)

　この点について、実はヴァンバーグ自身も、上述のペッツウラによる区別を暗黙的に認めるような記述を行っている。例えばヴァンバーグは、文化の進化に関する「個人主義的で『見えざる手』的な考え方」について分析を加える際に、「ハイエクは、……革新者として活動し、『新しい変体』――それは、伝統的な行動様式やその他の新たな行動様式との競争の中で、あるひとつの社会共同体の内部においてさらに多くの個々人によって模倣されるという意味で優位する場合に、その共同体における新たな行動の規則性となり得るものである――を生み出すような、個々人の役割を強調している」(Vanberg 1991, pp. 182-183〔邦訳 145 頁〕. 圏点は筆者。) という点に言及する。またヴァンバーグは、文化の進化に関する「集団淘汰的な考え方」について分析を加える際に、その考え方を集団間競争に関するものだと捉える解釈に言及している。(Vanberg 1991, pp. 197-198, note 12) このようなヴァンバーグの記述に注意を払うならば、彼自身も、「ひとつの共同体の内部において、あるルールが支配的になる過程」と「複数の共同体間の競争の中で、あるルールが支配的になる過程」との違いを意識しており、文化の進化に関する「個人主義的で『見えざる手』的な考え方」に言及する際には前者の過程を念頭に置いている、ということができよう。

　だが結局ヴァンバーグは、このような違いを暗黙的には意識しつつも、両者の明確な区別に基づくハイエクの「文化の進化」論の検討は行わない。というのもヴァンバーグは、ハイエクの自生的秩序論と進化論を明確に区別せず両者を一体的・連続的に捉え、両者を同一平面上の問題を対象とする議論だと理解しているからである[42]。このようなヴァンバーグの理解と対照的

---

42) それゆえヴァンバーグは、文化の進化に関する「集団淘汰的な考え方」を集団間競争に関するものだと捉える解釈について、文化の進化に関する「個人主義的で『見えざる手』的な考え方」に付け加えるべき、集団淘汰に関する特別な理論は何もないとの評価を下している。(Vanberg 1991, pp. 197-198, note 12)
　なお、文化の進化に関するハイエクの「集団淘汰的な考え方」を集団間競争に関する説明だと捉える解釈に対して、ヴァンバーグ同様に否定的な評価を下すものとし

に、「ハイエクは、自生的秩序論と進化論を展開する際に、自身が対象とする複数の問題を明確に区別している」と指摘するのが、渡辺（渡辺 2006、88-90 頁）と E・フェザー（Feser, 2003, p. 23 ff.）である。

渡辺によれば、ハイエクは、自生的な形成物に対する批判を内在的批判と外在的批判の二つに区別したうえで、両者の必要性をともに認めている。またフェザーによれば、ハイエクは、「法・道徳・習慣といったものの体系の歴史の中で進行している進化の過程においては、実際には、内在的進化と外在的進化という二つの進化の過程が存在する」と考えている。では渡辺とフェザーは、ハイエクにおける自生的な形成物に対する内在的批判と外在的批判の違い、あるいは、ハイエクにおける内在的進化の過程と外在的進化の過程との違いを、それぞれどのように特徴づけているのであろうか。

渡辺の指摘によると、「道徳や法、その他自生的形成物に対する内在的批判は、いわゆる『合理的再構成』（rational reconstruction）の手続きに基づいてなされる。それは自生的に生じた道徳や法体系内部の様々な矛盾を取り除く（整合化する）形で行われる。」（渡辺 2006、88 頁。圏点は筆者。）またフェザーの指摘によると、ハイエクが考える内在的進化とは、「あるルールの内容が、現存するもっと根本的なルールと矛盾するか」という基準に基づいて、あるルールを漸進的に発展させる過程のことである。(Feser 1987, pp. 24-27) つまりハイエクが展開する内在的批判・内在的進化とは、あるルールが有する内容の適否に検討を加える際に、所与のルール体系の枠内で進展し、そのルール体系内で既に承認されている他のルールとの整合性および両立可能性によって判定するものだということができる。彼の考えによれば、確立したルール体系すべてを全く新しく作り直すことでルール体系を改善することは、不可能である。我々にとって可能なのは、自らが熟慮のうえで自由に設計したわけではない所与のルール体系の枠内で、そのルール体系内の他のルールと両立しない具体的なルールを批判し漸進的に排除することによって、所与のルール体系を改善し修正することだけである[43]。

て、Petsoulas 2001, p. 64, p. 75, note 80, Steele 1987, pp. 173-178 も参照。
43) Hayek 1967, p. 103 ［ハイエク 2009-2、10-11 頁］、Hayek 1990, p. 11 ［ハイエク

これに対してハイエクが考える外在的進化とは、フェザーの指摘によると、内在的進化によって発展した・ひ・と・つ・の・法・・道・徳・・習・慣といったものの体系が、他の同様の体系と競争する過程のことである。ここでフェザーは、適切にも、ハイエクの「文化の進化」論は外在的進化に関する議論であると明言する。(Feser 2003, pp. 23-24)[44] 渡辺もまた、適切にも、「ハイエクが考える自生的形成物に対する外在的批判において、まさに彼の進化論的思考が真価を発揮する」と指摘し、外在的批判をめぐる彼の議論を説明するために、我々の世界に存在するそれぞれ異なる・伝・統――社会的慣習、道徳規則、ないし法体系など――の間の競争に言及する。(渡辺 2006、88-90 頁) つまりハイエクが展開する外在的批判・外在的進化とは、何らかの所与のルール体系の枠内におけるあるルールの漸進的な発展ではなく、複数の共同体間のルールをめぐる競争について検討を加える際に、「試行錯誤の結果、淘汰と模倣によって、よりよいルールが生き残ってゆく」過程を論じたものだということができる。

以上で述べた、ハイエクの自生的秩序論と進化論における内在的批判・内在的進化と外在的批判・外在的進化との明確な区別を踏まえると、自生的秩序を支えるルールが実際に形成され発展する過程をめぐる自生的秩序論と進化論の関係は、次のようにまとめることができる。すなわち、彼の自生的秩序論は、「ひとつの共同体の内部において、あるルールが支配的になる過程」を対象とした議論であり、そこで重要な役割を果たすのが内在的批判である。これに対して彼の進化論は、「複数の共同体間の競争の中で、あるルールが支配的になる過程」を対象とした議論であり、そこで重要な役割を果た

2010、35 頁]、Hayek 1993-1, p. 65 [邦訳 88 頁]、Hayek 1993-2, pp. 24-29, p. 38 ff. [邦訳 26-43 頁、57 頁以下]. cf. Hayek 1988, p. 69 [邦訳 101 頁]、Hayek 1990, pp. 18-20 [ハイエク 2010、43-45 頁]、Hayek 1993-3, pp. 166-167 [邦訳 227-228 頁]. なお、ハイエクの自生的秩序論と進化論における内在的批判に関する問題を論じたものとして、太子堂 2006、75-78 頁も参照。

44) なおフェザーによれば、ハイエクの「文化の進化」論における競争の単位は、人種でも個々の人間でもなく、伝統である。このような伝統をめぐる「文化の進化」に関するハイエクの説明は、『致命的な思いあがり』(Hayek 1988) において最も完全なかたちで展開されている。(Feser 2003, pp. 27-28)

すのが淘汰と模倣による進化の過程である、と[45] [46]。

(4) 補論を踏まえた小括

以上の補論における検討を踏まえると、「行為ルールとしての伝統」の普及過程と発展過程に関するハイエクの議論は、次のように整理できる。すなわち、複数の共同体間の競争の中で「行為ルールとしての伝統」が普及する過程を、彼は進化論に基づいて説明する。これに対して、ひとつの共同体の内部に普及した「行為ルールとしての伝統」の発展過程について、彼は、内在的批判に基づく伝統の発展を主張する、と。

2　内在的批判に限定されない伝統の発展——マッキンタイアの「知的探究の伝統」

このようなハイエクの議論と対照的に、マッキンタイアの場合、伝統の発展を内在的批判に基づく漸進的改善・修正に限定しないかたちで理解する。

マッキンタイアは、伝統における衝突の要素を重視し[47]、「伝統とは、時

---

[45] したがってハイエクの自生的秩序論と進化論は、確かに相互に密接な関係を有する議論ではあるが、同一平面上の問題を対象とする一体的・連続的な議論では決してない。だからこそ彼は、「進化と自生的秩序という双子の観念」という言葉を用いるのである。

　なお、ハイエクの自生的秩序論と進化論について、本書と異なる区別を用いて整理・検討を加えるものとして、Gissurarson 1987, p. 61 ff., Kley 1994, p. 38 ff. がある。

[46] なお、この点について吉野裕介は、「秩序もしくは文明——すなわち、いわゆる社会的な『状態』が存在するということ——とそこで起きている知識が進化する『過程』は、常に結び付いている」と指摘し、「自生的秩序と進化論は、ある『状態』とそれに至る『過程』とを説明するための論理として、常に一対として位置づけられる」と考える。（吉野 2014、160頁）

[47] この点についてマッキンタイアは、まず初めに、正義に関するヘラクレイトスの言明——すなわち、「正義とは衝突であり、すべてのものが衝突によって認められるようになる」（MacIntyre 1988, p. 12）という言明——から議論を開始し、次に、「あらゆる社会の歴史は、重要な部分において、拡大された衝突の歴史である」（MacIntyre 1988, p. 12）と考え——その際にマッキンタイアは、「先に触れたヘラクレイトスの洞察は、社会制度・社会秩序の本質の理解にとって必要不可欠だ」というJ・アンダーソンの主張に言及する——、最後に、「このように社会についていえる

代を通して拡大され社会的に体現された議論（argument）である」と考える。彼によると、そのような議論における何らかの基本的一致は、二種類の衝突——すなわち、伝統に外在的な批判者・敵対者との論争と、内在的・解釈的な論争——という観点から定義され、定義し直される。とりわけ、ハイエクとの比較で注目すべきなのは、①内在的・解釈的な論争も、時には、伝統における基本的一致の基礎を破壊するかもしれないという主張[48]と、②伝統に外在的な批判者・敵対者との論争によっても、伝統における何らかの基本的一致が定義され、定義し直され得るという主張の、二つである。というのもこれらの主張には、「伝統の発展を、内在的批判に基づく漸進的改善・修正に限定しない」というマッキンタイアの議論の特徴が明確に現れているからである[49]。そこで以下では、これらの主張の詳細を論ずる、彼の伝統間比較論を検討する。

　マッキンタイアは、「実際、多様な歴史を有する多様な伝統が存在する」と指摘して、伝統の複数性・多様性を明確に認める。（MacIntyre 1988, p. 9）では、競争し対抗している両立不可能な二つの伝統が、何らかの具体的な歴史的状況において相互に対決している場合、どのように対応すべきか。彼は、このような場合における啓蒙主義と相対主義の対応をともに否定して、ある伝統の枠内でその伝統に基礎を置くかたちで展開されつつも、同時に、その伝統に内在する問題点や矛盾を突破しあるいは超越してその伝統を再構

ことは、また伝統についてもいえる」（MacIntyre 1988, p. 12）と主張する。したがってマッキンタイアの指摘によれば、伝統について考察する際に、E・バークに特徴的に見られる、伝統の安定性と衝突とを対照させる伝統理解——マッキンタイアは、これを、「保守的な政治理論家によって伝統という概念が用いられてきた、イデオロギー的用法」（MacIntyre 1984, p. 221 [邦訳272頁]）と呼んでいる——に基づくと、伝統についての正確な理解が困難となる。マッキンタイア曰く、「伝統は、活力に満ちているときには、継続的な衝突を体現」しており、「実際、あるひとつの伝統がバークのいうようなものになるときには、その伝統は、常に、死にそうな状態であるか既に死んでいる。」（MacIntyre 1984, p. 222 [邦訳272頁]）

48) マッキンタイアによると、この場合、ひとつの伝統が二つ以上の相争う構成要素に分かれ、各々の支持者が逆の立場の外在的な批判者となるか、あるいは、その伝統が一貫性をすべて失い、生き残ることが出来なくなる。（MacIntyre 1988, p. 12）

49) MacIntyre 1984, pp. 221-222 [邦訳272-273頁], MacIntyre 1988, p. 12

成するような、探究の方法——彼は、これを、「伝統構成的探究（a tradition-constituted and tradition-constitutive enquiry）」と名付ける——に基づく解決法を提示する。

まずマッキンタイアは、啓蒙主義を「二つの伝統のどちらからも独立した、一連の合理的に基礎づけられた原理に訴えることで、問題を解決しようとする」と特徴づけたうえで、このような啓蒙主義の試みを単なる幻想にすぎないと批判する。なぜなら、二つの伝統が相互に対決している状況においてどちらの伝統が正しいかを決定する場合に、各々の伝統が説明を与える主題や各々の伝統の主張が評価される基準を特徴づける、中立的な方法は存在しないからである[50]。

これと対照的に相対主義は、「二つの伝統が相互に対決している場合に、そのような伝統間で合理的な議論を行い、それに基づいてどちらの伝統の主張が正しいかを合理的に決定することは、不可能だ」と主張する。つまり各々の伝統には、正義と実践的合理性に関するそれぞれの理解が存在し、各々の伝統の擁護者はそれに従って判断するのだから、二つの伝統の主張が対立している場合に、一方の伝統の擁護者が、「自身の伝統の主張は、競争相手のそれよりも好ましい」と判断する理由を見出すことは不可能だ、というわけである[51]。

だがマッキンタイアは、このような相対主義の主張を、啓蒙主義の裏返しにすぎないと指摘する。なぜなら、啓蒙主義が「真理は、合理的な個人であれば誰であれ否定せず、それゆえいかなる伝統からも独立した原理に訴えるという、合理的方法によって保障される」と主張するのに対して、相対主義は、このような啓蒙主義の主張を反転させて、「あらゆる伝統から独立した判断基準を発見しようとする、啓蒙主義の試みが維持できないのであれば、伝統間での合理的議論・合理的選択はそもそも不可能だという見解が、唯一可能な代替案だ」と主張するからである[52]。したがって彼は、「啓蒙主義者

---

50) MacIntyre 1984, pp. 275-276 ［邦訳 336 頁］, MacIntyre 1988, pp. 6-7, p. 166
51) MacIntyre 1984, pp. 275-276 ［邦訳 336 頁］, MacIntyre 1988, p. 348, pp. 351-352
52) それゆえマッキンタイアによると、啓蒙主義者がカントやベンサムの議論に言及

に見えなかった『伝統によって保持されている合理性』という概念が、同様に相対主義者にも見えないということになる」と指摘して、「『二つの伝統が相互に対決している場合に、どう対応すべきか』という問題に対する啓蒙主義の解決法を拒絶するからといって、必然的に相対主義の主張を受け入れざるを得ないということには、決してならない」と主張する[53]。そこで彼は、相対主義に適切に対抗できる、伝統の合理性についての説明を提供しなければならないと考えて、伝統構成的探究に基づく伝統間比較論を展開する[54][55][56]。

するのに対して、相対主義者はニーチェのカント批判、ベンサム批判に言及する。(MacIntyre 1988, p. 353)

[53] マッキンタイアは、啓蒙主義者と相対主義者の双方がともにそのような合理性を認識できなかった理由として、①双方に、伝統に対する敵意があったから、②伝統の合理性の説明が欠如していたから、という二点を挙げる。彼によると、伝統に対する敵意は、一方でカント主義者・ベンサム主義者・新カント主義者・功利主義者に、他方でニーチェ主義者とポスト・ニーチェ主義者に、同様に見出される。またマッキンタイアは、②の点で重要なのがバークだと指摘する。というのもバークは、秩序だった伝統は「熟慮なしの知恵」を有すると考えたからである。(MacIntyre 1988, p. 353)

[54] MacIntyre 1984, p. 276 [邦訳 336 頁], MacIntyre 1988, pp. 352-354

[55] マッキンタイアは、相対主義を以下のように批判する。(MacIntyre 1988, pp. 366-367) 彼の考えでは、相対主義を主張しようとする人間は、「二つ以上の伝統のうちのひとつの伝統の、知的探究と正当化についての基準に忠誠を示し、自身が推論する際にはその基準を採用する」か、あるいは、すべての伝統の外側にいるかの、どちらかでなければならない。だがマッキンタイアは、これら両者の選択肢に対して次のような批判を投げ掛ける。

まず、前者について。その選択肢は、相対主義の可能性を排除する。なぜなら、それを採用する人間には、自身が立脚する伝統に対する忠誠を問題視する理由がなく、むしろそのような忠誠を継続するあらゆる理由が存在するからである。ただし、自身が立脚する伝統において歴史的に基礎づけられてきた確信が深刻なかたちで崩壊する場合は、別である。

次に、後者の選択肢について。マッキンタイアによれば、「すべての伝統から独立した中立的な立脚点が存在する」という想定は幻想である。したがって、そのような想定を主張する人間は、あるひとつの伝統の観点をひそかに採用したうえで、「その観点は、まさに、すべての伝統から独立した中立的な立脚点だ」と考えるよう自身と他者を欺いていたか、あるいは、単に間違いを犯していたかの、どちらかである。

[56] マッキンタイアの伝統間比較論をめぐる以下の論述に際しては、MacIntyre 1988, Ch. X, esp. pp. 166-167, Ch. XVIII, esp. pp. 361-367 を参照した。

マッキンタイアによると、伝統構成的探究に基づく伝統間論争は、次の二段階で進行する。まず第一段階では、各々の伝統の擁護者は、自身が擁護する伝統の観点から競争相手の伝統の主張を特徴づけ、自身の伝統の中心的見解と両立しない、競争相手の主張を拒絶するための根拠を、明らかにする。これに対して第二段階では、各々の伝統の擁護者は、「知的探究を行う際に自身の伝統の基準に従っているかぎり、自身の伝統がある領域において解決不可能な二律背反を生み出すことになってしまい、むしろ競争相手の伝統のほうが、自身の伝統の失敗や欠陥を、自身の伝統以上に適切に説明できるのではないか」と考える[57]。

ここでマッキンタイアは、「伝統間論争の第二段階で見られるような状況に、すべての伝統が陥る可能性がある」と指摘する。つまり、あるひとつの知的探究の伝統においてこれまでうまくいっていた探究の方法が無効となり、ある伝統の合理性基準に基づくかぎり、その伝統内における非常に重要な問題に対する正しい回答をもはや決定できず、ある伝統の探究の方法を使用すると、次第に、これまで認識されてこなかった矛盾や、解決不可能な新たな問題が明らかになってくるということが、あらゆる伝統に起こり得るというわけである。彼は、あるひとつの知的探究の伝統において歴史的に基礎づけられてきた確信がこのように崩壊することを、「認識論的危機」と名付ける。先にハイエクとの比較で注目した、「①内在的・解釈的な論争も、時には、伝統における基本的一致の基礎を破壊するかもしれない」というマッキンタイアの主張は、伝統が認識論的危機に陥る場合を想定していると考えられる[58]。したがってマッキンタイアによれば、伝統構成的探究に基づく伝

---

57) マッキンタイアによると、ある具体的な伝統の擁護者は、実際、「自身の伝統が様々な弱点や矛盾を抱えており、適切に問題を定式化あるいは解決できないという点について、自身の伝統の観点に基づくと説明的な説明を与えることができなかったが、競争相手の伝統の観点に基づくと説得力のある説明を提示できる」ということを、発見し得る。(MacIntyre 1984, pp. 276-277 [邦訳 337 頁]) もっとも彼は、このような伝統間論争における第一段階から第二段階への移行には、困難がつきまとうと考える。というのも、一方の伝統の擁護者が、その競争相手の伝統の見解・議論・概念を理解して、自身の伝統を競争相手の伝統の観点から見ることができ、自身の信念を競争相手の伝統の観点から適切に特徴づけることができるためには、共感と知的洞察という稀な才能が必要とされるからである。(MacIntyre 1988, p. 167)

統間比較論を展開する際に最も重要なのは、認識論的危機をどのように解決すべきかという問題である[59]。

マッキンタイアは、認識論的危機の解決法として、先にハイエクとの比較で注目した、「②伝統に外在的な批判者・敵対者との論争によっても、伝統における何らかの基本的一致が定義され、定義し直され得る」という考え方を提示する。マッキンタイアの考えによれば、認識論的危機に陥っている伝統の擁護者は、「競争相手の伝統のほうが、自身の伝統の失敗や欠陥を、自身の伝統以上に適切に説明できる」と考えて、競争相手の伝統に基づく新たな概念を発明・発見し、新たな理論を形成することによって、認識論的危機を解決できる。その際に、新たな概念と新たな理論には、次の三つの要請を満たすことが求められる。第一に、新たな概念と新たな理論は、自身の伝統がこれまで解決できなかった問題に、解決を与えなければならない。第二に、新たな概念と新たな理論は、それらが発明・発見・形成される以前における自身の伝統の無効性や矛盾の原因を、説明しなければならない。第三に、以上の二つの課題は、新たな概念的・理論的構造と自身の伝統とが根本的に継続するようなかたちで、実行されなければならない。

マッキンタイアの指摘によると、このような新たな概念的・理論的構造の中心にある見解は、認識論的危機に陥った伝統が有していた以前の立場からは、決して引き出すことができない。つまり、認識論的危機を解決する新たな概念を発明・発見し、新たな理論を形成するためには、想像力に富む概念的革新が起こらなければならない。新たな見解が正当化可能かどうかは、それが、概念的革新以前には達成できなかったことを達成できるかどうかにかかっている。このような新たな概念的・理論的構造の具体例として、マッキ

---

58) このように「すべての伝統が認識論的危機に陥る可能性がある」と考えるマッキンタイアの伝統論は、「伝統の内在的批判とそれに基づく漸進的改善・修正を行っているかぎり、その伝統が袋小路に陥ることはあり得ない」と考えるハイエクの伝統論と対照的である。このように考えるからこそハイエクは、伝統の発展を、自身が立脚する伝統の内在的批判とそれに基づく漸進的改善・修正に限定するのである。

59) マッキンタイア曰く、「伝統の擁護に成功するか失敗するかを決定するのは、認識論的危機に対するその伝統の応答の適切さという観点なのである。」(MacIntyre 1988, p. 366)

ンタイアは、トマス・アクィナスの概念的・理論的枠組を挙げる。というのもトマスは、目的論的世界観に基づくアリストテレス主義的伝統と、理性に対する信仰の優位を説くアウグスティヌス主義的伝統とを統合して、「人間が追求すべき究極的目的の確定のためには、神の恩寵の助けが必要不可欠だ」と主張するからである。

　もっともマッキンタイアは、「すべての認識論的危機が、このようにうまく解決されるわけではない」という点に注意を促して、認識論的危機を解決できない場合として次のような場合を挙げる。根本的な危機状態にあるひとつの伝統の擁護者は、それと全く異質な競争相手の伝統の主張に直面してその信念を理解するようになったときに、「競争相手の伝統においては、その伝統に特有の概念・理論に基づいて、自身の伝統がこれまで解決できなかった問題に解決を与え、自身の伝統の無効性や矛盾の原因を説明することが可能だ」と感じるかもしれない。このときに根本的な危機状態にある伝統の擁護者が、競争相手の伝統の概念・理論を受け入れたとしても、それだけでは、自身の伝統の認識論的危機を解決したことにはならない。なぜなら、この新たに受け入れた概念・理論は、全く異質な伝統から導き出された説明だという点に鑑みると、危機状態にある伝統の以前の歴史との実質的な継続状態には全くないと考えられるので、認識論的危機を解決する新たな概念・理論に求められる上述の第一および第二の要請は満たしているが、第三の要請を満たしているとはいえないからである。マッキンタイアによれば、このような場合に、危機状態にある伝統の擁護者は、「この異質な伝統は、自身の伝統の観点からみると、合理性の点で自身の伝統に優越しており、したがって自身の伝統は、この異質な伝統に打ち負かされた」ということを認めなければならない[60]。

60）　マッキンタイアは、合理的優越性という観念について、次のように説明している。（MacIntyre 1984, pp. 268-269［邦訳 326-328 頁］）例えばニュートン物理学が、それに先行するガリレオの理論およびアリストテレスの理論や、それと対抗するデカルトの理論よりも、合理性の点で優越していると考えられるのは、ニュートン物理学が、ガリレオ・アリストテレス・デカルトの理論の基準に基づくともはや進歩することが不可能であった領域の問題を解決することによって、それらの理論の限界を超越でき

このようにマッキンタイアは、「いくつかの認識論的危機は実際に解決されず、まさにそのために危機に陥った伝統が破壊される」と考える。先にハイエクとの比較で注目した、「内在的・解釈的な論争が伝統における基本的一致の基礎を破壊する場合には、あるひとつの伝統が一貫性をすべて失い、生き残ることが出来なくなることもある」というマッキンタイアの主張は、以上のような場合を想定していると考えられる。

3 伝統の発展をめぐるハイエクの議論の特徴

以上のような、「行為ルールとしての伝統」の発展過程をめぐるハイエクの議論と、「知的探究の伝統」の発展過程をめぐるマッキンタイアの議論との比較検討に基づくと、伝統の発展をめぐるハイエクの議論の特徴として、次の三点が指摘できる。

第一に、マッキンタイアと異なりハイエクは、伝統における衝突の要素にそれほど着目しない。先に**第 1 章第 2 節**で述べたようにハイエクは、伝統を「人間の行為の結果ではあるが、人間の設計の結果ではないもの——すなわち、自生的な秩序形成過程の産物——」と理解し、「行為ルールとしての伝統」の特徴として、「行為の中で遵守され尊重されているものであって、個々の人間はその内容を、具体的な行為を模倣することで学習する」という点を指摘する。だがこのような伝統理解に基づくと、ひとつの伝統内においても行為パターンや価値観をめぐって衝突が存在し、そのような衝突の中か

たからである。マッキンタイアによれば、我々は、ニュートン物理学が挑戦し追放した先行理論・対抗理論との関係に歴史的に言及することによってのみ、ニュートン物理学の合理的優越性がどこにあるのかについて述べることができるのである。

このような自然科学における合理的優越性についての説明と同様のことは、道徳についてもいえる。マッキンタイアによると、二つの競争し対抗している道徳が、対立する両立不可能な主張を行っているときに、一方の道徳の合理的優越性が明らかになるのは、一方の道徳が、競争相手の道徳の限界を同定して、その限界を超越できる場合である。

したがってマッキンタイアの考えでは、自然科学の場合であれ道徳の場合であれ、ある考え方の合理的優越性を明らかにする、一般的で時間を超えた基準は存在しない。

ら伝統が形成されるということを、十分に説明できない。また彼は、「伝統は、淘汰の過程の産物だ」とも指摘する。この伝統理解に基づく場合、淘汰の過程という言葉の中に、伝統における行為パターンや価値観の衝突・競争という要素が含意されていると考えることも可能である。だが彼は、そのような要素をあまり重視せず、むしろ「伝統とは、試行錯誤の結果として生き残ってきたものだ」という点を強調する。したがって、彼の後者の伝統理解に基づく場合でも、伝統における衝突の要素を明確には説明できない。

このような「伝統における衝突の要素」の重視度合に関するハイエクとマッキンタイアの相違の背景には、両者の伝統理解の相違が存在する。先に**第2節**で述べたように、マッキンタイアが主に論ずるのは、明確に意識化され明文化された構想・主張・説明・理論としての「知的探究の伝統」である。これに対して、ハイエクが論ずる「行為ルールとしての伝統」とは、元来、明文化されたかたちで行為者に知られることなく、行為の中で遵守され尊重されている、何らかの行為パターンである。とりわけハイエクは、「行為ルールとしての伝統が、明確に意識化された具体的な行為を枠付ける」ということを強調する。その結果彼の伝統論では、「行為ルールとしての伝統それ自体が、様々な行為パターンの衝突の中から形成されてきた」という側面が、前面に現れてこないのである。

第二に、ハイエクは、「知的探究の伝統」の複数性を明確に認めたうえで伝統間比較論を展開するマッキンタイアと対照的に、「行為ルールとしての伝統」の複数性を想定しない。

第三に、ハイエクは、「知的探究の伝統」の発展過程を内在的批判に基づく漸進的な改善や修正に限定しないかたちで理解するマッキンタイアと対照的に、「行為ルールとしての伝統」の発展過程を内在的批判に基づく漸進的な改善や修正に限定する。

以上で指摘した、伝統の発展をめぐるハイエクの議論の第二および第三の特徴の背景を明らかにするためには、「伝統の発展をめぐる議論」と「共同体論」との密接な関連に目を向けなければならない。

4 伝統の発展と共同体論との密接な関連

「行為ルールとしての伝統」の発展過程を内在的批判に基づく漸進的な改善や修正に限定するハイエクの議論の背景にあるのは、部族のような「小さな共同体」から「大きな共同体」へと共同体が拡張されると考える、彼の共同体論である。先に**第1章第3節2**(1)で明らかにしたように彼は、「行為ルールとしての伝統」が形成され適用される"場"として「大きな共同体」を想定し、そのような共同体は「家族、遊牧民集団、氏族や部族、公国、さらには帝国や国民国家の枠までも超えて徐々に成長し、少なくとも世界が一つの社会になってゆく端緒を開いた」（Hayek 1967, p. 163［ハイエク 2009-1、72頁］）と指摘する。したがって、伝統の発展をめぐる議論において彼が、①伝統の複数性を想定せず、②伝統の発展を内在的批判に基づく漸進的な改善や修正に限定するのは、彼の共同体論が伝統の形成・適用の"場"として一つの「大きな共同体」を想定しているからだ、ということができる。

このようなハイエクと対照的にマッキンタイアは、「知的探究の伝統」の発展をめぐる議論において、①伝統の複数性を明確に認めたうえで伝統間比較論を展開し、②伝統の発展を内在的批判に基づく漸進的な改善や修正に限定しないかたちで理解する。このようなマッキンタイアの議論の背景にあるのが、先に**第3節2**で明らかにした、「共通善」の達成に必要な熟議を行うための前提条件である「厚い伝統」が形成され適用される"場"は「小さな共同体」でなければならないと結論づける、彼の共同体論である。

それゆえ、ハイエクとマッキンタイアは、①伝統を静態的ではなく動態的に捉えて、伝統は不変ではなく成長し発展すると主張し、②そのような伝統の発展をめぐって展開される議論と各々が提示する共同体論との間に密接な関連がある、という二点において共通するにもかかわらず、先に**第3節**で論じたような対照的な共同体論を提示する結果として、伝統の発展をめぐる議論の展開が大きく異なってくるのである。

第2章　ハイエクが展開する伝統重視の自由社会擁護論の特徴　77

第5節　自由社会と伝統の両立可能性
―ハイエクとマッキンタイアの相違点Ⅳ

　自由社会と伝統の両立可能性をめぐっては、ハイエクとマッキンタイアの理解は全く異なる。そこで本節では、この点をめぐる両者の理解の違いを比較検討する。

1　ハイエクの自由社会擁護論
　先に**第1章第4節**で述べたようにハイエクは、「成功した自由社会は、常にほとんどの場合は、伝統に制約された社会である」(Hayek 1960, p. 61［『自由の条件Ⅰ』90頁］) と考える。その主張内容は、次のようにまとめられる。
　自由社会とは、共通の目的が存在せず、単一の目的に決して従属しない社会である。そこにおける各々の個人は、すべての人々に平等に適用されるルールにのみ従うことが期待される。そのような「法の下での自由」という構想を可能にする特徴を有する法は、「行為ルールとしての伝統」を明文化したものであった。
　したがってハイエクは、自由社会と伝統の関係について、「自由社会が機能するために不可欠である……のは……伝統的なものに対する敬意である」(Hayek 1960, p. 63［『自由の条件Ⅰ』92頁］) という結論を導く。

2　マッキンタイアのリベラリズム批判
　以上のようなハイエクの自由社会擁護論と対照的に、マッキンタイアは、「啓蒙主義を批判して伝統重視の立場に基礎を置くかぎり、リベラリズムを擁護することは不可能だ」と主張する。(MacIntyre 1988, Ch. XⅦ, esp. pp. 335-347) マッキンタイアによれば、リベラリズムは、真に普遍的で伝統から独立した規範に訴えることで、個々人を、伝統の持つ偶然性と特殊性から開放できるような社会秩序を設立しようとする試みとして始まった。したが

ってリベラリズムは、最初、包括的な善構想が存在することを完全に否定して、全く異なり相互に矛盾する善構想を保持している人々が平和的に共存できる、ひとつの政治的・法的・経済的枠組の提供を主張した。つまりリベラリズムは、「個人はすべて、ある善構想を社会の他のすべての人々に強制しないかぎり、自身が好むどのような善構想をも自由に提示しそれに従って生活できる」という主張を展開したのである。

これに対してマッキンタイアは、「リベラリズムの下では、ある善構想を他人にも強制してそれを公的生活で体現しようとする試みは、すべて禁止・制限される」という点を指摘して、次のように批判する。すなわち、そのような禁止・制限によってリベラリズムは、実際のところ、リベラルな社会的・政治的秩序の継続的維持というリベラリズムに特有の包括的な善構想の存在をまさに想定しており、人々にそのような善構想を課しているだけでなく、そのような善構想を課そうとする際に、競争的・対抗的な善構想についてのリベラルな寛容を公的領域では厳しく限定している、と。彼の考えでは、伝統から独立した中立的な政治的・法的・経済的枠組の提供を目指したリベラリズムも、結局は、ひとつの知的探究の伝統にすぎない。

だがマッキンタイアの主張によれば、リベラリズムの知的探究の伝統が、理論的に矛盾のないかたちで成立することは不可能である。なぜなら、「リベラルな社会的・政治的秩序においては、包括的な善構想の存在は認められず、個人はすべて、ある善構想を社会の他のすべての人々に強制しないかぎり、自身が好むどのような善構想をも自由に提示しそれに従って生活できる」というリベラリズムの主張に基づくかぎり、リベラリズムが前提としている、リベラルな社会的・政治的秩序の継続的維持という包括的で強制的な善構想を支持する理由を見つけ出すことは、不可能だからである[61]。

---

61) 以上のようなマッキンタイアのリベラリズム批判に対して、S・マルホールは、ロールズのリベラリズムと比較して、次のように批判する。(Mulhall 1994, pp. 221-223, esp. p. 223) マルホールの考えによれば、「リベラリズムは、実際には、リベラルな社会的・政治的秩序の継続的維持という包括的な善構想を想定している」というマッキンタイアの批判に対して、ロールズは明確に反論を展開していた。なぜならロールズは、純粋に政治的なリベラリズムとリベラルな包括的教義——それは、マッキ

3 自由社会と伝統の両立可能性をめぐるハイエクの議論の特徴

以上の比較検討に基づくと、自由社会と伝統の両立可能性をめぐるハイエクの議論の特徴として、以下で論ずるように、①個人の自由それ自体の価値を高く評価する、②「行為ルールとしての伝統」を明文化した「法」の下での自由を確保するために「法の支配」論を展開する、③「行為ルールとしての伝統」による権力制限に基づいて自由の保障を確実なものとするために立憲主義論を展開する、という三点が指摘できる。

(1) 個人の自由それ自体の価値を高く評価

A 要旨

ハイエクは、先に**第1章第4節**で触れたように、個人の自由それ自体の価値を高く評価し、そのような個人の自由が擁護される自由社会が有効に機能するためには「行為ルールとしての伝統」が必要不可欠だと主張する。このような彼の議論の特徴をより一層明確にするために、以下では、オークショットが展開する伝統重視の自由社会擁護論と比較しよう。

ンタイアが包括的な善構想と名付けるものである——とを区別し、ロールズ自身の公正としての正義論は、「実質的な道徳理論ではあるが、包括的ではなく政治的な理論だ」と主張するからである。マルホールの指摘によると、ロールズの公正としての正義論は社会の基本制度にのみ適用され、それが展開される知的リソースは公共的な政治文化で入手可能なリソースのみに制限され、したがってそれは、様々な包括的教義にコミットする人々の間での「重なり合う合意（overlapping consensus）」という主題を形成する。そしてマルホールの主張によれば、このようなロールズの反論に対して、マッキンタイアは応答していないのである。

またJ・ホートンとS・メンダスは、マッキンタイアのリベラリズム批判に対して、「マッキンタイアが認める思想と探究の社会的体現性の重要性に鑑みると——すなわち、マッキンタイアは、伝統について論ずる際に、知的探究の伝統と関連する社会的・文化的伝統にも言及し、あるひとつの知的探究の伝統を擁護する場合における社会的・文化的伝統の重要性を強調する、ということに鑑みると（筆者注）——、近代についての彼の非常に消極的・否定的な見解は、先進的産業社会という現代世界において彼の積極的な提案を根付かせようとするあらゆる試みを、継続的に掘り崩す恐れがある」(Horton and Mendus 1994, pp. 13-14) という批判を投げ掛けている。

B　オークショットが展開する伝統重視の自由社会擁護論
a　近代合理主義批判——伝統重視の立場に基づく啓蒙主義的合理主義批判

　オークショットの立場は、ハイエクとマッキンタイアの重要な共通点である「伝統重視の立場に基づく啓蒙主義的合理主義批判」に分類できる。そこでまず初めに、オークショットにおける啓蒙主義的合理主義批判が展開されている、彼の近代合理主義批判から確認しよう。

　オークショットによると、近代合理主義とは、あらゆる場合における精神の独立と、理性以外のいかなる権威にも従属しない自由な思考とを、支持する考え方である。それは、物事の価値、意見の真理、行為の妥当性といったことを決定する理性の力を決して疑わず、すべての人間に共通する理性の力——すなわち、議論の基礎であり源である、あらゆる人間が共通して有する合理的な考察力——を強く信じている。したがって近代合理主義は、権威や、偏見や、単に伝統的・習慣的な事柄を完全に否定する。なぜなら、単に存在するというだけでは、たとえ何世代にもわたって存在してきたとしても、何の価値もないと考えるからである。近代合理主義の立場からすると、現在行われている手段を受け入れてそれを修正し改善するよりは、それを破壊して全く新しい手段を一から創造するほうが、ずっと好ましいのである。(Oakeshott 1991, pp. 5-9［邦訳1-6頁］)

　このような近代合理主義を批判したうえで伝統重視の立場を提示するオークショットの議論を、彼の知識論・行為論・道徳論・政治論に即して具体的に整理すると、次のように要約できる。

知識論　オークショットは、あらゆる人間の活動に関わる知識を、技術知と実践知・伝統知の二種類に分類する[62]。これに対して近代合理主義は、技術知のみを知識と認め、「知識の習得とは、全くの無知から出発して、確実かつ完全な知識に到達することだ」と考える[63]。だが彼は、このような近代

---

62)　詳細は**第1章第1節1注2**を参照。
63)　オークショットの指摘によれば、近代合理主義の最も大きな源泉と考えられるのが、人間の知識についてのこのような教義である。(Oakeshott 1991, p. 11［邦訳8頁］)

合理主義の知識観の誤りを厳しく批判する。なぜなら知識の習得とは、完全な無知からの脱却ではなく、既にそこにある伝統的知識の修正・改良だからである[64]。それゆえ彼の主張によれば、人間の活動に関わる知識は、伝統の存在を前提としなければならない。(Oakeshott 1991, pp. 11-17［邦訳 8-14頁］)

行為論　オークショットによると、近代合理主義の下では、合理的な活動とは、追求されるべき目的を予め厳密に定式化して、その目的の達成を自覚的に追求する活動だと考えられている。だが彼は、「合理的な活動についてのこのような考え方は間違いであり、人間の行動を誤って記述している」と批判する。なぜなら、合理的な行動についてこのように理解することは、単に望ましくないだけでなく、実際に不可能だからである[65]。したがって彼の考えでは、人間は、行為に関する伝統の枠内でしか行為できない。というのも、人間が具体的な目的を追求する際には、その人間の行為は、予め設定された目的だけでなく、その目的追求の計画が属している活動の伝統によっても決定されるからであり、さらにいえば、活動それ自体の前に活動の目的を計画することは不可能であって、具体的な行為は活動の伝統の中で開始するからである。(Oakeshott 1991, pp. 99-131［邦訳 91-127頁］)

道徳論　オークショットの指摘によれば、近代合理主義が想定するのは、「道徳的な生活は、道徳的基準の反省的適用によってもたらされる」という考え方である。それは、道徳的理想の自覚的追求と道徳的ルールの反省的遵守をその内容とする、理想の道徳である。だが彼は、「このような理想の道徳は、道徳的習慣——それは、習慣的にあるやり方で行動している人々と共に生活する中で体得する、行為の習慣である——それ自体を掘り崩す可能性がある」と、厳しく批判する。なぜなら、道徳的生活に安定性を与えるの

---

64)　オークショット曰く、「自力で自己を形成した人間は、決して文字どおり自力で自己を形成したわけではなく、ある種の社会と自覚されざる大いなる遺産とに依存しているのと同様に、技術知は、実際、自己完結的では決してない。」(Oakeshott 1991, p. 17［邦訳 13頁］)

65)　オークショット曰く、「人間はこのようには行動しない。というのも人間は、このようには行動できないからである。」(Oakeshott 1991, p. 108［邦訳 101頁］)

は、反省的な思考の習慣ではなく、感情と行為の習慣だからである[66]。したがって彼の主張によると、道徳的な生活がもたらされるためには、我々は、自身が育ってきた行為の伝統に無反省的に従う以外にないという場合さえも、時には存在するのである。(Oakeshott 1991, pp. 465-487［邦訳 67-90頁］)[67]

政治論　オークショットによると、政治とは、あるひとまとまりの人間集団を秩序化する、一般的取り決めに関わる活動である。この点に関して彼は、次の二点に注意を喚起する。

　第一に、政治という活動は、一般的取り決めに「関わる」活動であって、一般的取り決めを「作る」活動ではない。なぜならそれは、無限の可能性を有する白紙の状態から一般的取り決めを作り上げて行く活動では、決してないからである。

　第二に、政治という活動において秩序化されるあるひとまとまりの人間集団は、一般的取り決めに関わるやり方を共通して承認するという観点から、単一の共同体を構成する。したがってオークショット曰く、「承認された行動の伝統が存在しない、ひとまとまりの人間集団を想定すること……は、政治が不可能な人間集団を想定することである。」(Oakeshott 1991, p. 56［邦訳 143頁］)

　それゆえ、政治という活動は既存の行動の伝統それ自体に由来するのであり、その活動がとる形態とは、伝統の中に暗示されていることを探究し追求

---

66)　オークショット曰く、「現在の日常生活の状況は、自身を行動のルールに意識的に適応させることによって、あるいは、道徳的理想の表現として認識されている行為によってではなく、特定の行動の習慣に従って行為することによって、満たされている。」(Oakeshott 1991, p. 467［邦訳 70頁］)

67)　もっともオークショットによれば、ここで提示された二つの道徳的生活の形態——すなわち、近代合理主義が想定する「理想の道徳」と、これと対照的な「習慣あるいは伝統の道徳」——は、道徳的生活についての二つの理念的な極論であり、したがって実際上の我々の道徳の形態は、このような二つの理念的な極論の混合形態である。そして彼は、そのような混合形態について、「習慣あるいは伝統の道徳」が支配的な混合形態においては、道徳的生活は、行動と理想の追求との間の混乱から免れることができるが、「理想の道徳」が支配的な混合形態においては、その構成要素の間での永続的な緊張に苦しむこととなる、との評価を下している。

することで、既存の取り決めを修正し改善することのみなのである。(Oakeshott 1991, pp. 43-69［邦訳128-160頁］)[68]

b　自由社会擁護論――「行為の伝統」重視の下での個人の自由の保障

以上で述べたようなかたちで近代合理主義を批判し伝統重視の立場を提示するオークショットは、彼が「市民的状態（civil condition）」と名付ける人々の結合様式の理念型（ideal character）[69] について議論を展開し、「伝統」[70] 重視の立場に基づく結合体の下で個人の自由が保障されると主張する。(Oakeshott 1975, II［邦訳第1部］)

オークショットによると、市民的状態とは、「行為の伝統」[71] という観点から人々が関係している結合体である。それは、何らかの共通の目的や継続的に満たされるべき何らかの共通の利益の追求という観点から人々が関係している結合体――そのような結合体を、彼は、「企業的結合体（enterprise association）」と名付ける――では決してない。彼は、「確かに、非常にしばしば、市民的状態は企業的結合体と同一視される」と指摘したうえで、市民的状態をこのように捉えてはならないと批判する。なぜなら、市民的状態を他のすべての企業的結合体から区別する、共通の目的について明確に述べることは、困難だからである。(Oakeshott 1975, pp. 114-119, p. 122［邦訳15-23

---

68) したがってオークショットの指摘によれば、「政治とは、純粋に経験的な活動だ」という理解も、「政治とは、独立して前もって熟慮したイデオロギー――それは、ひとつの抽象的原理、あるいは、関連する一連の複数の抽象的原理のことである――に導かれて、社会の取り決めに関わる活動だ」という理解も、ともに誤りである。(Oakeshott 1991, pp. 46-56［邦訳132-143頁］)

69) ちなみにオークショットによれば、ひとつの理念型としての市民的状態が「理念的」であるというのは、物事が望みどおりの完全な状態にあるという意味ではなく、世界における現実の出来事が有する偶然性と曖昧さが排除され、抽象化されているという意味である。(Oakeshott 1975, p. 109［邦訳9頁］) cf. Franco 1990, p. 179

70) もっともオークショット自身は、『人間行為論』(Oakeshott 1975) においては、「伝統（tradition）」という言葉の代わりに「慣行（practice）」という言葉を使用している。(cf. Oakeshott 1976, p. 364, Franco 1990, p. 8, pp. 171-172) 本書では、『人間行為論』におけるオークショットの「慣行」という表現をすべて「伝統」と置き換えて、論を展開する。

71) この点について、詳細は**第III部第4章第4節2 (1) A**で検討を加える。

頁、26-27 頁］）

　したがってオークショットによると、市民的状態において人々が関係している観点である「行為の伝統」とは、いかなる外部の目的をも有さず、いかなる実質的満足の獲得やいかなる実質的目的の追求・達成にも関係しない、すべての行為者が行動しあるいは発言する際に承諾（subscription）すべき、一連の条件――彼はこれを「道徳的伝統」と名付ける――である[72]。それゆえもっと正確にいえば、市民的状態とは、道徳的伝統という観点からの結合体なのである。（Oakeshott 1975, pp. 119-122, p. 147 ［邦訳23-28頁、62頁］）

　ここでオークショットは、このような道徳的伝統について、「それは、市民（cives）の日常関係において承諾されるべき条件を構成する行為ルールと、これに伴う様々な条件――すなわち、その時々の状況における法（lex）の意味を熟慮し宣言するためのルールや手続、裁判制度や統治制度、当局の職務についての割り当て、ルールを制定する権威を委任するルール、法を変更・廃止・統合・制定するためのルールや手続、記録や公布を行う機構、どのルールが有効と考えられ得るかに関するルールといったもの――からなる、集合体だ」と考えて、このような集合体を「公共的事項（respublica）」と名付ける。（Oakeshott 1975, p. 147 ［邦訳62-63頁］）彼の指摘によれば、公共的事項は、共通の実質的な目的・利益・善を定義し記述するものではない。それは、市民が行うべき選択や行為を明記するのではなく、市民が選択し行為する際に使用すべき条件を規定する。つまりそれは、市民の実質的な行為遂行を決定するものではなく、そのための条件を規定する行為枠組なのである。したがって彼の考えでは、このように市民の行為枠組として機能する公共的事項の下で、市民は、自らが望む行為を自由に実行できる。

---

[72]　オークショットの考えでは、行為遂行を限定する一連の条件である伝統は、多少不明確な習慣や慣習であるかもしれず、行為についての一般的な格率にすぎないものでさえあるかもしれず、ルールや規制（regulation）という少し明確な特徴を有しているかもしれない。（Oakeshott 1975, pp. 119-120 ［邦訳23-24頁］）
　なお彼の指摘によると、伝統には、道徳的伝統だけでなく、具体的で実質的な満足の獲得や共通の目的の追求に役立つルールや慣習からなる手続である、打算的伝統も存在する。（Oakeshott 1975, p. 122 ［邦訳27頁］）

(Oakeshott 1975, pp. 147-158, pp. 182-184［邦訳63-78頁、109-112頁］)

　以上のような議論を展開することでオークショットは、「『行為の伝統』を重視する立場に基礎を置く結合体の下で、個人の自由が保障される」と主張する。彼の考えでは、自由主義者とは、自由の抽象的定義から議論を開始するのではなく、「ある生活様式を享受してきた人々が、自由な生活様式と呼び慣れているもの」を実際に享受して、それを良きものだと考える者なのである。(Oakeshott 1991, p. 387［邦訳44頁］)[73]

C　個人の自由それ自体の価値をめぐるハイエクとオークショットの違い

　このようにオークショットは、ハイエクと同様に、「伝統重視の立場に基づく啓蒙主義的合理主義批判」に分類され「伝統重視の自由社会擁護論」を展開するにもかかわらず、ハイエクと対照的に、個人の自由それ自体の価値を強調しない。オークショットの考えでは、自由社会擁護論は保守的気質[74]

---

[73]　オークショットは、『政治における合理主義』(Oakeshott 1991) 所収の論文「保守的であることについて」において、以上で論じてきた考え方を「統治に関する保守的気質」と名付けて、次のように論じている。(Oakeshott 1991, pp. 407-437, esp. pp. 423-434 ［邦訳219-233頁］)
　　統治に関する保守的気質は、活動と意見の多様性という我々自身が現在置かれている状況——すなわち、我々は皆、非常に多様な活動に従事しており、あらゆる主題に関して非常に様々な意見を持っているので、衝突が生じがちである、という状況——を受け入れることから出発して、「政府の職務は、臣民に、彼ら自身と異なる信念や活動を押し付けることでも彼らに指図することでもなく、単に制御することだけだ」と考える。したがってオークショット曰く、「統治者の典型は、ゲームのルールを管理するのが仕事である審判員や、既知のルールに従って議論を制御はするが、自身は議論に参加しない議長である。」(Oakeshott 1991, p. 427［邦訳223頁］) もっとも彼は、政府の職務は何もしないことでは決してない、という点に注意を促す。政府の職務とは、人々の選択による多様性を禁止して画一的な内容を押し付けることによってではなく、手続に関する一般的ルールをすべての臣民に同様に実施することによって、信念と活動の多様性に由来する衝突をいくらか解決し、平和を維持することなのである。
　　それゆえオークショットの主張によると、信念と活動の多様性という現在の我々の状況に適合的な「統治に関する保守的気質」を理解するためには、我々は、「統治とは、一般的な行為ルールの提供と管理という、一定の限定された活動だ」という信念と結びついた、我々の現在の生活様式を遵守しなければならない。

によって基礎づけられ、自由社会を支持する最良の論者とは「自身が行っていることは、具体的な歴史的状況にとって適切な統治の理論を探究することにすぎない」という事実を見失わない者なのである。(Oakeshott 1993, p. 85)[75]

(2)「行為ルールとしての伝統」を明文化した「法」の下での自由
——法の支配

ハイエクが「自由社会擁護の立場と伝統重視の立場は両立可能だ」と考えるのは、自由社会で要請される「法の下での自由」という構想を可能にする特徴を有する法は、「行為ルールとしての伝統」を明文化したものだと捉えているからである。このような彼の主張を可能にしているのが、先に**第2節**および**第3節**で述べた「行為ルールとしての伝統」の特徴をめぐる彼の理解である。

ハイエクは、自由社会擁護の立場と両立可能だと彼自身が考える「伝統」について、①明文化されたかたちで行為者に知られることなく行為の中で遵守され尊重されている、一般的で目的独立的で抽象的な行為ルールとしての「薄い伝統」が、明文化された構想を含む具体的な行為を枠付けており、②そのような「行為ルールとしての伝統」は、共同体内の同質性ではなく異質性・多様性を前提とする「大きな共同体」で形成され適用されるものだ、と

---

74) オークショット曰く、「保守的であるということは、未知のものよりもよく知られたものを好むことであって、言い換えれば、試されたことがないものよりも試されたものを、神秘よりも事実を、可能性よりも現実を、無限のものよりも有限のものを、遠くのものよりも近くのものを、あり余る豊かさよりも適度に満ち足りた豊かさを、完全なものよりも便利なものを、ユートピアの至福よりも現在の笑いを好むことなのである。」(Oakeshott 1991, p. 408 [邦訳 200 頁])

75) ギスラーソンは、このようなオークショットの議論に対して、「それは西洋的な生活様式が好ましいということにすぎない議論であるので、少なくとも歴史的な観点からみれば重要で強力な議論ではあるが、リベラルな立場を確立するためには必要かもしれないが十分ではない議論だ」との評価を下している。(Gissurarson 1987, pp. 34-37) ギスラーソンの指摘によると、「オークショットの議論は、西洋的な自由によって支持された多様性という、特別な歴史的状況に偶然のものである。」(Gissurarson 1987, p. 35)

理解する。つまり彼の考えでは、「大きな共同体」内における多様な価値観の存在を前提とした、行為の中で遵守され尊重されている一般的で目的独立的で抽象的な行為ルールとしての「薄い伝統」という特徴を有する、「行為ルールとしての伝統」を明文化した「法」の下で保障される個々人の自由こそが、自由社会で求められる自由なのである。

このような自由社会と伝統の両立可能性をめぐるハイエクの議論の特徴が最も明快に現れており、彼の自由社会擁護論における自由社会と法の関係を明らかにする鍵となるのが、彼の「法の支配」論である。というのも彼は、「行為ルールとしての伝統」を明文化した「法」の下での自由について体系的に述べようとする際に必要不可欠なものとして、「法の支配」に言及するからである。彼によると、法の支配とは、立法権を含むすべての政府権力の制限を構成するものであり、法がどうあるべきかに関する教義であって、すべての法律が原理に従うことを求める。(Hayek 1960, p. 205［『自由の条件Ⅱ』103-104 頁］)

ここで、ハイエクのいう「原理」について確認しておこう。彼によると、原理は必ずしも、明文化されたルールのかたちをとる必要はない。それは、例えば憲法の文言というかたちで完全かつ明確に表現されることは決してなく、曖昧にかつ漠然と知覚される。換言すれば、それは、採用される特定の手段の中に暗黙のうちに存在するにすぎないものなのである[76]。

このような意味での原理に従うこととしての「法の支配」が立法権を制限するという点に基づくならば、法の支配それ自体は、立法による法律と同じ意味での法では決してあり得ない。

> 法の支配とは、法ルールではなく、法がどうあるべきかに関するルールであり、超法的教義あるいは政治的理想である。(Hayek 1960, p. 206［『自由の条件Ⅱ』104 頁］)[77]

---

76) Hayek 1960, p. 181, p. 209［『自由の条件Ⅱ』69-70 頁、108-109 頁］, Hayek 1993-1, Ch. 3［邦訳第3章］, Hayek 1993-3, p. 19［邦訳33頁］

77) したがって、法の支配は完全な合法性を前提とはするが、それだけでは十分でない。というのも、もしある法律が政府に対して好きなように行為する無制限の権力を

そして彼の考えでは、法の支配は、具体的には、真の法律に求められなければならない属性として、一般性・抽象性、既知性・確実性、平等の三つを要請する。(Hayek 1960, pp. 205-210 [『自由の条件Ⅱ』103-111 頁])

A 二つのレベルの「法の支配」

以上のようなハイエクの「法の支配」論をよりよく理解するためには、彼のいう「法の支配」を二つのレベル——すなわち、形式的属性による制限レベルでの「法の支配」と、原理による制限レベルでの「法の支配」——に区別する必要がある。

a 形式的属性による制限レベルでの「法の支配」

形式的属性による制限レベルでの「法の支配」の理解に基づくと、法の支配は、法律が持つべき一般的属性に関する教義であり、ルールの源泉ではなくルールの属性によって定義される法の概念を前提とする。それは、先に触れたように、真の法律に求められなければならない属性として、一般性・抽象性、既知性・確実性、平等の三つを要請する。つまりそれは、ある程度の具体的内容を有するものだということができる[78)][79)]。

b 原理による制限レベルでの「法の支配」

これに対して、原理による制限レベルでの「法の支配」の理解に基づくと、法の支配は、すべての法律が「原理」に従うことを求める。したがってハイエクは、法の支配の有効性が原理の存在に依存すると指摘し、次のように論を展開する。

　　与えるならば、政府の活動はすべて合法的ではあるが、確かに法の支配の下にはないだろうからである。(Hayek 1960, p. 205 [『自由の条件Ⅱ』104 頁])
78)　Hayek 1960, pp. 205-210 [『自由の条件Ⅱ』103-111 頁]、Hayek 1993-3, p. 4 [邦訳 13 頁]
79)　なお、法の支配についてのこのような理解の代表的なものとして、L・L・フラーの「合法性 (legality)」を挙げることができる。(Fuller 1969, Ch. Ⅱ [邦訳第 2 章])

第2章　ハイエクが展開する伝統重視の自由社会擁護論の特徴　89

法の支配は、立法者がそれによって拘束されていると感じている限りにおいてのみ有効である。民主制においてこれが意味するのは、法の支配が共同体の道徳的伝統——すなわち、多数者によって共有され、疑いなく受け入れられている共通の理想——の一部を形成しなければ、法の支配は普及しないであろう、ということである。(Hayek 1960, p. 206 [『自由の条件Ⅱ』104頁])

では、「明文化されたルールのかたちをとることなく、曖昧にかつ漠然と知覚されるものとしての『原理』にすべての法律が従う」という考え方が共同体の道徳的伝統の一部を形成することで立法者を拘束するという主張は、どのように理解するとよいか。

ここで注目したいのが、「行為ルールとしての伝統」の明文化過程をめぐるハイエクの議論である。というのも、①彼は、「行為ルールとしての伝統」の明文化過程をめぐる議論を用いて、「大きな共同体」で形成・適用され、明文化されたかたちで行為者に知られることなく行為の中で遵守され尊重されている、一般的で目的独立的で抽象的な「行為ルールとしての伝統」を明文化した「法」の下で、個々人の自由が保障されると主張しており、②この主張を踏まえると、原理にすべての法律が従うという要請における「原理」と【法律】の関係は、「行為ルールとしての伝統」の明文化過程をめぐる議論における「行為ルールとしての伝統」と【それを明文化した、法の下での自由という構想を可能にする「法」】の関係と、同じだと考えられるからである。

そこで、「行為ルールとしての伝統」の明文化過程をめぐるハイエクの議論を簡潔にまとめると、「『行為ルールとしての伝統』を明文化した『法の下での自由という構想を可能にする法』は、『行為ルールとしての伝統』の枠内でのみ機能し、また理解可能である」という主張だということができる。確かに、「行為ルールとしての伝統」を明文化する過程の中で、ルール体系はしばしば変化し得る。だがこのことは、「ルールを明文化する人々は、既存のルールを発見してそれを表現するにすぎない」という信念にはほとんど影響しない。あくまでも、そのような人々の役割は既に存在するものの発見

と考えられ、何か新しいものを作り出すこととは考えられない。もっとも、ルールを明文化する過程の中で、意図せずして新しいルールが生み出される場合も、時には存在する。しかしその場合でも、明文化されたルールが「行為ルールとしての伝統」に完全に取って代わるわけではないので、「行為ルールとしての伝統」を明文化した法は伝統の枠内でのみ機能しまた理解可能だと考えなければならない。(Hayek 1993-1, pp. 76-78［邦訳 103-106 頁］)[80]

したがってハイエクは、多数者の決定に権威があるのは、単にそれが一時的な多数者の意志による行為だからではなく、それが共通の原理についての広範な同意に基礎を置くからであり、「民主的決定に権威があるのは、その決定がある共同体の多数者によってなされ、その共同体は大多数の構成員に共通する特定の信念によって結合しているからである」(Hayek 1960, p. 106［『自由の条件Ⅰ』150 頁］) と指摘する。つまり非常に重要なのは、そのような共通の原理を人々が受け入れるからこそ人々の集まりが一つの共同体になるのであり、その場その場での多数派による変更が不可能な共通の原理によって多数派自体が制限され支配されている場合にのみ、多数派の支配を保持することができるという点である。それゆえ彼は、「一時的な多数者の権力が、すべて、長期的な原理によって制限される」という考え方が、自由社会を擁護する不可欠の条件だと主張する[81][82]。

以上の主張内容についてハイエクは、別の表現を用いて、「『意志（will）』は『意見（opinion）』によって制限される」と主張する場合もある。すなわ

---

80) ちなみにハイエクは、そのような法が、自身の力では脱することのできないあるいは少なくとも非常に速やかには修正できない、袋小路に行き着いてしまう場合の解決法として、立法による「修正」の必要性を指摘する。ただし、「それはあくまでも、立法による『修正』であって、問題を抱えている法を廃棄して新たな法を一から完全に自由に設計し直すという意味での、立法による恣意的な『改変』ではない」という点には、注意しなければならない。(Hayek 1993-1, pp. 88-89［邦訳 118-120 頁］)

81) Hayek 1960, pp. 106-107［『自由の条件Ⅰ』149-151 頁］, Hayek 1993-3, pp. 128-135［邦訳 175-185 頁］

82) ハイエク曰く、「多数者の権力はそのような共通の原理によって制限され、共通の原理を超える正当な権力は存在しない。」(Hayek 1960, p. 107［『自由の条件Ⅰ』150 頁］)

ち彼は、政治組織に関する最も重大な問題である「『人民の意志』と異なる別の『意志』をその上へ置かずに、いかにして『人民の意志』を制限するか」という問題に対して、「一般的な『意見』によって是認されている一般的原理にコミットすることで、現在の多数者の意志を含むすべての権威の具体的な『意志』を効果的に制限できる」と回答する。(Hayek 1993-1, p. 6 [邦訳13頁])そして彼は、この回答がいわんとすることを明確化すべく、以下のような解説を加える。

「最高の立法者の権力に対する、効果的な制限は存在し得ない」という法実証主義の主張がもし仮に説得的だとすれば、それは「法がすべて立法者の熟慮のうえでの意志の産物であり、最高の立法者の権力は同種の別の意志以外によっては有効に制限できない」ということが真実である場合のみである。だがハイエクは、このような主張に対して、次のように批判する。すなわち、「すべての法が立法の産物だ」ということは、そもそもあり得ない。立法者の権威はそれが引き出される源泉としての支配的意見によって制限されており、立法者の権力は立法者が制定する法律が持つべき属性についての共通の意見に基づいており、立法権の根底にある共通のルールや意見が立法権を制限している。したがって、ある程度一致している意見を集団の構成員が既に有しているのでなければ、その集団が制定法に同意するのはかなり困難である、と。それゆえ彼は、「権力はすべて意見に基づき、意見によって制限される」(Hayek 1993-1, p. 92 [邦訳123頁])と考えるべきであり、「最高の権威が有する権力は、別の上位の『意志』によってではなく、すべての権力と国家の統一の基礎にある人民の同意によって、制限され得る」(Hayek 1993-3, p. 3 [邦訳12頁])という結論を導く。(Hayek 1993-1, p. 92, p. 95 [邦訳123頁、128-129頁])[83]

---

83) ハイエクの指摘によれば、究極権力としての「意見」が全能でなければならないという論理的必然性は存在しない。「自由人の社会では、最高の権威は、通常、積極的命令を行う権力を決して有してはならない。その唯一の権力は、ルールに従った禁止の権力でなければならない。それゆえ、その最高の地位は、すべての行為について一般的原理にコミットすることのおかげである。」(Hayek 1993-3, p. 130 [邦訳177-178頁])つまり、必要とされる最高の権威は、他の権力に対して「否」といえ

以上をまとめると、原理による制限レベルでの法の支配は、「現在の一時的な多数者の権力を制限するものは一切存在せず、立法者は自由に新しい法律を制定できる」という考え方ではなく、「立法権を含むすべての権力が、明文化されたルールのかたちをとることなく曖昧にかつ漠然と知覚される長期的な『原理』としての、行為の中で遵守され尊重されている一般的で目的独立的で抽象的な『行為ルールとしての伝統』によって制限される」という考え方が、共同体の道徳的伝統の一部を形成し社会の人々に受け入れられることによって立法者を拘束し、「行為ルールとしての伝統」を明文化した法律が伝統の枠内でのみ機能し理解されることを、要請する。このような「原理による制限レベルでの法の支配」は、「形式的属性による制限レベルでの法の支配」の根底にある理解であるため、「形式的属性による制限レベルでの法の支配」と異なり、具体的内容には踏み込まない。

B 二つのレベルの「法の支配」の連続性

それではハイエクは、「形式的属性による制限レベルでの法の支配」が要請するような具体的内容と、その根底にある「原理による制限レベルでの法の支配」の要請とが、どのようにつながっていると理解するのであろうか。ここでは、以下の四点を指摘したい。

第一に、真の法律は一般的・抽象的ルールでなければならないという「形式的属性による制限レベルでの法の支配」の要請は、「ほとんど普遍的に受け入れられてはいるが常に法律の形式で示されているわけではない、ひとつの原理である。すなわちそれは、法の支配が有効であり続けようとするならば遵守されなければならない、超法的ルールの好例である。」（Hayek 1960, p. 208［『自由の条件Ⅱ』107頁］）換言すれば、真の法律は一般的・抽象的ルールでなければならないという要請は、すべての法律が従わなければならない原理のうちのひとつにすぎない。

第二に、一般に法の支配は個人の自由を確保する手続的保障に関連して論

るが、それ自体は決して積極的な権力を有していない、制限されたものでなければならない。（Hayek 1993-1, p. 93［邦訳124頁］, Hayek 1993-3, p. 131［邦訳180頁］）

第2章　ハイエクが展開する伝統重視の自由社会擁護論の特徴　　93

じられ、人身保護令状や陪審裁判などの手続的保障は、アングロ・サクソンの国々では、たいていの人々にとって自由の主要な基礎だと考えられている。だがそれにもかかわらずハイエクは、全く意図的にこれらの手続的保障を考慮せずに、「法の支配」論を展開する。その理由は、彼がこれらの手続的保障の重要性を軽視しようと思っているからでは決してない。そうではなく、それは彼が「手続的保障の重要性は一般に認められてはいるが、それが有効であるためには『原理による制限レベルでの法の支配』の考え方を受け入れなければならず、また、それなしには手続的保障はすべて無価値だということが理解されていない」と考えるからである[84]。つまり、伝統的な手続的保障が前提としており、その有効性を根底で支えているのは、「原理による制限レベルでの法の支配」の考え方が社会の人々によって共有され、疑いなく受け入れられているという事実だ、というわけである。では、その具体的内容とは何か。それは、「すべての権威を拘束する抽象的法ルールが存在するという基本的信念」(Hayek 1960, p. 218 [『自由の条件Ⅱ』121 頁])であり、「個々人の間のあるいは個々人と国家の間の紛争は、すべて、一般的な法の適用によって解決され得る」(Hayek 1960, p. 219 [『自由の条件Ⅱ』122 頁])ということである。(Hayek 1960, pp. 218-219 [『自由の条件Ⅱ』121-122 頁])[85]

　第三に、ハイエクの考えでは、行為ルールとしての伝統を明文化した、法の下での自由という構想を可能にする法、換言すれば、「法の進化過程に由来するルールは、支配者によって発明・設計された法律が持つかもしれないが持つ必要がなく、その法律が既存の慣行の明文化から生じるルールを模範にするときにのみ持つであろう、具体的な属性を必然的に有する。」(Hayek

---

84) ハイエク曰く、「私がここで伝統的な制度が前提とする法についての基本的構想に注意を集中してきたのは、司法手続の外形を厳守すれば法の支配が維持されるだろうという信念は私にとって法の支配の維持に対する最大の脅威だと思われるからである。」(Hayek 1960, p. 219 [『自由の条件Ⅱ』122 頁])
85) したがってハイエクは、「法の支配に対する信念と裁判の形式の尊重は同じ部類に属し、どちらか一方でも欠くと有効ではない」(Hayek 1960, p. 219 [『自由の条件Ⅱ』122 頁])ということを強調する。

1993-1, p. 85 [邦訳 114 頁]) ここで特に重要なのが、コモン・ローのように司法過程から生まれる法である。なぜならそれは、「支配者の命令によってつくられる法が抽象的である必要がないという意味で、必然的に抽象的だ」(Hayek 1993-1, p. 86 [邦訳 115 頁]) からである。つまり、紛争を解決しようとする裁判官の努力から生まれる正義にかなう行為ルールは、立法者の法令は持つ必要がないが、裁判官がつくった法を立法者が模範にするときにのみ持つであろう、具体的な属性を必然的に有する、というわけである。(Hayek 1993-1, p. 94 [邦訳 127-128 頁])

　第四に、ハイエクによると、「意志」を制限する「意見」のある程度の一致は、制定法に関する同意に先行する。というのも、具体的な行為について人々が同意することはほとんどあり得ないが、人々が同じ文化や伝統に属していれば、「意見」が類似することは大いにあり得るからである。換言すれば、具体的な事柄ではなく、社会生活をめぐる何らかの抽象的な特徴に関してならば、同意する可能性は十分に存在する、というわけである[86]。このような「意見」は、「ルールの具体的な内容ではなく、いかなる正義にかなう行為ルールも持たなければならない一般的属性に言及する。」(Hayek 1993-1, p. 92 [邦訳 123 頁]) したがって、立法者の権力は立法者が制定する法律が持つべき具体的な属性についての共通の「意見」に依存し、立法者の「意志」の表現がこのような属性を持つ場合にのみその「意志」は「意見」の支持を得ることができる。その際に「意見」は、立法府の決定の具体的な内容には関わらず、立法者が公布しようとするルールの一般的属性にのみ関わる。というのも、「我々が仲間と共通して持っているものは、同一の具体的な事項に関する知識ではなく、むしろある種の状況についての一般的でしばしば非常に抽象的な特徴に関する知識だ」(Hayek 1993-2, p. 11 [邦訳 20 頁]) からである[87][88]。

　86)　もっとも、「意見」についての同意の内容を言葉で明確に表現するのは困難だ、という点には注意しなければならない。(Hayek 1993-2, p. 13 [邦訳 23 頁])
　87)　Hayek 1993-1, pp. 91-93 [邦訳 122-125 頁], Hayek 1993-2, p. 13 [邦訳 22-23 頁]
　88)　ハイエク曰く、「大きな社会の構成員である人間の見解や意見に共通し得るものは、一般的・抽象的であるに違いない。」(Hayek 1993-2, pp. 11-12 [邦訳 21 頁])

(3)「行為ルールとしての伝統」による権力制限に基づく自由の保障
　　──立憲主義

　自由社会と法の関係をめぐるハイエクの議論は、「法の支配」論だけで完結しない。彼は、法の支配の要請が具体的な立憲主義的原理に組み込まれていると考えるので、その関心を立憲主義に向け、「行為ルールとしての伝統」による権力制限に基づいて自由の保障を確実なものとするために立憲主義論を展開する。(Hayek 1990, pp. 134-139［ハイエク 2009-1、136-142 頁]）[89]

A　立憲主義の重層構造──原理による権力制限 と 具体的内容としての権利保障・権力分立

　ハイエクによると、立憲主義の本質は、その時々の多数派を含むすべての権力を「原理」によって制限することにある。それは、「具体的な目的の達成のために一時的な多数者にとって利用可能な手段を、それよりずっと以前の多数者によって定められた一般的原理によって制限する」(Hayek 1960, p. 180［『自由の条件Ⅱ』69 頁]）という考え方である[90]。したがってこのレベルでの立憲主義の理解においては、先に (2) で述べた「原理による制限レベルでの法の支配」と同様に、「原理」の具体的内容には踏み込まない[91]。

　そこで次にハイエクは、原理による権力制限として立法権に対する制限を中心に考え、「現行の立法を支配する高次の法という構想」(Hayek 1960, p. 178［『自由の条件Ⅱ』67 頁]）に言及する[92]。具体的にいうと彼は、立法権を

---

89)　なお、ハイエクの立憲主義に対する関心は、Hayek 1993-1, Hayek 1993-2, Hayek 1993-3 で、特に顕著に現れている。cf. Hayek 1993- 1, Intro.［邦訳 序章]
90)　ハイエクは次のように述べる。「立憲主義の本質は、統治に関する永続的原理によるすべての権力の制限にある。」(Hayek 1993-3, p. 3［邦訳 11 頁]）すなわち、「立憲主義とは、権力はすべて共通に受け入れられている原理に従って行使されるという理解に、すべての権力が基づいている、ということを意味する。」(Hayek 1960, p. 181［『自由の条件Ⅱ』70 頁]）
91)　Hayek 1960, Ch. 12［『自由の条件Ⅱ』第 12 章], Hayek 1993-3, Ch. 12［邦訳第 12 章]
92)　ハイエクによると、それは「非常に古い構想である。……しかし、この高次の法を文書化することで、それを明確化して強制可能にするという考えは……アメリカ独立

制限する高次の法を明文のかたちで提示する成文憲法典に注目し、憲法による立法権の制限を重視する。(Hayek 1960, pp. 176-182[『自由の条件Ⅱ』63-71頁])さらに彼は、立憲主義の具体的内容について次のように述べる。

> リベラルな基本原理……は、大抵、リベラルな立憲主義に特徴的な二つの構想の中に表現されてきた。それはすなわち、個人の不可譲の権利あるいは自然権(それはまた基本権あるいは人権とも述べられる)の構想と、権力分立の構想であった。リベラルな原理についての最も簡潔かつ影響力のある言明である1789年のフランスの人および市民の権利宣言が述べたように、「権利の保障が確保されず、権力の分立が定められていない社会は、およそ憲法を有するものではない。」(Hayek 1990, p. 137[ハイエク 2009-1、140頁])

つまりハイエクは、立憲主義の具体的内容として権利保障と権力分立を指摘し、これらの内容を盛り込んだ成文憲法典による立法権の制限を重視する、というわけである[93]。

では、このように立憲主義を二つのレベルからなる重層構造と理解することに、どのような意味が存在するのか。確かに、権力制限の実行可能性という観点からすると、その具体的内容を特定する「第二のレベルでの立憲主義の理解」は重要である。だが同時に、このような理解だけでは不十分だという点にも、注意を払わなければならない。というのも、権利保障と権力分立を盛り込んだ成文憲法典による立法権の制限を重視する立憲主義の理解だけに従うならば、依然として、最高の立法者である「憲法制定権力者としての

革命時の植民地人たちによって初めて実行された。」(Hayek 1960, pp. 178-179[『自由の条件Ⅱ』67頁])

93) なおハイエクは、権利保障と権力分立について、それぞれ次の点に注意を喚起する。第一に、特定の基本権を特に保障するという考え方は、リベラルな一般的原理を特に重要と考えられた特定の権利に適用することにすぎず、列挙された権利に限定されるため、一般的原理ほどには通用しない。第二に、権力分立については、本来の意味での権力分立の理解が重要となる。(Hayek 1990, pp. 137-139[ハイエク 2009-1、140-142頁])

これらの問題をめぐって、第一の点についてはCで、第二の点についてはBで、それぞれ後述する。

主権者」に対する権力制限の問題が残るからである。(cf. Hayek 1960, p .206
[『自由の条件Ⅱ』104 頁])
　そこでハイエクは、統治権力を制限する法としての憲法について次のように述べて、「第一のレベルでの立憲主義の理解」の必要性・重要性を指摘する。

　　憲法でさえも、さらに基本的な原理――すなわち、明確に表現されることは決してなかったが、同意と成文化された基本法とを可能にし、それらに優先する原理――に関する憲法の下にある合意に基づき、それを前提としている。(Hayek 1960, p. 181 [『自由の条件Ⅱ』69 頁])

彼によると、憲法が機能するためにはその背景に何らかの信念が存在しなければならず、西洋で一定期間かなりうまく機能していた具体的な制度は何らかの原理の暗黙的受容を前提とする。ある人間集団が法律制定の可能な社会を形成できるのは、議論と説得を可能とし明文化されたルールが従わなければならない共通の信念を彼らが既に共有しているからである[94]。
　このような「第一のレベルでの立憲主義の理解」がいわんとすることを、先述の (2)(の、特に Ab) を踏まえて換言すれば、「立法権の制限を意図して権利保障と権力分立を盛り込んだ成文憲法典は、その背景に存在する『行為ルールとしての伝統』を前提として、その枠内でのみ機能する」という理解だとまとめることができる。
　このように立憲主義を二つのレベルからなる重層構造と理解することで、最高の立法者である「憲法制定権力者としての主権者」に対する権力制限の問題に対して、「『憲法制定権力者としての主権者』といえども、立憲主義を根底で支えている原理――すなわち、統治権力を制限する法としての憲法の根底にある原理としての『行為ルールとしての伝統』――の存在を前提として、それに従わなければならない」という回答を与えることができる。この

---

94)　Hayek 1960, pp. 178-182 [『自由の条件Ⅱ』67-71 頁], Hayek 1993-3, pp. 107-108 [邦訳 148-149 頁]

ような理解は、「『すべての』権力を原理によって制限する」というハイエクの立憲主義の主張内容を正確に把握した理解だということができる。

B 権力分立とモデル憲法

先にAで述べたようにハイエクは、立憲主義の具体的内容として権力分立を指摘したうえで、権力分立についてはその本来の意味での理解が重要だと注意を喚起する。彼の理解によると、権力分立とは、リベラルな立憲主義の創設者たち——すなわち、モンテスキューやアメリカ合衆国憲法の起草者たち——が個人の自由を保護するために期待した手段であった。この背後にあったのが、「立法府によって承認された個人の行為についての普遍的ルールの実施に対してのみ、強制が許容されるべきだ」という考え方である。そこで合衆国憲法の起草者たちは、立法権を執行権および司法権から分離することで、統治と個々人を正義にかなう行為ルールに従わせようとした。だが、立法部・司法部・行政部の間での権力の分割という我々の知る権力分立は、その目的を達成できなかった。なぜなら、「正義にかなう行為ルールの明文化」と「統治の指図・命令」という二つの課題を同一の代表議会に任せることで、両者を混同するようになるからである。つまり、「立法府が統治の指図・命令をも任されたので、正義にかなう行為ルールを定立するという課題と特定の目的を目指した統治に関する具体的な活動を指図・命令するという課題が絶望的に混同されるようになり、法がすべての恣意的強制を制限する正義かなう行為についての普遍的・統一的ルールのみを意味するのをやめる」(Hayek 1993-3, p. 105 [邦訳146頁]) というわけである[95]。

確かにハイエクの指摘によると、民主的理想の勃興によって「人々の代表が、正義にかなう行為ルールの制定・定立だけでなく、統治活動についても決定できるべきだ」という考え方がもたらされた。しかし、だからといって、その二つの決定が同じ代表議会によって行われるべきだということにはならない。そこで彼は、本来の意味での権力分立が達成されるために、代表

---

95) Hayek 1990, pp. 98-101 [ハイエク 2009-1、237-242頁]、Hayek 1993-1, pp. 1-2 [邦訳7-8頁]、Hayek 1993-3, pp. 105-106 [邦訳145-146頁]

議会を「正義にかなう行為ルールの明文化を行う『立法議会 (Legislative Assembly)』」と「統治の指図・命令を行う『統治議会 (Governmental Assembly)』」の二つに分割する必要があると提案する。(「モデル憲法」論)[96)][97)]「モデル憲法」論における彼の主張は、次のようにまとめることができる。すなわち、立法議会の権力は、正義にかなう行為ルールが持たなければならない一般的属性を定義する憲法の規定によってのみ制限され、統治議会の権力は、憲法のルールと立法議会が制定・承認した正義にかなう行為ルールの両者によって制限される、と[98)][99)]。

> 憲法は、……正義にかなう行為についての普遍的ルールという意味での実体法が持たなければならない一般的属性について述べることによってのみ、そのような法律に言及する必要がある。(Hayek 1993-3, p. 122 [邦訳 167 頁])

> 憲法は、……実体法がどうあり得るかを定義しなければならないが、この法の内容については立法府と司法府での発展に委ねる。(Hayek 1993-3, p. 122 [邦訳 167 頁])

> 正義にかなう行為ルールという意味での実体法は立法議会で展開され、その立法議会の権力は、実施可能な正義にかなう行為ルールが持たなければならない一般的属性を定義する憲法の規定によってのみ制限される。(Hayek 1993-3, p. 123 [邦訳 167 頁])

---

96) Hayek 1960, p. 207 [『自由の条件 II』106 頁], Hayek 1990, Ch. 7 [ハイエク 2009-1、第四部 XI], Hayek 1993-1, p. 2 [邦訳 8 頁], Hayek 1993-3, Ch. 13, p. 104, Ch. 17 [邦訳第 13 章、143-144 頁、第 17 章]

97) ハイエク曰く、「民主的システムにおける権力分立は、全く異なる課題を任され、互いに独立して活動する、二つの別個の代表議会を必要とする。」(Hayek 1990, p. 102 [ハイエク 2009-1、242 頁])

98) A・ギャンブルは、このような「ハイエクの憲法モデルは、それ自体では中立的だ」(Gamble 1996, p. 149) という点に注意を喚起する。なぜなら、ハイエクのモデル憲法の下で、彼が支持する市場秩序や、文明の維持とそのさらなる発展にとって本質的だと彼が考える諸制度が、必ず採用されるとは限らないからである。

99) なお本書では、「モデル憲法」の内容の詳細とその適否については論じない。(cf. Vanberg 1996, pp. 65-66) ちなみに、ハイエクが「モデル憲法」論を展開する理由については、Hayek 1993-3, pp. 107-109 [邦訳 148-150 頁] を参照。

統治議会……は、憲法のルールと、立法議会が制定あるいは承認した正義にかなう行為ルールの、両者によって制限される。(Hayek 1993-3, p. 123 ［邦訳167頁］)

統治議会は、そのすべての決定において、立法議会が制定する正義にかなう行為ルールに拘束される。(Hayek 1993-3, p. 119 ［邦訳163頁］)

ここで、「正義にかなう行為ルール」と「統治の指図・命令」の区別の基礎にある、ハイエクの法理論を確認しよう。彼はノモスとテシスという二種類の法を明確に区別する[100)][101)]。

ノモスは次のような特徴を有する。第一に、それは、ずっと以前から行為の中で遵守されてきたことに近いことを単に言葉で表現したにすぎない法である。つまりそれは、歴史的な過程の中で自生的に生成してきた法である。第二に、それは、社会の構成員すべてに対して等しく適用される。第三に、それは、無数の将来の事例に適用される。それは許容された行為の範囲を限定するだけで、具体的な行為を決定しない。つまりそれは、個々人が自由に行為できる保護された領域の境界を定め、具体的な行為を命ずるのではなく禁止する。ハイエクによると、ノモスは正義にかなう行為ルールであり、自

---

100) Hayek 1993-1, Ch. 4-6 ［邦訳第4章-第6章］, Hayek 1993-2, Ch. 7, Ch. 8 ［邦訳第7章、第8章］
101) なお、このような区別の前提として、ハイエクはルールを三種類に分類する。(Hayek 1990, pp. 8-9 ［ハイエク2010、31-32頁］, Hayek 1993-1, p. 76 ［邦訳102頁］)

第一に、実際に遵守されてはいるが言葉で述べることはできない、「行為ルールとしての伝統」がある。その例としてハイエクは、「フェア・プレイ」のルールを挙げる。また、「正義感覚」や「言語感覚」について述べるとき、我々は、それに対して適応はできるが明白にその内容を知ることはないルールに言及している。

第二に、ずっと以前から行為の中で遵守されてきた「行為ルールとしての伝統」に近いことを、単に言葉で表現したにすぎないルールがある。ハイエクはこれを、「法の下での自由という構想を可能にする『法』」「正義にかなう行為ルール」「ノモス」などと呼ぶ。

第三に、熟慮のうえで導入されたルールがある。ハイエクはこれを「テシス」と呼ぶ。

由の法である。

　これに対してテシスは次のような特徴を有する。第一に、それは、熟慮のうえで導入された法である。つまりそれは、具体的な目的に役立つ組織を熟慮のうえで建設するのに仕える法であり、組織を設計する知性の自由な発明である。第二に、それは、政府組織の構成員のみを拘束する。第三に、それは、ある特定の機関に対して、具体的な目的を達成するために、具体的な行為を行う権限を与えあるいは具体的な行為を行うよう命ずる、指図・命令である。ハイエクによると、テシスは組織のルールであり、立法の法である。

　ハイエクがこのようにノモスとテシスという二種類の法を明確に区別するのは、彼が以下のように考えるからである。正義にかなう行為ルールからなる法は非常に特別である。それは、ノモスといった他とは異なる名前を持つのが望ましいだけでなく、法と呼ばれている他の命令から明確に区別されることが極めて重要である。なぜなら、「もし我々が自由社会を維持しようと思うのであれば、正義にかなう行為ルールからなる法（すなわち、本質的には私法と刑法）だけが私人としての市民に対して拘束力があり、また、課されなければならない」（Hayek 1993-2, p. 34 ［邦訳51頁］）からである。したがって、「統治機構を支配するルールは、必然的に、社会全体という自生的秩序の基礎を形成する、正義にかなう行為に関する普遍的ルールとは異なった特徴を有する。」（Hayek 1993-1, pp. 124-125 ［邦訳164頁］）これは、正義にかなう行為ルールの実施以外に課題のない組織にさえ、あてはまる。すなわち、手続法や裁判所という組織を創設する法律は、正義にかなう行為ルールではなく、組織のルールからなる。なぜならこれらの法律は、正義の保障と発見されるべき正義を目指し、正義の達成にとっては既に明文化された正義にかなう行為ルールよりも重要であったが、それでもなお論理的には正義にかなう行為ルールとは別物だからである。（Hayek 1993-1, p. 125 ［邦訳164頁］）

　それゆえハイエクの法理論に基づくと、どの機関がどの活動を行うべきかを定める――すなわち、正義にかなう行為ルールの明文化と統治の指図・命令という二つの課題を別々の代表議会に分割する必要性を主張する――モデル憲法は、統治機構を支配するルールであり、組織のルールたるテシスであ

る[102]。なぜなら憲法は、正義にかなう行為ルールという意味での実体法が持たなければならない形式的属性を定義することで立法議会の権力を制限するが、そのように定義する憲法それ自体は正義にかなう行為ルールではないからである。つまり憲法は、法の維持を保障する——すなわち、正義にかなう行為ルールのシステムの存在を前提として、既存の法を実施する——上部構造なのである[103]。

したがってハイエクは、テシスである憲法については、熟慮のうえでの計画に基づく設計が可能だと考える。だからこそ彼は、リベラルな立憲主義の創設者たちの目的を適切に追求する「新しい制度的発明」(Hayek 1993-1, p. 2［邦訳8頁］) として、モデル憲法を提案したわけである。この点について、「『モデル憲法』論の合理主義的特色と、彼の設計主義批判は、矛盾するのではないか」との批判があり得るが (Vanberg 1996, p. 48)、この批判は妥当でない。というのも彼は、「企業内のあるいは組織一般における調整のような限定的な目的のためには、熟慮のうえでの組織化・設計と中央からの指図・命令は有効な原理であり得る」と認めており、「統治機構のルールである憲法は、常に、熟慮のうえの設計の問題だ」と考えているからである[104]。彼が異論を唱えるのは、あくまでも、それを社会全体に拡張し得るという考え方に対してである。それゆえ、以下に挙げるヴァンバーグの分析は、ハイエクの「モデル憲法」論に対する極めて適切な指摘だといえよう。(Vanberg 1996, p. 50, p. 64)

> 文化的進化をめぐるハイエクのいくつかの議論が、一般的行為ルールに関して何を示唆しようとも、憲法の統治ルールに関するかぎり、彼は、我々にとって有益な憲法秩序を生み出す「見えざる手」を我々が期待できるとは、決して想

---

[102] ハイエク曰く、「憲法に含まれる統治権力の割り当て・制限ルールはすべて、まさに、……正義にかなう行為ルールではなく組織のルールに属する。」(Hayek 1993-1, p. 134［邦訳175頁］)

[103] Hayek 1993-1, pp. 134-136［邦訳175-177頁］, Hayek 1993-3, pp. 37-38, pp. 122-124［邦訳58-59頁、166-168頁］

[104] ハイエク曰く、「統治は、必然的に、知的設計の産物である。」(Hayek 1993-3, p. 152［邦訳208頁］)

定しない。(Vanbcrg 1996, p. 64)

C 憲法観

先にBで述べたようにハイエクは、「正義にかなう行為ルールであり自由の法である、ノモス」と「組織のルールであり立法の法である、テシス」を明確に区別したうえで、憲法はテシスだと捉える。このような彼の憲法観は非常に論理的であり、また、その意図は極めて明確である。だが、憲法をテシスと捉える彼の憲法観に対しては、次に挙げる二つの問題点が指摘され得る。第一に、誤解の導出可能性という問題がある。これはすなわち、「自由の法であるノモスと、組織のルール・立法の法であるテシス」という区別に基づいて憲法をテシスと捉える彼の憲法観は、彼の真意とは異なるが、「憲法は、自由の法でない」という誤解を導きかねない、という問題である。第二に、「彼の憲法観に基づくと、憲法の人権規定である権利章典はどのように説明されるか」という問題がある。以下では、彼の憲法観をめぐるこれら二つの問題について、順次検討を加える。

a 誤解を回避する説明

正義にかなう行為ルールではなく組織のルールに属するとハイエクが捉える、憲法の、統治権力を割り当て制限するルールは、政府の組織・機関、政府組織の権限、政府組織が活動する際の規準・手続等について規定し、正義にかなう行為ルールのシステムを前提としてその実施に必要なものを提供し、既存の実定法秩序が統一的な制度的システムとして存立・作動するための基礎を構成する。

> 憲法は、正義にかなう行為ルールのシステムの存在を前提とし、単にそのようなルールを整然と実施する機構を提供するにすぎない。(Hayek 1993-3, p. 38 [邦訳59頁])

> 憲法は、現存する法体系を発展させる継続的過程を規制し、社会の自生的秩序の基礎にあるルールを実施する統治権力と、個々人や集団へのサービスの提供

のために行政に委任された物質的手段を使用する統治権力との、あらゆる混同を防止するために設計された、保護のための上部構造なのである。(Hayek 1993-3, pp. 122-123［邦訳167頁］)

したがって、ハイエクの憲法観の真意を正確に把握し、誤解を回避するためには、次の点を強調しなければならない。すなわち、憲法は、それ自体は、正義にかなう行為ルールあるいはノモスという意味での自由の法ではないが、自由の法であるノモスの機能を確保し、自由社会を支えるルール・システムの運用を基礎づける法である、と[105]。

b　権利章典の説明

では、「自由の法であるノモスと、組織のルール・立法の法であるテシス」という区別に基づいて憲法をテシスと捉えるハイエクの憲法観に基づくと、憲法の人権規定である権利章典はどのように説明されるのであろうか。このような「ハイエクにおける権利章典の説明」という問題について、次の順で論を展開する。まず初めに、彼は憲法をテシスと捉える憲法観に基づいて権利章典の存在意義を否定的に評価するが、これを批判的に検討する。次に、憲法をテシスと捉える憲法観のみに基づくと権利章典を適切に説明できないが、「権利章典にノモスの要素がある」ということを認めると、彼の法理論に基づいて権利章典を説明できるということを示す。さらに、自生的秩序を支えるルールの特徴をめぐる彼の議論を整理することで、「ノモスの要素を持つ法」の設計可能性について論じる。最後に、以上の議論を踏まえて、彼の法理論に基づいた人権保障論の展開が可能だという結論を導き出したい。

権利章典の意義　　ハイエクは、憲法をテシスと捉える憲法観に基づいて、憲法に含まれるのは、統治権力を割り当て制限するルールと、ノモスという狭い意味での法となり得るものについての定義だと考える。

---

[105]　Hayek 1993-1, pp. 131-136［邦訳172-177頁］, Hayek 1993-3, pp. 36-38, pp. 122-124［邦訳57-59頁、166-168頁］

第 2 章　ハイエクが展開する伝統重視の自由社会擁護論の特徴　　105

　　憲法は、それが創設する組織の様々な部分に権力を割り当ててその権力を制限
　　するために実体法がどうあり得るかを定義しなければならないが、この法の内
　　容については立法府と司法府での発展に委ねる。(Hayek 1993-3, p. 122［邦訳
　　167 頁］)

　　モデル憲法の基本条項は、次の点を言明しなければならない。すなわち、明確
　　に定義された具体的な緊急時と異なる通常時においては、人々は、各々の個人
　　の領域を定義し保護する正義にかなう行為についての承認されたルールによっ
　　てのみ、自身が望むことを行うのを制限されあるいは具体的な事柄を行うよう
　　強制され得るのであって、受容されているこの種のルールが熟慮のうえで変更
　　され得るのは立法議会によってのみである、と。(Hayek 1993-3, p. 109［邦訳
　　150 頁］)

　したがってハイエクは、憲法論を展開する際に、権利章典にあまり注意を向けず[106]、むしろそれを否定的に評価する。その理由は、次の二点にまとめられる[107]。

　第一に、リベラルな一般的原理を述べるモデル憲法の基本条項があれば、権利章典が存在しなくても個人の権利が保護されるからである。ハイエク曰く、「そのような条項は、それ自体で伝統的な権利章典が保障しようとしたこと以上のことを達成し、したがってそれがあれば、特別に保護された基本権のリストを別に何らかのかたちで列挙する必要はなくなるであろう。」(Hayek 1993-3, p. 110［邦訳 151 頁］) つまり、言論・出版・信教・集会・結社の自由のような伝統的な人権はすべて、リベラルな一般的原理を特に重要と考えられた具体的な権利に適用した例にすぎないため、ノモスの意味での法によって制限されないかぎり有効だ、というわけである。

　第二に、権利章典による権利保護は、唯一可能なものでも網羅的なもので

---

[106]　例えば、Hayek 1993-1、第 6 章の憲法論 (pp. 134-136［邦訳 175-177 頁］) においても、権利章典に関する論述は見られない。
[107]　Hayek 1990, pp. 137-139［ハイエク 2009-1、140-141 頁］, Hayek 1993-3, pp. 110-111［邦訳 151-153 頁］

もないからである。ハイエク曰く、「権利章典で伝統的に保護されている基本権は、恣意的権力を阻止し得るならば保護されなければならない唯一の基本権というわけではなく、また、個人の自由を構成しているそのような最も重要な権利のすべてが網羅的に列挙され得るわけでも決してない。」(Hayek 1993-3, p. 110［邦訳152頁］) 実際、アメリカ合衆国憲法の起草者たちが、最初、権利章典を憲法の中に含めようとしなかったのは、このような理由が存在したからであった。

だが、このようなハイエクの憲法論に対しては、「上記の二つの理由から、論理必然的に、権利章典は不必要だという結論を導くことができるわけではない」という批判が投げ掛けられ得る。というのも、「権利章典が存在しなくても、個人の権利が保護される」という場合であっても、保護すべき個人の権利を明文化することでその内容を明確化するという行為には、保護すべき個人の権利を再確認したうえでその保護を強化するという意味があり、また、「権利章典による権利保護は、唯一可能なものでも網羅的なものでもない」という場合であっても、保護すべき個人の権利を可能なかぎりにおいて明文化・明確化するという行為には、少なくとも権利章典に明文化された権利についてはその保護を確実に強化するという意味があるからである。ここで注目したいのが、限定的とはいえ権利章典の存在意義を認めるハイエクの『自由の条件』(Hayek 1960) 第12章および第14章における論述である。なぜならその論述は、彼自身の権利章典不要論を否定し批判しようとする場合に、極めて重要な位置づけを与えることができるからである。

まずハイエクは、『自由の条件』第12章において、アメリカ合衆国憲法の主たる特徴のひとつである「個人の権利を保障する条項」について、次のように指摘する。すなわち、合衆国憲法に権利章典を含めることに対する基本的な反対論は「その憲法は、いかなる文書が網羅的に列挙し得るよりもずっと広範囲の個人の権利を保護しようとしており、その一部を明確に列挙することは、その他のものが保護されないことを意味すると解釈されかねない」(Hayek 1960, pp. 185-186［『自由の条件Ⅱ』76頁］) というものであり、このような反対論に十分理由があることは経験によって示されてきた。だが他方

で、もし個人の権利が特に保護されるのでなければ、合衆国憲法は政府に個人の権利を侵害するために使用され得る権力を与えざるを得ないということ、そして、そのような個人の権利の一部は既に合衆国憲法の本文に挙げられているので、そのさらに完全な目録の追加は有効であろうということも、すぐに理解された。したがって、権利章典は重要である、と。(Hayek 1960, pp. 185-186［『自由の条件Ⅱ』75-76 頁］)

またハイエクは、『自由の条件』第 14 章において、上述の基本的な反対論にみられるような懸念には十分な根拠があることを認めつつ、次のように述べる。

> 全体としてみた場合に……経験によって確かめられるのは、どの権利章典も不完全であることを避けられないにもかかわらず、権利章典は危険にさらされやすいことが知られている権利に対して重要な保護を与えるということである。(Hayek 1960, p. 216［『自由の条件Ⅱ』118 頁］)

もっとも、ここで彼が権利章典に認める存在意義は極めて限定的だという点には、注意しなければならない。というのも彼は、上で引用した論述の直後に、次のような注意喚起を行っているからである。

> 今日我々が特に注意しなければならないのは……保護された権利のリストは決して網羅的ではあり得ないということである。(Hayek 1960, p. 216［『自由の条件Ⅱ』118 頁］)

> このような具体的な基本権の法的保障は、立憲主義が与える個人の自由の保護の一部にすぎず、立法府による自由の侵害に対して憲法それ自体が保障する以上の保障を与えることはできない。(Hayek 1960, pp. 216-217［『自由の条件Ⅱ』119 頁］)

権利章典とノモス　以上で注目してきた、限定的とはいえ権利章典の存在意義を認めるハイエクの論述からいえるのは、「彼は、権利章典に列挙され

ている各条項を、危険にさらされやすいことが知られている個々人の領域を定義して、それに対して重要な保護を与える、正義にかなう行為ルールだと考えている」ということである。換言すれは、「彼は、『権利章典にノモスの要素がある』と考えている」といってもよいだろう[108]。ここで注目に値するのは、彼自身が、「憲法は、本来、既存の正義構想を明文化するためでなくその実施に役立つよう構築された、上部構造だ」ということを強調しつつも、「国家の組織を『構成する』正式の文書に特別な保護を与えるために、その文書の中に実質的正義についてのいくつかの原理を含めることは、しばしば望ましいことであろう」と述べている点である。(Hayek 1993-3, pp. 37-38 [邦訳58頁])

したがってハイエクの立憲主義論において、憲法をテシスと捉える憲法観のみに基づくと権利章典を適切に説明できないが、「権利章典にノモスの要素がある」ということを認めると彼の法理論に基づいて権利章典を説明できる、ということができる。すなわち権利章典を、「法の下での自由という構想を可能にする、一般的で目的独立的で抽象的な正義にかなう行為ルール」であるノモスだと解釈するのである。実際のところ彼は、アメリカ独立革命時に制定された様々な憲法について、ノモスの「ずっと以前から行為の中で遵守されてきたことに近いことを単に言葉で表現したにすぎない法である」という特徴に着目しつつ、次のように説明する。

母国イギリスとの衝突時における植民地人たちの主張は、最終的断絶までは、彼ら自身がイギリス臣民として有する資格があると考えている権利・特権に完全に基づいていた。だが彼らは、自身が確固としてその原理を信じていたイギリス憲法にはほとんど実体がなく、また、彼らがイギリス議会の主張に対してその憲法に首尾よく訴えることは出来ない、ということに気付いた。そのとき初めて彼らは、「失われた基礎が補充されなければならないと結論づけ」、「『固定した憲法』はあらゆる自由な統治にとって最も重要だと

---

108) cf. Hayek 1993-3, p. 111 [邦訳152-153頁]。なお、このような権利章典の説明は自由権規定には当てはまるが社会権規定には当てはまらない、という点に注意しなければならない。

いうことと、憲法は制限された統治を意味するということが、根本的教義であると考えた。」(Hayek 1960, pp. 177-178 [邦訳 65 頁]) そこで独立宣言から連邦憲法の起草までの 11 年間に、13 の新しい州によって、各々の憲法が制定された。だが実際には、これらの憲法の文書の一部としてあるいは独立の権利章典として列挙された不可侵の個人の権利の多くは、植民地人たちが実際に享受していた権利あるいは彼らが常に有する資格があったと考える権利を再言明したものにすぎなかったのである。(Hayek 1960, pp. 177-178, p. 182 [邦訳 65 頁、71-72 頁])

「ノモスの要素を持つ法」の設計は可能か　ハイエクは、以上のような説明を加えて、『自由の条件』第 12 章においてアメリカ合衆国憲法を肯定的に評価する。だがこれに対しては、「設計の産物である合衆国憲法に対する肯定的評価は、彼の設計主義批判と矛盾する」という批判が投げ掛けられ得る。例えばギャンブルの批判によると、「ハイエクは、合衆国憲法に関して、かなり困難な状況にある。」(Gamble 1996, p. 140) なぜなら合衆国憲法は、一見すると合理主義的で設計主義的なリベラリズムの産物のように思われ、進化論的発展のおかげではほとんどないからである。つまり、合衆国憲法は第一原理を詳述しその原理に従って政治システムを再構成しており、またその中心的起草者のひとりであるトマス・ジェファーソンを、ハイエクは、ルソーやベンサムらとともに、偽りの個人主義の伝統の熱烈な擁護者のひとりだと考えている、というわけである。(Gamble 1996, pp. 140-141) このような批判をめぐって、ハイエクは次のように考える。(Hayek 1960, pp. 183-184 [『自由の条件 II』73-74 頁])

　合衆国憲法が設計の産物であり、近代史上初めて人民がその下で生活したいと考える政府を人民自身が熟慮のうえで構築したという事実から、時々、多くのことが主張される。すなわち、アメリカ人自身は、自らの企ての独特な性質を明確に意識しており、合理主義の精神——すなわち、ハイエクがイギリス的伝統ではなくフランス的伝統と呼ぶものに近い、熟慮のうえでの設計と実用的な手続に対する願望——によって導かれていた。このような態度は、伝統に対する一般的懐疑と、新しい構造はすべて自身の構築物だという

事実に対する誇りによって、しばしば強化された、と。だがハイエクの指摘によると、これらの主張は、ある意味では正しいが、本質的には誤りである。なぜなら、最終的に出現した政府の枠組は明確に予測された構造のどれとも著しく異なっており、また、最終的な結果の大半は歴史的偶然あるいは受け継がれた原理の新しい状況への適用に基づいていたからである。

　しかしながら、ギャンブルが指摘するように、このようなハイエクの議論は、彼自身にとって好都合であるかもしれないが、説得的ではない。確かにこのような議論を展開することで、ハイエクは、「合衆国憲法が偽りのリベラリズム——すなわち、設計主義に基づく誤ったリベラリズム——に由来する」と指摘せずに済む。だが、設計主義が想定する設計の実行が試みられ、それが偶然や状況によって実質的に修正されることがなかった、何らかの歴史上の実例を指摘するのは、たとえソヴィエトの共産主義体制やスウェーデンの福祉国家の例を含めようとも、困難なのである。(Gamble 1996, p. 141)

　したがってむしろ、「そもそもハイエクが、『設計の産物たる合衆国憲法に対する彼の肯定的評価と、設計主義批判との矛盾』という批判を避けるために、『合衆国憲法は、設計ではなく偶然の産物だ』と強調する必要は、全くない」と考えるのが適切である。というのも、彼が「権利章典にノモスの要素がある」と考える背景にあるのは、「権利章典は、法の下での自由という構想を可能にする、一般的で目的独立的で抽象的な正義にかなう行為ルールだ」という解釈であって、「権利章典は、ずっと以前から行為の中で遵守されてきたことに近いことを単に言葉で表現したにすぎない法だ」という解釈ではないからである。そこで以下では、「法の下での自由という構想を可能にする、一般的で目的独立的で抽象的な正義にかなう行為ルール」の設計可能性について、彼がどのように考えているかを明らかにするために、自生的秩序を支えるルールの特徴をめぐる彼の議論を整理したい。

　ハイエクの指摘によると、自生的秩序を支配するルールの特徴としてまず第一に重視すべきは、「それが、一般的で目的独立的で抽象的なルールでなければならない」という点である[109]。では彼は、自生的秩序を支えるルールの起源について、どのように考えているのか。

第2章　ハイエクが展開する伝統重視の自由社会擁護論の特徴　111

　自生的秩序を支えるルールの起源をめぐるハイエクの理解は、それほど単純ではなく、ある意味で両義的である。一方で彼は、「自生的秩序を支えるルールが自生的な起源を有するとは、必ずしも限らない」と明言する。(Hayek 1993-1, pp. 45-46［邦訳62-63頁］）だが他方で彼は、「自生的秩序を支えるルールは、実際には、自生的な秩序形成の結果であり、試行錯誤に基づく進化の結果である」ということを繰り返し強調する[110]。したがって、自生的秩序を支えるルールの起源をめぐる彼の理解は、次のようにまとめることができる。すなわち、自生的秩序を支える一般的で目的独立的で抽象的なルールは、理論上は必ずしも自生的な秩序形成の結果であるとは限らず、場合によっては完全に熟慮のうえでの設計の産物である可能性も存在するが、実際にはそのようなルールの多くは自生的な秩序形成の結果であり試行錯誤に基づく進化の結果である、と[111]。

　それでは、自生的秩序を支える一般的で目的独立的で抽象的なルールを熟慮のうえで設計することは、実際に可能であろうか。ここで注目すべきなのが、「自生的秩序を可能にする人為的手段をめぐる、『庭師』の比喩」についてのハイエクの記述である。それによると、自生的な秩序形成過程を有効に機能させるためには、人間は、工芸家が工芸品を形作るようなやり方ではなく庭師が植物に行うようなやり方で、自身が得ることのできる知識を使用しなければならない。そこで求められているのは、庭師が適切な環境を与えることで植物自体の成長を促すようなやり方――すなわち、「庭師が、これまでの経験の中で植物がうまく成長する環境だと事実によって証明されてきた様々な条件について、整理し検討を加えたうえで、そのような条件の整備を行う」というようなやり方――であって、設計主義的な手法――すなわち、

---

109) Hayek 1993-1, pp. 43-52［邦訳59-70頁］. cf. Gissurarson 1987, p. 64, 山中 2007、157-160 頁。

110) Hayek 1967, pp. 163-164［ハイエク 2009-1、72頁］, Hayek 1988, p. 12［邦訳15頁］, Hayek 1990, pp. 135-136［ハイエク 2009-1、138-139頁］, Hayek 1993-1, pp. 50-51, pp. 81-82, pp. 85-88［邦訳68頁、109-110頁、114-117頁］, Hayek 1993-2, pp. 4-5［邦訳11-13頁］, Kresge and Wenar (eds.) 1994, pp. 72-73［邦訳60-62頁］

111) Gissurarson 1987, p. 64, Kukathas 1989, p. 89, 山中 2007、60-63 頁

関連する事実についてのあらゆる知識が統一的知識として単一の知性に知られており、それを知る一人の人間がその知識を基礎にして、白紙の状態から望ましい秩序を設計するという手法——では決してないのである[112]。

　以上のようなハイエクの記述に基づくと、自生的秩序を有効に機能させる一般的で目的独立的で抽象的なルールの形成過程に検討を加える際に否定されなければならないのは、設計主義的な発想に基づくルールの制定であって、人為的手段の使用それ自体ではない。それゆえ彼が、「自生的秩序を支える一般的で目的独立的で抽象的なルールは、これまでの経験の中で自生的な秩序形成過程がうまく機能する環境だと事実によって証明されてきた様々な条件の整備を行うというかたちでの、熟慮のうえでの設計の産物だ」と考えたうえで、それを肯定的に評価することは、彼の設計主義批判と何ら矛盾しないと考えなければならない。

ハイエクと人権保障　　ハイエクの権利章典不要論を否定し批判する理由を彼自身の論述の中に見いだし、彼の法理論に基づいて権利章典を説明できると考える、以上で検討を加えてきた議論に基づけば、「彼の議論では人権保障を適切に説明できない」という批判は妥当でない。なぜなら、一方で、憲法に含まれる統治権力を割り当て制限するルールは、自由の法であるノモスの機能を確保し自由社会を支えるルール・システムの運用を基礎づける、上部構造としてのテシスであり、他方で、憲法の人権規定たる権利章典には、「法の下での自由という構想を可能にする、一般的で目的独立的で抽象的な正義にかなう行為ルール」であるノモスの要素があると捉えることによって、ノモスとテシスを明確に区別する彼の法理論に基づいた憲法論・人権保障論を展開することが可能となるからである。

---

[112]　Hayek 1990, p. 34 [ハイエク 2010、90頁]. cf. Hayek 1991, p.14 [邦訳 15-16頁]、渡辺 2006、137-138頁、山中 2007、134頁。

第Ⅱ部　文化的文脈を考慮した人権論

　第Ⅱ部では、日本文化を考慮した自由社会擁護論を探求するためのさらなる準備作業として、文化を考慮した自由社会擁護論を説得的に展開するための立論方法を明らかにするために、第Ⅰ部で検討した「伝統重視の自由社会擁護論」の問題意識を近年の人権をめぐる議論に絞り込んだ見解である「文化的文脈を考慮した人権論」について、以下の順で検討を加える。まず初めに第1章で、「文化的文脈を考慮した人権論」を普遍的価値重視型と文化的文脈重視型という二つのアプローチに分類し、普遍的価値重視型アプローチの人権論としてドネリーの「強い普遍主義」とミラーの「人道主義的戦略」を、文化的文脈重視型アプローチの人権論としてアンナイムの「構成的アプローチ」とD・A・ベルの「地域知 (local knowledge) 重視の人権論」を取り上げる。次に第2章で、普遍的価値重視型アプローチの人権論が、各社会の文化的文脈をどのように考慮しその重要性をどの程度強調しているのかを考察する。続いて第3章では、普遍的価値重視型アプローチの人権論と文化的文脈重視型アプローチの人権論の両者に共通する特徴を明らかにするために、いずれのアプローチを採用する「文化的文脈を考慮した人権論」も文化内部の多様性と文化の変化を認めているという点を指摘する。これに対して第4章では、議論の進め方という観点から分析を加えると、両者のアプローチを採用する人権論の間に相違点が存在することを指摘する。最後に第5章で、文化的文脈重視型アプローチの人権論とマッキンタイアの「知的探究の伝統」論との比較検討を行い、彼の伝統論が文化的文脈重視型アプローチの人権論の基礎理論となり得ることを示したい。

第1章　文化的文脈を考慮した人権論の二つのアプローチ

　本章では、文化的文脈を考慮した人権論を二つのアプローチに分類し、各々のアプローチを採用する各論者の主張内容を確認する。まず初めに**第1節**で、普遍的価値重視型アプローチの人権論として、ドネリーの「強い普遍主義」とミラーの「人道主義的戦略」を取り上げ、続いて**第2節**で、文化的文脈重視型アプローチの人権論として、アッナイムの「構成的アプローチ」とベルの「地域知重視の人権論」を取り上げたい。

第1節　普遍的価値重視型アプローチの人権論

1　ドネリーの「強い普遍主義」

　ドネリーは、自身の人権論を展開する際に、文化的な相対性が否定できない事実だということを認めたうえで、国際的に承認された人権に対する基本的に普遍主義的なアプローチを採用する。確かに、文化をめぐる近年の多くの議論において、文化の相違――とりわけ、西洋の文化とそれ以外の文化との相違――が強調されてきたという点は否定できない。だが彼の指摘によれば、「人権とは、人間が人間であるからという理由のみによって有する権利である」という理解こそが、現代の国際的な議論における人権の意味についての標準的な理解なのである。このような人権についての現代の普遍的な規範的主張に対して、文化はあくまでも控えめな挑戦を提示するにすぎない[1)][2)]。

---

1) Donnelly 1999, pp. 61-62, Donnelly 2003, p. 89
2) もっともドネリーによると、「すべての人間が、人間であるという理由のみによって、不可譲の権利を有する」という考え方が、あらゆる社会において歴史的・文化横断的に存在していたわけでは決してない。そのような考え方は、元来、すべての主要な前近代社会にとって異質なものであり、またそのような考え方の歴史的起源は西洋

このように人権の普遍性を重視するアプローチに基づいて自身の人権論を展開するドネリーは、文化相対主義——それは、ある社会に存在する何らかの慣行についてその社会の内在的な判断と外在的な判断が分かれるときに、社会の内在的な判断を優先すべきだと考える立場である——をどのように評価するかという観点から、人権論を「ラディカルな文化相対主義」、「強い文化相対主義」、「強い普遍主義」、「ラディカルな普遍主義」という四つの立場に分類する。ラディカルな文化相対主義は、「文化は、ある道徳的な権利あるいはルールの妥当性を判断する、唯一の源泉である」と主張する最も極端な立場である。これと対照的に、「文化は、道徳的な権利およびルールの普遍的妥当性と無関係である」と主張するのがラディカルな普遍主義である。これら二つの極端な立場の間に位置づけられる比較的穏健な立場が、強い文化相対主義と強い普遍主義である。強い文化相対主義は、実際上普遍的に適用されているいくつかの基本的権利を認めつつも、「文化は、ある道徳的な権利あるいはルールの妥当性を判断する、最も重要な源泉である」と主張する立場である。これに対して強い普遍主義は、「文化は、ある権利あるいはルールの妥当性を判断する、二次的な源泉にすぎない」と主張する立場であり、まず初めに一連の包括的な普遍的人権を承認したうえでそれらを地域ごとに異なったかたちで取り扱うことを限定的に許容する。ドネリーは、以上のように文化相対主義に対する評価に基づいて人権論を四つの立場に分類したうえで、彼自身は「強い普遍主義」の立場——それは、普遍的価値重視型アプローチに基づいて人権の普遍性と文化的文脈の考慮との両立可能性を探求する、「文化的文脈を考慮した人権論」だといえる——を擁護することを明言する。(Donnelly 2003, pp. 89-90)

社会に求めなければならない。だが彼の指摘によれば、人権の起源をどこに求めるかという問題と、現在国際的に承認されている人権がどのような適用可能性を持つのかという問題は、独立して考えられなければならない。そこで彼は、この二つの問題を混同するという誤解を避けるために、「人権の観念と実践が西洋的な起源を有するということは、単なる歴史的な事実にすぎない」という点を強調する。(Donnelly 1999, pp. 62-69, Donnelly 2003, Ch. 5)

なお、「人権は普遍的か」という問題と「人権の起源をどこに求めるか」という問題との屈折したねじれをめぐっては、大沼 1998、147-151 頁も参照。

第1章　文化的文脈を考慮した人権論の二つのアプローチ　117

　ドネリーによると、強い普遍主義の特徴を明らかにするために有益なのが、人権に関する「概念（concept）のレベル」、「解釈（interpretation）のレベル」、「実施（implementation）のレベル」の区別である。なぜなら強い普遍主義もまた、強い文化相対主義と同様に、国際的に承認された人権規範を具体的に実施する際には地域ごとにかなり異なったかたちで取り扱うことを許容する傾向があり、したがって強い普遍主義と強い文化相対主義との間の重要な違いは、「実施のレベル」ではなく「概念のレベル」と「解釈のレベル」で発生するからである[3]。

　ドネリーが擁護する強い普遍主義は、まず初めに、人権に関する「概念のレベル」の普遍性を強調する。彼の指摘によると、世界人権宣言は概念のレベルで——すなわち、一般的・抽象的な言明のレベルで——権利を定式化したものであり、世界人権宣言の権利に関する合意はこのレベルでのみ存在する。それゆえ概念のレベルの議論においては、文化相対主義の主張の大抵は失敗せざるを得ない。このように普遍性を承認された人権概念には、次に、「解釈」という作業が求められる。この「解釈のレベル」において普遍的な人権概念に対していくつかの異なる解釈が示されることは、彼の考えでは、単に正当と認められるのみならず、望ましいことでもあり必要なことでさえある。もっとも、「正当と認められる解釈はそれほど多く存在せず、また、すべての解釈が等しく正当と認められるわけではない」という点には注意しなければならない。さらに彼は、「解釈におけるかなりの相違は、文化や文明の間だけでなくそれらの内部においても存在する」（Donnelly 2003, p. 96（圏点原文はイタリック））という点や、「二つの文化の間に違いが存在する場合であっても、文化が実際にそのような違いの根源的な原因であるかどうかを、さらに問う必要がある」（Donnelly 2003, p. 97）という点にも注意を喚起する。以上のようなかたちで、普遍性を承認された人権概念に対して示されたいくつかの異なる解釈は、最後に、法や政治という実践の場において具体的に「実施」される必要がある。この人権に関する「実施のレベル」につい

---

[3] Donnelly 2003, p. 90, pp. 93-94, Donnelly 2013, pp. 99-103. cf. de Croot 2012, pp. 14-15, Donnelly 2012.

て彼は、先に述べたように、地域ごとでのかなり異なった取り扱いを許容する。もっとも、実施における相違の多くは文化とあまり関係がないと彼が指摘している点には、十分に注意を払う必要がある[4]。

2 ミラーの「人道主義的戦略」

　ミラーは、人権の正当化に用いられてきた三つの一般的戦略——実践に基づく戦略、重なり合う合意の戦略、人道主義的戦略——を提示したうえで、「実践に基づく戦略」と「重なり合う合意の戦略」を批判し[5]、「人道主義的戦略」を擁護する。人道主義的戦略は、人権の基礎として役立ち得る人類の普遍的特徴に依拠して人権を確定し正当化するものであって、人権の正当化に際して人間の基本的ニーズに訴えかける。その狙いは、どこに暮らす人々であっても正義の問題として主張できるグローバル・ミニマムとは何かを見出すことにあり、そのような基準として彼が提案するのが基本的人権の尊重と保護である。したがって彼の考えによれば、人権の正当化は普遍的適用可能性を備えていなければならない。（Miller 2007, pp. 168-179, p. 197 ［邦訳 205-216 頁、234-235 頁］）

　このようにミラーは、どのような場所やいかなる状況にある人であっても保障されなければならない一連の基本的な人権をグローバル・ミニマムとして提案し、普遍性を重視するアプローチに基づいて人権の正当化を行うが、同時に、「このように理解された基本的人権の実現と両立する社会的・政治的生活の形式は、数多く存在する」とも主張する。人権の普遍性と文化的相対性との両立可能性を探求するために、人道主義的戦略の展開に際してミラーが提案するのが、「基本的ニーズ」と「社会的ニーズ」との区別である。基本的ニーズとは、いかなる社会においても人間らしい生活の条件として理解されるべきものである。これに対して社会的ニーズとは、ある具体的な社会における人間らしい生活の要件として理解されるもっと幅広いものである。ミラーの考えでは、人権の基礎づけとして依拠することができるのは基

---

4) Donnelly 2003, pp. 94-98, Donnelly 2013, pp. 100-103
5) この点について、詳細は**第4章第1節2**で検討を加える。

本的ニーズだけであって、社会的ニーズはシティズンシップの権利——それは、人権よりも幅広い権利群であり、ある具体的な社会の完全な構成員としての地位を保障するものであって、その内容は社会ごとに多少とも異なるものである——を正当化する際に用いられる。このように、どこに暮らす人であっても服するべき基本的人権を政治共同体内部の社会的正義に関する重要な事柄であるシティズンシップの権利から切り離す、二次元アプローチを採用し、人権の一覧を十分に簡潔で基本的なものにとどめておく[6]ことによって、人道主義的戦略は、人権の正当化における普遍的適用可能性の要求を満たすことができるのである。(Miller 2007, pp. 178-185, pp. 197-198, p. 266［邦訳215-221頁、234-235頁、322頁］)

第2節 文化的文脈重視型アプローチの人権論

1 アッナイムの「構成的アプローチ」

アッナイムによれば、現在の国際的な人権基準と主要な文化的伝統[7]との間には確かに衝突・緊張関係が存在し、一方では「現在の国際的な人権基準は、複数の主要な文化的伝統において正統性を欠いているので、十分に普遍的であるとはいえない」と考える極端な文化相対主義の立場が、他方では「現在の国際的な人権基準は、大多数の政府がその定式化過程に参加しあるいは後にそれらを承認したものであるので普遍的であり、むしろ人権侵害を正当化する口実として文化的相対性が主張される危険性に注意を払うべきである」と考える極端な普遍主義の立場が、展開されている。これに対して彼は、「前者の立場は皮肉にも人権侵害を正当化するために採用され、また、

---

6) この点に関してミラーは、「大部分の市民的・政治的権利は、個人の自律性や平等権に対するリベラルな社会の公共文化の信奉の強さを反映した、シティズンシップの権利として理解されるべきだ」と主張する。(Miller 2007, pp. 194-197［邦訳231-234頁］)

7) アッナイムは文化という言葉を、「世界観・イデオロギー・認識行動を含む、あるひとつの社会の内部で伝えられてきた価値観・制度・行動様式の総体」という最も広い意味で使用する。(An-Na'im (ed.) 1992, pp. 2-3)

後者の立場は不当な形式主義と単純な理想主義を反映している」と批判し、「人権の普遍性に対する文化相対主義の挑戦を、過大評価も過小評価もしてはならない」と指摘する。そこで彼は、人権の理解と人権保障の理論的正当化に際して、人権の普遍性とそれに対する文化相対主義の挑戦との双方の立場に目配りをすることで現在の国際的な人権基準の信用性と有効性を高めることができる、「構成的アプローチ」を採用するのが望ましいと主張する。(An-Na'im (ed.) 1992, p. 3)

構成的アプローチは、人権の普遍的正統性を高める手段として、文化をめぐる内的な議論と文化横断的な (cross-cultural) 対話の両者を通じて文化に関する再解釈と再構成を行う可能性を探究しようとする。したがってこのアプローチは、「人権の全領域を十分に擁護する文化的観点が、既に存在する」という考え方も、「ある文化的伝統においては、人権の全領域を十分に擁護する文化的観点が完全に欠如している」という考え方もともに採用せず、むしろ「各々の文化的伝統において現実に普及している解釈と認識が、ある人権を擁護する場合もあれば、別の人権と一致しなかったりそれらを完全に拒絶する場合もあり得る」という考え方を採用する。(An-Na'im (ed.) 1992, pp. 3-4)

このように考える構成的アプローチの主張内容を理解するにあたって、まず初めにおさえておくべき重要な点は、「ある文化の根本的価値観とそれを支える理論的根拠についての内的な議論を通じて、ある文化の立場がその内側から変化する余地が存在し得る」ということである。その際に、ある文化の立場をその内側から変化させることで人権問題に関する新しい文化的な立場を提案し擁護しようとする者は、自らが提案し擁護する新しい立場が自身の所属する文化のこれまでの枠組の中で真正性 (authenticity) と正統性を有するものだと示すことで、文化的な規範や制度に関するこれまでの解釈を広範かつ有効に受け入れなければならない。アッナイムが述べるところによると、ある具体的な人権基準の文化的正統性が増進されることによって、その人権基準の遵守が促進され得るのである。というのも人々は、「ある規範的主張が、自身の文化的伝統によって正当化されている」と信じている場合

に、その規範的主張をさらに一層遵守する傾向があるからである。(An-Na'im (ed.) 1992, p. 4, p. 20)

　もっとも構成的アプローチは、「ある文化の立場が変化するのは、文化をめぐる内的な議論を通じてのみである」と主張するわけでは決してない。ある文化は、その文化の内側における内的な議論を通してと同時に、他の文化との相互作用を通しても常に変化し進化し続けるので、文化横断的な対話を通じて外側からある文化の変化と進化の方向に影響を与えることも可能である。だがアッナイムは、この文化横断的な対話の過程について、①それは、一方的ではなく相互的でなければならず、②またそれは、ある文化の内部において要請される真正性と正統性に対して敏感でなければならず、③さらにそれは、自身が正当化しようとしている人権基準を支持する外在的な価値観を、ある文化の枠組に対して押しつけようとするものであってはならない、という点に注意を喚起する。(An-Na'im (ed.) 1992, pp. 4-5)

　以上の論述から明らかなように、アッナイムの「構成的アプローチ」は、人権の理解と人権保障の理論的正当化に際して各々の社会における文化的文脈の重要性を強調する。もっともここで注意しなければならないのは、「彼の立場は、先に述べたように、極端な文化相対主義ではなく、人権の普遍性と各社会の文化的文脈に対する考慮との両立可能性を探求する『文化的文脈を考慮した人権論』だ」という点である。したがって構成的アプローチは、現存する国際的な人権基準を拒絶しようとするわけでは決してない。むしろこのアプローチが主張する文化をめぐる内的な議論と文化横断的な対話の過程は、少なくとも以下に挙げる二つの理由から、現存する国際的な人権基準を必要とする。第一に、現存する国際的な人権基準の枠組や具体的な規定を完全なものとし、真に普遍的な人権基準について述べようとする際には、現存する基準を参照点として持っておくことが有用だからである。第二に、各々が所属する社会の中でさらに一層文化的に正統な人権基準を展開し実行しようとする際には、現存する国際的な人権基準が何らかの保護を与えることができるからである[8]。もっとも構成的アプローチは、現存する国際的な

---

8) この点についてアッナイムは、「彼自身が所属するイスラーム的伝統の内部におい

人権基準を単に受け入れるだけでとどまるまるわけではもちろんない。アッナイムの主張によれば構成的アプローチは、現存する国際的な人権基準をひとつの重要な参照点として承認しつつ、文化をめぐる内的な議論と文化横断的な対話を通してその基準に修正を加え、それを再定式化しようとするものなのである。(An-Na'im (ed.) 1992, pp. 5-6, pp. 20-21)[9][10]

2 ベルの「地域知重視の人権論」

ベルの人権論は、人権の普遍性を否定するいわゆる「アジア的価値」論を批判しつつ同時に伝統的な西洋的人権論に対しても批判を加えて、東アジアの文化的文脈を考慮した人権論を提示しようとするものである[11][12][13]。そ

て、普遍的人権の文化的正統性を求めて活動する際には、現存する国際的な人権基準の枠組が必要とされる」という例を挙げる。(An-Na'im (ed.) 1992, p. 5)

9) アッナイムの構成的アプローチを具体的事例に適用した分析については、An-Na'im (ed.) 1992, pp. 29-37, An-Na'im 1999 を参照。

10) なお、アッナイムが提示する文化横断的な「構成的アプローチ」に対して、文際的人権観 (intercivilizational approach to human rights) を提唱する大沼保昭の議論については、大沼 1998、26-30 頁を参照。

11) ベルの考えによれば、「西洋のリベラルな伝統だけが、人権体制と結び付いた価値観と実践を実現する、唯一の道徳的基礎を提供できる」というわけでは決してない。なぜなら、「人権に関する規範と実践は東アジアの伝統と矛盾しない」という可能性を否定して人権を促進するために外国の基準に依拠するアプローチには問題があり、また、東アジアの人々に対して人権の価値を説得するために現地の文化的伝統に依拠すべき積極的理由も存在するからである。彼の指摘によると、そのような伝統的な西洋的人権論に対する東アジア的批判は、①ある社会における具体的な権利を一時的に制限することに関する状況特殊的な擁護論に対する反論は、実質的な「地域知」を受け入れることによってのみ可能となる、②東アジアの文化的伝統は、西洋では主に人権体制を通じて実現されてきた慣行を正当化し、そのような慣行に対する現地のコミットメントを増大させるための資源となり得る、③人間にとって不可欠な利益についての東アジア特有の構想は、西洋のリベラルな国家で典型的に支持されている人権体制と異なる、何らかの政治的な慣行を正当化し得る、④現在の西洋中心主義的な人権体制は、東アジア的な観点を組み入れることによって修正される必要がある、という四つの観点から展開される。(Bell 2000, pp. 3-19 [邦訳 1-17 頁], Bell 2006, p. 10, pp. 52-55, pp. 62-72)

以上でベルが指摘したような、伝統的な西洋的人権論に対する東アジア的観点からの学術的レベルでの批判について、施は、①「人権に関する従来の諸理論は、『普遍性』を装いつつ、実は西洋中心主義に偏向している」と指摘して批判を加えるもの

第 1 章　文化的文脈を考慮した人権論の二つのアプローチ　　123

と、②「非西洋の文化的伝統により適い、当該地域の人々の愛着と支持の対象となり得る人権論が必要だ」と主張するものという、二つのタイプに分類する。（施 2010、163-165 頁。なお、リベラリズムに対する東アジアからの批判をめぐる施の分析については、施 2003、22-30 頁を参照。）

　ちなみに、先にベルが指摘した「伝統的な西洋的人権論に対する東アジア的批判」をめぐる四つの観点のうちの「②東アジアの文化的伝統は、西洋では主に人権体制を通じて実現されてきた慣行を正当化し、そのような慣行に対する現地のコミットメントを増大させるための資源となり得る」に関連して、チャンは、人権に関する儒教的観点の可能性を探求する際に、「そのような観点は、リベラリズムのような他の観点よりも哲学的に優れている」と主張しようとするわけではなく、「そのような儒教的観点は哲学的にあり得る（plausible）ものであり、だからこそ中国人には、そのような観点を、同様にあり得るが自身の文化と相容れない観点よりも好む、実践的な理由がある」と考える。（Chan 1999, p. 215. なお、チャンによる人権に関する儒教的観点の可能性の探求をめぐっては、Chan 1995, Chan 1998 も参照。）

12）なおここで、「(東)アジアの多様性」という事実を踏まえるならば、「(東)アジアの文化的文脈を考慮した人権論」を一括りに論ずることは必ずしも適切ではないという点に、注意を喚起しておきたい。A・センが指摘するように、アジアについての一般化は実際その大きさゆえに容易ではなく、この点については問題を東アジアに絞り込んだ場合も同様である。いわゆる「アジア的価値」論の提唱者は、時として、それが特にあてはまる地域として東アジアに目を向ける傾向があるが、実際には東アジアそのものが大きな多様性を有している。さらに東アジアの多様性は、国家間のみならず国家内部にも浸透している。したがって、「アジアには多様な社会的・文化的・政治的観点が混在しており、すべてのアジア社会が同一の社会的ニーズと政治的関心を共有しているわけではない」という事実を見過ごしてはならず、「現代の東アジア社会は、儒教的、仏教的、西洋的、あるいはその他の様々な価値観が混ざり合ったものによって特徴づけられている」ということを認識しなければならない。それゆえ、普遍的な人権基準はアジアの伝統にとって異質なものであるという根拠に基づいて、そのような基準のアジアへの適用に反対することは、アジア的伝統についての過度に単純化した説明を基礎に置いているといえる。（Freeman 1995, p. 15, Sen 1999-2, pp. 231-232 [邦訳 264-265 頁]、Bell 2000, p. 10, p. 32 [邦訳 8-9 頁、29-30 頁]. cf. Ghai 1995, p. 54, Inoue 1999, pp. 42-59, Peerenboom (ed.) 2004, p. xⅲ, 井上 2003、99-101 頁、井上 2010、46-69 頁。なお、そもそも「アジア」といった括りは存在しないと指摘するものとして、梅棹 1967、36-41 頁、51-52 頁、77-79 頁、梅棹編 2001、34-60 頁、137-148 頁、187-190 頁がある。）

　もっともそれと同時に、いくつかの東アジアの社会には伝統的で比較的永続している価値観がいくつかあり、それらは西洋諸国で普通支持されている人権の理念や実践と食い違うかもしれないということ——換言すれば、東アジアの人々は、西洋社会の人々とは異なる基本的な人間の善を支持する可能性があり得るということ——も見逃してはならない。この点についてベルは、「東アジアの市井の声は、政府の見解とは違うが、だからといって人権に対する伝統的な西洋的アプローチを支持するものでも

の際に彼は、「地域知」を重視すべきだという点を繰り返し強調する。

ベルの理解によると、ある地域に根差した知識である「地域知」は、ある手段が有効かどうかに関心を持つ者が理解すべき事実の集まり以上のことである、価値観や規範をも指している。すなわちそれは、ただ事実を知ることや隠された情報を明らかにすることではなく、「それぞれの文脈で、どの事実が特別な共鳴を得るか」を知り、「どの事実が道徳的議論で持ち出され、どれが放っておかれるべきか」を知ることなのである。それゆえ彼は、このような文脈についての詳細な知識である「地域知」を持っていなければ、各々の社会における具体的な人権の構想や制度を論ずることは不可能だと主張する。例えば、ある社会における具体的な権利を一時的に制限することに対する状況特殊的な擁護論に対抗しようとする者が、「当該社会は、直接的な政治的行為を必要とする社会的危機に、実際に直面している」という前提の妥当性や、「ある具体的な権利の一時的な制限が、その危機を打開する最善の手段だ」ということの政治的含意の妥当性を問おうとする場合には、その社会の詳細かつ歴史的な知識を備えていなければならない[14) 15)]。

このように「地域知重視の人権論」を展開するベルは、人権保障の理論的正当化に際しても、各地域の文化的伝統に根差した人権の正当化を重視する。それは彼が、「一般の人々の多数が新しい人権の価値を確信しなければ、

> ない」(Bell 2000, p. 34 [邦訳 32 頁])と指摘している。確かに、(東)アジアの各国家に共通の特徴が存在するという事実もなければその必要もなく、(東)アジアには多様な価値観が共存している。だがそれにもかかわらず、西洋思想が大きな多様性を内包しつつもいくつかの支配的な傾向を有しているのと同様に、(東)アジア的な傾向を有する多様な価値観が存在し得るということも、簡単には否定できない。(Bell 2000, pp. 34-35 [邦訳 31-33 頁]、Peerenboom (ed.) 2004, p. x iii , Bell 2006, p. 73)

13) なお、ベルの「東アジアの文化的文脈を考慮したデモクラシー論」については、Bell 2000, PART Ⅱ , PART Ⅲ [邦訳第 2 部、第 3 部], Bell 2006, Part 2 を参照。

14) Bell 2000, p. 14, pp. 37-49 [邦訳 12-13 頁、35-46 頁]. cf. Bell 2006, p. 60, Bauer and Bell 1999, p. 8.

15) したがって、「現地の政治状況についての詳細な知識を得るまで、人権活動家はこの種の議論で道徳的・政治的判断を表明するのを慎むよう努めるべき」(Bell 2000, p. 44 [邦訳 42 頁])であり、また、「異文化からの批判者は、現地の文化と関わりあった結果として、自らの政治的理想が修正されることもあり得るということを意識しておくよう努めるべきである。」(Bell 2000, p. 45 [邦訳 43 頁])

変化は短期的なもので終わってしまう」と考えているからである。そのような確信を生じさせる最良の方法は、新しい人権の体系を、現地の人々にとって妥当性のある既存の諸価値と文化的基準の上に基礎づけることである[16]。その前提には、「人権にかなった実践を伝統的な文化的資源の上にうち立てれば、人権規範や人権にかなった実践に対する長期的なコミットメントが生まれやすいだろう」という考えが存在する[17]。それゆえ彼の指摘によると、人権の普及促進のために外国の基準に依拠するという、各地域の文化的伝統に根差した人権の正当化と正反対のやり方は、しばしば逆効果をもたらすのである。(Bell 2000, p. 55, pp. 68-82 [邦訳 53 頁、65-79 頁])[18]

もっとも、各社会の文化的文脈を重視するベルの「地域知重視の人権論」が、人権の普遍性を否定するいわゆる「アジア的価値」論を批判して、人権が有する普遍的価値を基本的に承認する立場を採用している点には、注意を払う必要がある。この点について彼は、「ある具体的な権利の一時的制限に対する状況特殊的な擁護論をめぐる論争において、いわゆるアジア側の立場を擁護する者も実際には、人権は普遍的であり、理想的には政府はできる限り多くの権利を保障するよう努めるべきだということを、多くの場合に認めている」と指摘する。すなわち、地域知重視の立場に基づく権利制限に対する状況特殊的な擁護論は、真に普遍的な人権体制の追求を掘り崩すものでは決してないのである。というのもそのような議論のほとんどは、文化的価値観に言及するのではなく、例えば「人種暴動の脅威に対応するためには緊急時に権力が必要である」という主張のような経験的考慮にのみ訴えかけることによって、正当化されているからである。換言すれば、人権についての西洋のリベラルな観点に対する東アジアの挑戦は、普通は人権の促進という理想や根本的に相容れない文化的傾向性をめぐる争いではなく、大抵の場合

---

16) このような方法を用いた具体例については、Bauer and Bell 1999, pp. 13-15, An-Na'im 1999, Othman 1999, Bell 2000, pp. 68-72 [邦訳65-69頁] を参照。
17) このような考えをめぐっては、Bell and Chaibong 2003, esp. p. 5, pp. 9-10 も参照。
18) なお、各地域の文化的伝統に根差した人権の正当化を重視する理論として、Taylor 1999 も参照。

「東アジアの諸政府は、もっと基本的な他の権利の保護のために、ある権利を制限しなければならない不可避的な立場に置かれている」という事実の主張を認めて欲しいという訴えかけにすぎない。それゆえ異なる文化的価値観は、せいぜい、「権利が相互に対立しているためどちらの権利を犠牲にすべきかを決めなければならないときに、権利に与えられる優先順位をどのように考えるべきか」という問題を正当化できるだけである[19)][20)]。

以上の論述から明らかなように、ベルの「地域知重視の人権論」は、人権の普遍性を認めつつ各社会の文化的文脈の重要性を強調する「文化的文脈重視型アプローチの人権論」だということができる。彼の指摘によると、殺人・拷問・奴隷化・ジェノサイドに反対する権利に関しては、ほとんど公的な議論の余地はない。だがこのような核心部にあたる合意を越えると、「人間にとっての不可欠な利益とは何か」に関して意見を異にする複数の構想が存在し、それらをめぐる「文明的な断層線」を同定することが可能となる。もちろん西洋的な文化的伝統もアジア的な文化的伝統もともに、一枚岩ではなく複雑で多様なものであり、また各々の文化的伝統の内側および外側から与えられる様々な影響に応じて大きく変化する。だがそれにもかかわらず、いくつかの東アジアの社会には伝統的で比較的永続している価値観がいくつかあり、それらは西洋諸国で普通支持されている人権の理念や実践と食い違うかもしれないということを、見逃してはならない[21)]。

---

19) Bell 2000, pp. 35-42 ［邦訳 34-40 頁］, Bell 2006, pp. 56-62
20) もっともベルは、「優先順位づけをめぐる相違は、長期の、深く根差した文化的理念をめぐる対立として受け取られるべきではない」ということを強調する。なぜなら、たとえ異なった社会が異なったかたちに権利をランクづけるという意味での価値衝突が見られるとしても、ひとたび政府が困難な選択を迫られていない状況に置かれれば、どの社会においても、同一の一連の権利が保護されなければならないということには同意できるからである。(Bell 2000, pp. 40-41 ［邦訳 39 頁］)
21) Bell 2000, pp. 28-35 ［邦訳 26-33 頁］, Bell 2006, pp. 72-78

第2章　普遍的価値重視型アプローチの人権論における文化的文脈の考慮

　先に**第1章第1節**で確認したように、ドネリーの「強い普遍主義」とミラーの「人道主義的戦略」は、いずれも普遍的価値重視型アプローチの人権論に分類され、各々の社会における具体的な人権の構想や制度を論ずる際には各社会の文化的文脈を考慮しつつも、基本的には人権が有する普遍的価値の重要性を強調する。ではこのような普遍的価値重視型アプローチの人権論は、各社会の具体的な人権の構想と制度を論ずるに際して、文化的文脈をどのように考慮しその重要性をどの程度強調しているのであろうか。

　この点についてまず初めに、ミラーの人道主義的戦略における「文化的文脈の考慮」を、簡単に確認しておきたい。彼はまず、基本的ニーズは変わらないがそれを満たすために必要な事物や条件が場所ごとに異なるという場合には、「基本的ニーズの観点から人権を規定し、その権利の充足のために具体的に求められるものは社会ごとに異なると認識すればよい」と考える。次に、人が生活する社会的文脈によってニーズ自体が形成されている場合には、彼は基本的ニーズと社会的ニーズの区別を提案し、後者に依拠することによって社会ごとにその内容が多少とも異なるシティズンシップの権利を正当化する。このような区別に基づくと、大部分の市民的・政治的権利はシティズンシップの権利として理解されなければならない。というのも、政治に参加する権利・公正な裁判を受ける権利・宗教的自由の権利のような市民的・政治的権利は、個人の自律性や平等権に対するリベラルな社会の公共文化の信奉の強さを反映したものだからである。(Miller 2007, pp. 182-183, pp. 194-197 [邦訳 218-219 頁、231-234 頁])[1][2]

---

1) したがってミラーは、欧州人権条約を、「人権そのものについての声明ではなく、類似の政治的伝統をもつ一連の社会が採用するに至った共通のシティズンシップの権利の宣言である」とみなしている。(Miller 2007, p. 196 [邦訳 244 頁])
2) なお、人権と市民的・政治的権利とを明確に区別する理解については、Rawls

次に、ドネリーの強い普遍主義における「文化的文脈の考慮」を詳細に検討する。彼の強い普遍主義[3]に従えば、伝統的な慣行が国際的に承認された人権と相容れないかたちで衝突している場合には、普通は伝統的な慣行が譲歩しなければならない。だがこのことは、例えば、「アジア社会は、西洋的なモデルに盲目的に従わなければならない」ということを意味するわけでは決してない。そうではなく国際的に承認された人権には、これらの権利をアジアに特徴的なかたちで実施するかなりの余地が存在する。なぜなら強い普遍主義は、例えば世界人権宣言のような権威的な国際的文書で規定された核となる人権「概念」の普遍性を強調しつつも、このような人権概念によって規定された比較的狭い範囲内でのいくつかの異なる「解釈」と、そのような解釈を具体的に「実施」する場合における地域ごとでのかなり異なった取り扱いとを、許容するからである[4]。

ここで、ドネリーが挙げる具体例を取り上げよう[5]。彼の指摘によると、「多くの第三世界において我々は、伝統的な慣行を拒絶する『近代的な』個々人あるいは集団をめぐる問題に、頻繁に直面する。」（Donnelly 2003, p. 105）その際には、たとえ普遍的な人権を侵害していようとも、各々の共同体の自己決定を優先させ、近代的な慣行を支持する「逸脱者」を批判して伝統的な慣行を強要すべきなのであろうか。それとも、個々人の自己決定を優先させ、伝統的社会を批判して普遍的な人権を擁護する主張を認めるべきなのであろうか。

このような問題の中で特に慎重な取り扱いを要するのが、ジェンダーの平等をめぐる問題である。というのも、国際的な基準は「すべての人権が、差別なく男性にとっても女性にとっても、利用可能でなければならない」とい

　　1993, pp. 68-71 [邦訳 84-88 頁], Rawls 1999-2, pp. 78-81 [邦訳 113-117 頁] も参照。また、「人権」の用法が各国において同一ではないという問題については、深田 1999、106 頁を参照。
3）　ドネリーによると、強い普遍主義は「弱い文化相対主義」と言い換えてもよい。(Donnelly 2003, p. 89 ff.)
4）　Donnelly 1999, pp. 83-84, Donnelly 2003, p. 119
5）　Donnelly 1999, pp. 85-86, Donnelly 2003, p. 105, pp. 120-122

うことをまさに要請するが、だからといってそれは異なるジェンダー役割を完全に排除するよう要請するわけではないからである。例えば、女性が家庭の外で働くことを禁止してはならないが、女性には家庭の外で働かないという選択をする自由がある。もちろんドネリーは、「選択の自由についてこのような言い方をすることで、何らかのかたちでの強制力が作用している」ということを十分に理解している。確かに女性は、世界の多くの地域において、伝統的なジェンダー役割に従うべきだという巨大な社会的圧力の下にさらされている。だが彼は、だからこそ、選択の権利を主張することが非常に重要であると考える。というのも、ジェンダーに基づく差別がなされない権利を承認することによって、女性は、伝統的なジェンダー役割に従い、あるいはそれを拒絶し、あるいはそれを修正する範囲を、自らの判断に従って自由に決定できるからである。もしある女性が伝統的なジェンダー役割に従った選択を行った場合にはその選択が保護されるが、それは伝統的なジェンダー役割に挑戦する選択を行った場合についても全く同様である[6]。つまり彼の考えによれば、このような具体例は、ある社会に所属する個々人が国際的に承認された自身の人権を具体的なやり方で行使しているということを説明しているのであって、国際的に承認されたものとは異なる独自の人権構想の行使を説明しているわけでも、国際的に承認された人権を西洋的なやり方で行使するのを強制的に禁止する正統性と必要性を示唆しているわけでも、決してない。

もっともドネリーの指摘によれば、「国際的に承認された人権は、人々に、自身の伝統的文化の一部を修正し拒絶する力を与える」という点を見逃してはならない。文化的伝統が、人権保障の適用される人々の生活に関する根本的な選択に対して正当に影響を与え、またそれらを正当に制限し得るのは、個々人と集団がその伝統を遵守してそれを再生させることを自ら選択する限りにおいてのみである。したがって、もし人々がその伝統に従わないという

---

[6] この点に関してドネリーは、アフリカにおける女性の権利をめぐってはR・ハワードが魅力的でかつ広く適用可能な妥協策を示唆している、と指摘する。(Donnelly 2003, p. 105. cf. Howard 1984, pp. 66-68.)

選択をするならば、その伝統は再生されないであろう[7]。

　最後に、結論をまとめよう。ドネリーの強い普遍主義は、基本的には国際的に承認された人権が有する普遍的価値の重要性を強調しつつも、その枠組の中で各々の社会における具体的な人権の構想と制度を論ずる際には、各社会の文化的文脈を考慮することをかなり重視する。彼曰く、「世界人権宣言と国際人権規約で具体的に挙げられている人権は、我々に共通する人間性に関する社会的・政治的要因を定義しようとする、国際共同体の最良の取り組みを代表している。その範囲内においては、あらゆることが可能である。その範囲外においては、ほとんどのことが許容されてはならない。」[8]

---

7 ）　Donnelly 1999, p. 87, Donnelly 2003, pp. 122-123
8 ）　Donnelly 1999, p. 87, Donnelly 2003, p. 123

第3章　二つのアプローチの共通点
——文化内部の多様性と文化の変化

　先に**第1章**で確認したように「文化的文脈を考慮した人権論」は、普遍的価値重視型アプローチと文化的文脈重視型アプローチの二つに分類できる。もっとも、いずれのアプローチを採用する人権論もともに「文化的文脈を考慮した人権論」と名付けられることから明らかなように、両者はいくつかの共通する特徴を備えている。そこで本章では、このような二つのアプローチの共通点を明らかにするために、ドネリー・ミラー・アッナイム・ベルの人権論はいずれも、あるひとつの文化の内部における多様性と文化の変化を明確に認めていると指摘する。

　確かに、ドネリーの「強い普遍主義」、ミラーの「人道主義的戦略」、アッナイムの「構成的アプローチ」、ベルの「地域知重視の人権論」はいずれも、文化内部の多様性と文化の変化を明確に認めるが、その論述の詳細さに関してはかなりの違いがある。まずミラーは、この点に関して、「社会的ニーズとそれが基礎づける権利は、ある社会の文化的規範や実践を反映したものであり、そのような規範と実践は原理的に内部からの修正に開かれている」(Miller 2007, p. 183, footnote 28［邦訳242頁］)と触れるにとどまる。またベルも、「西洋的な文化的伝統もアジア的な文化的伝統もともに、同質的で一枚岩のものではなく複雑で多様なものであり、また各々の文化的伝統の内側および外側から与えられる様々な影響に応じて大きく変化する」と指摘し、「伝統は、過去との一体性を維持しつつ、現代的関心に対応して変化する」と論ずるにすぎない[1]。だがこのようなミラーとベルの簡潔な論述と対照的に、ドネリーとアッナイムはこの点に関してもう少し詳しい論述を展開している。

　ドネリーによれば強い普遍主義は、同質的で、固定的で、比較的簡単に議

---

1) Bell 2000, p. 52［邦訳50頁］, Bell 2006, p. 73

論の余地なく認められたものとして文化を捉える立場を、擁護することはできない。というのも文化をこのように捉える立場は、文化内部の多様性と文化の変化という要素を正確に理解していないからである。まず文化内部の多様性についていえば、彼は、「実際のところ、ある文化の内部における相違は、しばしば、複数の文化の間における相違と同じように、際立ったものでありまた重要なものである」と指摘して同質的な文化理解を明確に否定し、「強い普遍主義を展開する際の『解釈のレベル』におけるかなりの相違は、複数の文化の間だけでなく、あるひとつの文化の内部においても存在する」[2]という点に注意を喚起する。また文化の変化に関する彼の指摘によると、文化は、単に多様性を有するだけでなく論争されるものであり、「過去と現在についての多様で論争的な解釈の中から、どれを選択しあてはめるのか」という作業を通じて構成されるものである。したがって、「文化相対主義を正当化するために提示される伝統的文化は、非常に多くの場合、もはや存在しない。」(Donnelly 2003, p. 101)[3]といっても過言ではない[4]。

またアッナイムは、構成的アプローチの展開に際して、各社会の文化的伝統を次のように捉える。まず文化内部の多様性についていえば、構成的アプローチは、各社会の文化的伝統を同質的で一枚岩的に捉えるわけでは決してなく、あるひとつの社会の内部における文化的伝統の多様性を認める。すなわち彼は、「ある社会のすべての個々人あるいは集団が文化的な価値観や規範の意味および含意について同一の見解を有しており、したがってある社会のすべての個々人あるいは集団が人権基準の正統性について同一の価値評価

---

2) その具体例としてドネリーは、「西洋文化の内部における、死刑や福祉国家に関する、ヨーロッパとアメリカ合衆国の間の相違」や「東アジア文化の内部における、表現の自由や結社の自由に関する、日本とベトナムの解釈の相違」を挙げる。(Donnelly 2003, p. 96)

3) ドネリーが挙げる具体例によると、「今日の第三世界において我々の目に普通に入ってくるのは、『近代』の侵入に直面した際の『伝統的』文化への固執でもなければ、融合的な文化と価値観の展開でさえなく、むしろ、急激な文化の変化や『近代的な』慣行と価値観を熱狂的に信奉する人々という、破壊的な『西洋化』である。」(Donnelly 2003, p. 101)

4) Donnelly 1999, p. 87, Donnelly 2003, p. 96, pp. 100-103, pp. 122-123

を共有している」とは想定しない。(An-Na'im (ed.) 1992, p. 20) また構成的アプローチは、先に**第1章第2節1**で述べたように、文化が変化することを重視し、文化をめぐる内的な議論と文化横断的な対話の両者を通じて現存する国際的な人権基準の再解釈と再構成を行う可能性を探求する。

以上で述べたようにドネリー・ミラー・アッナイム・ベルはいずれも、「文化的文脈を考慮した人権論」を展開する大前提として、「あるひとつの文化は、同質的で一枚岩ではなく、その内部において多様性を有する」[5]という特徴を指摘し、「文化は、固定的ではなく変化するものである」と捉える。というのも、いわゆる「アジア的価値」論における「人権の普遍性 対 文化的相対性」という単純な議論枠組を批判して、「人権の普遍性を承認しつつ、同時に、各社会の具体的な人権の構想や制度を論ずる際には文化的文脈の重要性を強調する」というもっと穏健で説得的な理論的立場を展開するためには、文化に関するこのような捉え方を提示することが必要不可欠だからである[6]。

---

5) この点に関連してD・ゼンクハースは、「現代の最も顕著な文化的紛争は、文明圏内部および個々の社会の内部において認められるのであり、それら相互のあいだにまず第一に存在するというわけでは決してない」と指摘したうえで、こうした問題は、国際間の文明論争における主要な争点の一つ——すなわち、人権をめぐる国際的な対話に関して「普遍主義者」と「文化相対主義者」との間にかわされる論争——にも直接に関わっていると考える。(ゼンクハース 2006、11-12頁)

6) なお、文化に関するこのような捉え方を基礎づける理論としては、**第Ⅰ部**で詳細な検討を加えたハイエクの「行為ルールとしての伝統」論とマッキンタイアの「知的探究の伝統」論が注目に値する。ちなみに**第Ⅰ部第2章第4節**で述べたように、伝統内部の多様性と伝統の変化・発展という二つの問題について最も明確な理論を提示しているのは、マッキンタイアである。これに対してハイエクは、伝統の変化・発展という問題については詳細な理論を提示するが、伝統内部の多様性については明確に説明しない。

第 4 章　二つのアプローチの相違点
―― 議論の進め方

　普遍的価値重視型アプローチと文化的文脈重視型アプローチの二つに分類される「文化的文脈を考慮した人権論」は、いずれも、先に**第 3 章**で考察したような共通点を有していた。だが同時に、これら二つのアプローチの間には重要な相違点が存在することを、見逃すことはできない。そこで本章では、両者のアプローチを採用する人権論の間に見出すことのできる、議論の進め方の相違を指摘する[1]。

　以下で両者の「議論の進め方」の相違を明らかにするに際して、最初に、両者の特徴を簡潔に示しておきたい。普遍的価値重視型アプローチの人権論の特徴は、「①まず初めに、人権の普遍性を強調したうえで、②次に、その枠内で、各社会の文化的文脈を考慮した多様な取り扱いを検討する」という順序で議論を進めるところにある[2]。これと対照的に、文化的文脈重視型アプローチの人権論の特徴は、「①人権の普遍性を承認しつつも、②各社会の文化的文脈を考慮することの重要性を強調し、③これら双方の観点の両立可能性を探求する」という議論の進め方を採用しているところにある。以上の点を確認したうえで、以下の論述において、ドネリー・ミラー・アッナイム・ベルの人権論における具体的な議論の進め方を検討したい。

---

1)　なお、両者の相違点として真っ先に指摘できるのは、普遍的価値重視型アプローチの人権論が人権の普遍性を強調する論述に多くの分量を費やしているのに対して、文化的文脈重視型アプローチの人権論は各社会の文化的文脈を考慮することの重要性を強調する論述により多くの分量を費やしている、という点である。だが本書では、この点についての分析は加えない。

2)　この点を踏まえると、森田 2017 の中で提示されている森田明彦自身の考えは、普遍的価値重視型アプローチの人権論だということができる。詳細は、森田 2017、7-8 頁、10-11 頁、96 頁、104-106 頁を参照。

第1節　普遍的価値重視型アプローチの人権論の議論の進め方

1　ドネリーの強い普遍主義

　ドネリーの強い普遍主義は、文化の相違を否定できない事実と認めつつも、「人権についての現代の普遍的な規範的主張に対する文化的観点からの挑戦は、あくまでも控えめなものにすぎない」と断定し、基本的には国際的に承認された人権が有する普遍的価値を高く評価する。したがってそれはまず初めに、人権に関する「概念のレベル」の普遍性を指摘し、このレベルにおける権利を定式化したものが世界人権宣言だと考えて、世界人権宣言の権利に関する合意はこのレベルでのみ存在すると主張することから、議論を開始する。このように、国際的に承認された人権に関する現在の合意の概略を確立する際に世界人権宣言が果たす中心的な役割を認めようとする考え方を、彼は「世界人権宣言モデル」と名付ける。ではこのモデルは、どのように正当化されるのか。彼は、世界人権宣言モデルの正当化に際してロールズの重なり合う合意という考え方に言及し、世界人権宣言モデルに関する国際的な重なり合う合意が存在すると主張する[3]。さらにそれでは、世界人権宣言に関する国際的な重なり合う合意は、いかなる政治的な正義構想をめぐって形成されるのであろうか。この問いに答えるために、ドネリーは次に、R・ドゥオーキンの「平等な配慮と尊重」という考え方に言及する。ドネリーの指摘によれば、この考え方は個々人を道徳的・政治的な平等者として取り扱うことを国家に対して要請し、さらにこの要請は当然個人の自律性を強調することにつながる。したがって、「世界人権宣言モデルの根底にあるのは、各々の市民を平等な配慮と尊重でもって取り扱う国家の下で生活している平等で自律的な行為主体という、魅力的な道徳的人間像である。」(Donnelly 2003, p. 38, Donnelly 2013, p. 55)[4]

　3）　人権に関する国際的な重なり合う合意の存在に言及するものとして、Taylor 1999, pp. 124-129 も参照。
　4）　Donnelly 2003, pp. 22-53, Donnelly 2013, pp. 24-39, pp. 55-71

このようにドネリーの強い普遍主義は、何よりもまず第一に、普遍的な人権「概念」に関する限定的ではあるが重なり合う合意の存在とそれを根底で支える道徳的人間像を指摘し、「伝統的な慣行が国際的に承認された人権と相容れないかたちで衝突している場合には、伝統的な慣行が譲歩しなければならない」という大前提を強調する。そのうえで次にそれは、「各社会において、このような普遍的な人権規範を異なったかたちで実施する余地は、どのくらい存在するか」という問題の検討に移行する。その際に彼は、まず最初に、このような人権概念に対する比較的狭い範囲内でのいくつかの異なる「解釈」の存在を提示し、続いて、そのような解釈を具体的に「実施」する場合における地域ごとでのかなり異なった取り扱いを許容する、という順序に従って自身の立場を展開し、さらには「国際的に承認された人権は、人々に、自身の伝統的文化の一部を修正し拒絶する力を与える」という点にも注意を喚起する。

それゆえドネリーの強い普遍主義は、①まず初めに、国際的に承認された人権概念の理解と正当化から議論を開始して、それが有する普遍的価値を繰り返し強調したうえで、②次に、その範囲内において人権概念を解釈し実施する際にどこまでの多様性が許容され得るかを検討する、という議論の進め方を採用しているということができる。

2　ミラーの人道主義的戦略

以上の点については、ミラーの人道主義的戦略もまた同様である。彼の考えによると、人道主義的戦略を展開する目的は、どのような場所やいかなる状況にある人であっても保障されなければならない一連の基本的な人権をグローバル・ミニマムとして提案することにある。そこで彼はこの目的を達成するために、二次元アプローチを採用し人権の一覧を十分に簡潔で基本的なものにとどめておくことによって、人権の正当化における普遍的適用可能性の要求を満たそうとする。したがって人道主義的戦略は、まず初めに、普遍的適用可能性を備えた概念である人間の基本的ニーズに訴えかけて人権の正当化を試みるところから、議論を開始する。

もっとも、人権の正当化に関するミラーの具体的な主張は、ドネリーのそれとは大きく異なる。というのもミラーは、「人道主義的戦略」を用いた人権の正当化を擁護する際に、「実践に基づく戦略」と「重なり合う合意の戦略」という二つの一般的戦略をともに批判するからである。（Miller 2007, pp. 168-178 ［邦訳 205-215 頁］）

ミラーの理解によると「実践に基づく戦略」は、人権の深遠な哲学的基礎を探求する必要はなく、人権の実践——すなわち、様々な公式の宣言と協定や、国際法・政府の外交政策・人権機関の日常活動において実施されてきたやり方——から人権理論を抽出すべきだと主張する。この戦略は、一見すると非常に魅力的である。だが彼の指摘によればこの戦略は、「競合する実践や権威ある文書に関する競合する解釈が登場してきた場合に、準拠できる権威ある源泉が何もないため、どの実践や解釈が正しいのかを決定できない」という問題点を抱えている。

これに対して「重なり合う合意の戦略」は、実践に基づく戦略と異なり、人権は哲学的基礎を持ってはいるがその基礎は多様な価値観を持つ人々によって大きく異なると考えて、主な世界宗教や重要な非宗教的世界観のそれぞれに順次目を向け、これらそれぞれが人権の共通の一覧を支持することを示すことによって、人権の多様な基礎を発見できると主張する。その戦略には二つの形態がある。

重なり合う合意の戦略の第一の形態は、様々な世界観に明示されている人権の実質を見出そうとするものであり、ウォルツァーのいわゆる「道徳的ミニマリズム」が最もよく知られている。ミラーは、このウォルツァーの主張には説得力があると考えるため経験的レベルで異議を唱えようとは思わないが、人権の正当化戦略としては二つの制約を被っていると指摘する。それは、第一に、「道徳的ミニマムの内容は、殺人や拷問の禁止などの一連の禁止事項からなる場合が多いため、人権保障が他者に積極的行為を要求する事例にまで至らない場合が多い」という点、第二に、ウォルツァーの列挙した禁止事項の適用範囲に関わる問題——すなわち、それらはすべての人類への適用という意味で普遍的に適用可能なのか、それともそれらを公布した社会

に限定されるのか、という問題——である。

　重なり合う合意の戦略の第二の形態は、各々の社会における基礎的な哲学から人権を抽出しようとするものであり、「他の社会で行き渡っている実践を批判したり非難したりするために人権に訴えかける場合には、その社会の構成員が既に保持している理念や信念を引き合いに出すことで人権に対する訴えかけを正当化できる」と主張する。だがミラーは、まだリベラルな原理に染まっていない文化が、世界人権宣言のような標準的な人権文書に多少とも合致する人権構想を生み出し得るかについて、懐疑的である。というのも、平等と自律性に対するリベラルな信念を念頭に置くならば、いくつかの点で非平等主義的で自律性の価値を重視しない文化の内部から人権を導き出す場合には、リベラルな一覧に特徴的に現れてくる多くの権利が成立しないだろうと考えられるからである。

　したがって、人権の正当化に関する「実践に基づく戦略」と「重なり合う合意の戦略」に対するミラーの以上のような評価に基づけば、彼は、人権の正当化に関するドネリーの「強い普遍主義」、アンナイムの「構成的アプローチ」、ベルの「地域知重視の人権論」の主張に対して批判的だということができよう[5]。

　このようにミラーは、まず初めに、人権の正当化に際して「実践に基づく戦略」と「重なり合う合意の戦略」を批判して人間の基本的ニーズに訴えかける「人道主義的戦略」を擁護したうえで、次に、人間のニーズが社会的文脈によって異なる場合の検討に移行する。その際に彼は、基本的ニーズは変わらないがそれを満たすために必要な事物や条件が場所ごとに異なる場合には、「基本的ニーズの観点から規定される権利の充足のために具体的に求められるものは、社会ごとに異なる」と考える。また彼は、人が生活する社会的文脈によってニーズ自体が形成される場合には、基本的ニーズと社会的ニーズの区別を提案し、後者に依拠して社会ごとに多少とも異なるシティズン

---

[5] ミラーは、人権を文化横断的に支持しようとするベルの解釈実践が政治的に重要だということを認めつつも、正当化そのものを求めるのであれば重なり合う合意の戦略は役に立たないと考える。(Miller 2007, pp. 177-178 [邦訳 215 頁])

シップの権利を正当化したうえで、「社会的ニーズとそれが基礎づけるシティズンシップの権利はある社会の文化的規範や実践を反映したものであり、そのような規範と実践は原理的に内部からの修正に開かれていると捉えなければならない」と主張する。

それゆえミラーの人道主義的戦略は、①まず初めに、普遍的適用可能性の要求を満たし得る人権の正当化を行うために人間の基本的ニーズに訴えかける議論を展開したうえで、②次に、そのような議論の枠内において社会的文脈に基づく人間のニーズの多様な取り扱いを検討する、という議論の進め方を採用しているということができる。

第2節　文化的文脈重視型アプローチの人権論の議論の進め方

文化的文脈重視型アプローチの人権論の議論の進め方は、以上で述べた普遍的価値重視型アプローチの人権論の議論の進め方と対照的である。アッナイムの構成的アプローチは、人権の普遍性に対する文化相対主義の挑戦を過大評価も過小評価もしない。すなわちそれは、現存する国際的な人権基準をひとつの重要な参照点として承認しつつ、文化をめぐる内的な議論と文化横断的な対話を通してそれらの基準に修正を加えそれらを再定式化しようとする。さらにそれは、文化横断的な対話の過程に対して、一方的ではなく相互的であること、文化内部の正統性に敏感であること、外在的な価値観をある文化の枠組に押しつけてはならないこと、を要請する。それゆえアッナイムの構成的アプローチは、①現存する国際的な人権基準を承認しつつも、②基本的には各社会の文化的文脈を考慮することを非常に重視し、③これら双方の観点の両立可能性を探求する、という議論の進め方を採用しているということができる。

この点については、ベルの地域知重視の人権論もまた同様である。それは、人権の普遍性を否定するいわゆる「アジア的価値」論を批判しつつ同時に伝統的な西洋的人権論に対しても批判を加えて、東アジアの文化的文脈を考慮した人権論を提示しようとするものである。したがってそれは、人権の

核心部に関する普遍性を承認するが、同時に、そこを越えた問題をめぐっては「いくつかの東アジア社会には伝統的で比較的永続している価値観がいくつか存在し、それらは西洋諸国が支持する人権の理念や実践と食い違うかもしれない」と指摘する。そして後者の問題を論じる際にベルは、地域知重視の観点を強調し各地域の文化的伝統に根差した人権の正当化を重視しつつも、「地域知重視の立場に基づく状況特殊的な権利制限擁護論は、普遍的な人権体制の追求を掘り崩すものではない」という点に注意を払い、さらには、各社会の文化的伝統の多様性とそれらが内側および外側からの影響に対応して変化する可能性を見逃さない。それゆえベルの地域知重視の人権論は、①人権の核心部に関する普遍性を承認しつつ、②地域知重視の立場に基づいて各社会の文化的伝統を考慮することの重要性を強調し、③これら双方の観点の両立可能性を探求する、という議論の進め方を採用しているということができる。

第5章 文化的文脈重視型アプローチの人権論の基礎理論としてのマッキンタイアの「知的探究の伝統」論

　これまで**第Ⅱ部**で述べてきたように、アンナイムとベルの「文化的文脈重視型アプローチの人権論」は、文化内部の多様性と文化の変化を認める点においてはドネリーとミラーの「普遍的価値重視型アプローチの人権論」と共通点を有しつつも、これとは対照的に「①人権の普遍性を承認しつつも、②各社会の文化的文脈を考慮することの重要性を強調し、③これら双方の観点の両立可能性を探求する」という議論の進め方を採用するものであった。そこで本章では、このような文化的文脈重視型アプローチの人権論を根底で支える基礎理論として、マッキンタイアの「知的探究の伝統」論に注目したい。というのも彼の伝統論は、先に**第Ⅰ部第2章**で述べたように、啓蒙主義を批判して各社会の伝統を重視する立場を擁護したうえで、伝統内部の多様性、伝統それ自体の複数性・多様性、伝統の変化・発展といった問題を論ずる明快な理論を提示しているからである[1]。

　そこで以下では、アンナイムの「構成的アプローチ」・ベルの「地域知重視の人権論」とマッキンタイアの「知的探究の伝統」論との比較検討を行うことで、「マッキンタイアの伝統論は、アンナイムおよびベルの『文化的文脈重視型アプローチの人権論』を根底で支える基礎理論に相応しいものだ」ということを論証するために、次の順で論を展開する。まず初めに**第1節**で、アンナイム・ベル・マッキンタイアがそれぞれ擁護する立場の位置づけを確認する。次にこの点を踏まえたうえで**第2節**において、アンナイムおよびベルの「文化的文脈重視型アプローチの人権論」の主張内容とマッキンタイアの「知的探究の伝統」論の主張内容に比較検討を加えたい。

1） なお、文化の相違をめぐる問題の検討に際してマッキンタイアの伝統論を批判するものとして、Kukathas 1994 がある。

第1節　各論者の立場の位置づけ

アンナイムは、先に**第1章第2節1**で述べたように、極端な普遍主義の立場と極端な文化相対主義の立場の双方を批判して、人権の普遍性に対する文化相対主義の挑戦を過大評価も過小評価もしない立場として自身の「構成的アプローチ」を提示する。ベルもまた、先に**第1章第2節2**で述べたように、伝統的な西洋的人権論といわゆる「アジア的価値」論の双方に批判を加えて、東アジアの文化的文脈を考慮した人権論として自身の「地域知重視の人権論」を提示する。

これに対してマッキンタイアは、先に**第Ⅰ部第2章**で述べたように、自身の「知的探究の伝統」論において「二つの伝統が相互に対決している場合に、どう対応すべきか」という問題に答えようとする際に、啓蒙主義の解決法——それは、二つの伝統のどちらからも独立した一連の合理的に基礎づけられた原理に訴えることで、問題を解決しようとするものである——と、相対主義の主張——それは、「二つの伝統が相互に対決している場合に、そのような伝統間で合理的な議論を行い、それに基づいてどちらの伝統の主張が正しいかを合理的に決定することは、不可能だ」と主張するものである——の双方を批判して、「伝統構成的探究」に基づく伝統間比較論を展開する。

したがって、アンナイムおよびベルの「文化的文脈重視型アプローチの人権論」の位置づけと、マッキンタイアの「知的探究の伝統」論の位置づけとの、類似性を指摘することができる。

第2節　文化的文脈重視型アプローチの人権論とマッキンタイアの「知的探究の伝統」論の比較検討

1　文化的伝統の捉え方

まず初めに文化的伝統の捉え方について、「文化的文脈重視型アプローチの人権論」とマッキンタイアの「知的探究の伝統」論を比較しよう。

この点に関してアッナイムは、文化という言葉を、「世界観・イデオロギー・認識行動を含む、あるひとつの社会の内部で伝えられてきた価値観・制度・行動様式の総体」という最も広い意味で使用する。またベルは、文化的文脈を考慮した人権論を展開する際に、「地域知」を重視すべきだと強調する。その際に彼は、地域知を価値観や規範をも含むものだと理解し、「地域知を持っているということは、『それぞれの文脈で、どの事実が特別な共鳴を得るか』を知ることであり、『どの事実が道徳的議論で持ち出され、どれが放っておかれるべきか』を知ることである」と捉える。それゆえ彼の考えによれば、このような文脈についての詳細な知識である「地域知」に精通していなければ、各々の社会における具体的な人権の構想や制度を論ずることは不可能である。

文化的伝統に関するこのようなアッナイムとベルの捉え方に沿ってさらに詳細な分析を加えたものが、マッキンタイアの「知的探究の伝統」論である。彼は、伝統を「正義と実践的合理性に関する、明確に意識化され明文化された構想・主張・説明・理論としての『知的探究の伝統』」と捉え、「知的探究の伝統は、その構想が展開されている社会的・文化的伝統と密接に関係する一側面として、我々の前に現れる」と考える。したがって彼の指摘によれば、各々の知的探究の伝統は、それが出現した社会的・文化的伝統の歴史的文脈という観点から理解されなければならない。それゆえある人々があるひとつの社会的・文化的伝統の内容を正確に理解するためには、社会関係についての具体的な様式、他者の行動に関する具体的な解釈・説明規範、具体的な評価的慣行といったものを有する何らかの体系的な生活形態に基づいて生活することで、その社会で共有されている信念やその社会の歴史・制度・社会的実践に精通し、その社会で使用されている言語の枠組の中で思考し行為できなければならない。このようにマッキンタイアは、ある具体的な共同体における社会的実践や道徳的生活を含む「厚い伝統」に焦点を当てて、伝統を理解する。

このようなマッキンタイアの伝統の捉え方は、アッナイムおよびベルの「文化的文脈重視型アプローチの人権論」を根底で支える基礎理論に相応し

いものだということができよう。

2 文化的伝統の多様性

次に文化的伝統の多様性について、「文化的伝統内部の多様性」と「文化的伝統それ自体の複数性・多様性」という二つの観点に区別して、「文化的文脈重視型アプローチの人権論」とマッキンタイアの「知的探究の伝統」論を比較しよう。

(1) 文化的伝統内部の多様性

文化的伝統内部の多様性に関して、アッナイムの「構成的アプローチ」は、各社会の文化的伝統を同質的で一枚岩的には捉えずあるひとつの社会の内部における文化的伝統の多様性を認めたうえで、ある社会の文化的伝統の内側における内的な議論を通じて文化的伝統に関する再解釈と再構成を行う。またベルの「地域知重視の人権論」も、「西洋的な文化的伝統もアジア的な文化的伝統もともに、同質的で一枚岩ではなく複雑で多様なものである」と指摘する。

この点に関してマッキンタイアの「知的探究の伝統」論は、以上のようなアッナイムおよびベルと同様の理解を示している。というのもマッキンタイアは、伝統における衝突の要素を重視し「伝統とは、時代を通して拡大され社会的に体現された議論である」と考えたうえで、「そのような議論における何らかの基本的一致は、内在的・解釈的な論争という観点から定義され、定義し直される」と主張するからである。

(2) 文化的伝統それ自体の複数性・多様性

文化的伝統それ自体の複数性・多様性に関して、アッナイムの「構成的アプローチ」は、現存する国際的な人権基準を承認しつつも基本的には各社会の文化的文脈を考慮することを非常に重視し、ある社会の文化的伝統の内側における内的な議論だけでなく他の社会の文化的伝統との相互作用による文化横断的な対話を通じて、文化的伝統に関する再解釈と再構成を行う。また

ベルの「地域知重視の人権論」も、人権の核心部に関する普遍性を承認しつつ、このような核心部を越えた問題をめぐっては、「西洋のリベラルな伝統だけが、人権体制と結び付いた価値観と実践を実現する、唯一の道徳的基礎を提供できる」というわけではないと考え、「いくつかの東アジア社会には伝統的で比較的永続している価値観がいくつか存在し、それらは西洋諸国が支持する人権の理念や実践と食い違うかもしれない」と主張する。

　この点に関してマッキンタイアの「知的探究の伝統」論は、以上のようなアッナイムおよびベルと同様の理解を示している。というのもマッキンタイアは、「実際、多様な歴史を有する多様な伝統が存在する」と指摘して伝統の複数性・多様性を明確に認めたうえで、「時代を通して拡大され社会的に体現された議論である伝統における何らかの基本的一致は、内在的・解釈的な論争だけでなく、伝統に外在的な批判者・敵対者との論争という観点から定義され、定義し直される」と主張するからである。

3　文化的伝統の変化・発展

　最後に文化的伝統の変化・発展について、「文化的文脈重視型アプローチの人権論」とマッキンタイアの「知的探究の伝統」論を比較しよう。

　この点に関してアッナイムの「構成的アプローチ」は、文化的伝統の変化を重視し、それをめぐる内的な議論と文化横断的な対話の両者を通じて、現存する国際的な人権基準の再解釈と再構成を行う。またベルの「地域知重視の人権論」も、各々の文化的伝統が内側および外側からの影響で大きく変化すると考え、マッキンタイア[2]やベラー[3]に言及しつつ「伝統とは、現在進行中の議論であって、過去との一体性を維持しつつ現代的関心に対応して変化もしている」と論ずる[4][5]。では、「文化的伝統の内側における議論」と

---

2)　cf. MacIntyre 1984, p. 222 [邦訳 272-273 頁], MacIntyre 1988, p. 12
3)　cf. Bellah et al. 2008, p. 27, pp. 335-336 [邦訳 32 頁、393 頁]
4)　ベル曰く、「現代でもいまだ存続している伝統的な価値観と、歴史のごみ箱の中に放り込まれてしまった他のものとの区別をつけることは大切であ」り、「現代社会における人々の政治的行動に対する幅広い影響力を持ち続けている、具体的な伝統的価値観に視野を限定したほうが、はるかに有益である。」(Bell 2000, p. 10 [邦訳 8 頁])

「文化的伝統の外側から投げ掛けられる批判を踏まえた、文化横断的な対話」の両者を通じた文化的伝統の変化とは、どのようなものか。換言すれば、ある文化的伝統における過去との一体性を維持しつつも、同時に、現代的関心に対応してその伝統に内在する問題点や矛盾を突破しあるいは超越してその伝統を再構成する過程とは、どのようなものであろうか。

このような疑問に対して極めて明快かつ詳細な回答を提示するのが、マッキンタイアの「知的探究の伝統」論[6]である。というも彼は、伝統が静態的ではなく動態的だということを強調して「伝統の発展」論を展開する際に、「あるひとつの伝統における所与の信念に内在する不適切な点を修正して、その限界を超えようとする」段階が存在することを指摘し、「伝統に体現されたものとしての個人の探究は、所与のものの発見・認識だけでなく、個人が立脚する伝統に関する批判的熟慮の可能性をも含み、しかもそのような批判的熟慮は、伝統の内在的批判に基づく漸進的改善・修正に限定されない」と主張したうえで、競争し対抗している両立不可能な二つの伝統が相互に対決している場合の対応として、ある伝統の枠内でその伝統に基礎を置くかたちで展開されつつも、同時にその伝統に内在する問題点や矛盾を突破しあるいは超越してその伝統を再構成するような、「伝統構成的探究」に基づく解決法を提示するからである。

このような彼の伝統間比較論が、アッナイムおよびベルの「文化的文脈重視型アプローチの人権論」を根底で支える基礎理論に相応しいものだと論証するために、次の三点を指摘したい。

第一に、マッキンタイアの伝統間比較論における「伝統構成的探究に基づく伝統間論争は二段階で進行する」という議論を、アッナイムの「構成的アプローチ」と比較すると、アッナイムが言及する「文化的伝統をめぐる内的

---

5) なお、ベル・マッキンタイア・ベラーと同様に、人々の日常生活の中で実際に生きている文化や宗教を探究しなければならないと主張するものとして、Onuma 1999, p. 121, 大沼 1998、316 頁も参照。また、伝統的な文化的価値観を過度に重視することの問題点については、Bell 2000, pp. 9-10 ［邦訳 7-8 頁］、Kausikan 1998, esp. p. 23 ff. を参照。

6) 詳細は**第Ⅰ部第2章**を参照。

な議論」は、マッキンタイアのいう「伝統構成的探究に基づく伝統間論争の第一段階」に位置づけることができる。というのもアンナイムの「文化的伝統をめぐる内的な議論」は、ある文化的伝統の根本的価値観とそれを支える理論的根拠についての内的な議論を通じてその立場を内側から変化させるものであり、「その際に、ある文化的伝統の立場を内側から変化させて人権問題に関する新しい立場を提案し擁護しようとする者は、自らの新しい立場が自身の所属する文化的伝統のこれまでの枠組の中で真正性と正統性を有すると示すことで、文化的な規範や制度に関するこれまでの解釈を広範かつ有効に受け入れなければならない」と考えるからである。

　第二に、マッキンタイアの伝統間比較論における「伝統間論争の第二段階」を、アンナイムの「構成的アプローチ」やベルの「地域知重視の人権論」と比較すると、アンナイムの「文化横断的な対話」やベルの「各地域の文化的伝統に根差した人権の正当化」の主張内容を十分なものとするために極めて有用なのが、マッキンタイアの提案する「認識論的危機の解決法」だと考えることができる。というのも、アンナイムの「文化横断的な対話」は、文化的伝統の外側から投げ掛けられる批判との相互作用を通じて、外側からある文化的伝統の変化と進化の方向に影響を与えるものであり、その過程について「①一方的ではなく相互的であること、②ある文化的伝統の内部で要請される真正性と正統性に敏感であること、③外在的な価値観をある文化的伝統の枠組に押しつけてはならないこと」を要請するからであり、またベルの「各地域の文化的伝統に根差した人権の正当化」は、新しい人権の体系を現地の人々にとって妥当性のある既存の諸価値と文化的基準の上に基礎づけることで、一般の人々の多数に新しい人権の価値に対する確信を生じさせようとするものだからである[7]。

　第三に、もしアンナイムの「文化横断的な対話」やベルの「各地域の文化的伝統に根差した人権の正当化」が説得的な主張を提示できなかったなら

---

7)　それゆえベルは、「人権の普及促進のために外国の基準に依拠するという、各地域の文化的伝統に根差した人権の正当化と正反対のやり方は、しばしば逆効果をもたらす」と批判する。

ば、これがマッキンタイアのいう「認識論的危機の解決に失敗した場合」にあたるといえる[8]。

---

8) 以上の点に関連してゼンクハースは、「近代化途上のヨーロッパが植民地主義的・帝国主義的な進出に成功を収め、それによって従属的構造が生じたことの結果として非ヨーロッパ世界が、遅かれ早かれ、個別的には多少の程度の違いこそあれ、外からの近代化の圧力によって圧倒されたことに伴って、『意図せざる結果をもたらした文化的な紛争』が世界中で進行している」と指摘し、「西欧以外の諸文化を含めて、文化の現実の分化過程は、外部からのチャレンジから生み出されるものであり、好むと好まざるとにかかわらず、これら内外の問題の圧力が文化の変革を生じさせる」と主張する。その際に特徴的な反応として彼は、①近代志向的-模倣的な反応──すなわち、西欧の模倣──、②過去の擁護者の登場──すなわち、自己の伝統を新たに検討したうえで捉え直すこと──、③半近代主義者の出現──すなわち、以上の二つの選択肢の混合形態──、④革新の必要性──すなわち、前例のない応答を行うものとしての「革新」の試み──、の四つを挙げたうえで、「長期的には、『①模倣』と『④革新』以外に、向かうべき道は存在しない」と考える。(ゼンクハース 2006、7-10頁、30-37頁)

第Ⅲ部　日本文化を考慮した
　　　　自由社会擁護論

　第Ⅲ部では、第Ⅰ部および第Ⅱ部での検討結果を前提に、現代の日本社会が置かれた状況を踏まえて議論の射程をさらに絞り込み、**第Ⅰ部**で検討を加えたハイエクが展開する伝統重視の自由社会擁護論を、**第Ⅱ部**で明らかにした文化を考慮した自由社会擁護論を説得的に展開するための立論方法を用いて再構成することで、日本文化を考慮した自由社会擁護論を探求するために、次の順で論を展開する。まず初めに**第1章**で、日本文化の特徴として、①「中空均衡構造」という構造的特徴、②「輸入・修正型文化」という方法的特徴、③「状況重視型の相対的道徳」という内容的特徴、の三点を明らかにする。次に、**第2章**で「中空均衡構造」に適合的な構造を有する理論としてハイエクの「行為ルールとしての伝統」論、アッナイムの構成的アプローチとマッキンタイアの伝統間比較論、オークショットの「行為の伝統」論を、**第3章**で「輸入・修正型文化」に適合的な立論方法として文化的文脈重視型アプローチの人権論とマッキンタイアの伝統間比較論を、それぞれ指摘する。最後に**第4章**で、「状況重視型の相対的道徳」に適合的な内容を有する理論を提示するために、「輸入・修正型文化」に適合的な立論方法としての文化的文脈重視型アプローチの人権論とマッキンタイアの伝統間比較論に基づいて、「状況重視型の相対的道徳」と「『中空均衡構造』に適合的な構造を有するハイエクの『行為ルールとしての伝統』論」との適合可能性を検討したうえで、ハイエクと同じく「中空均衡構造」に適合的な構造を有するオークショットの「行為の伝統」論に示唆を得て、ハイエクの「行為ルールとしての伝統」論の再構成を行いたい。

もっとも、**第Ⅲ部**の検討課題である日本文化を考慮した自由社会擁護論の探求は、**第Ⅰ部**および**第Ⅱ部**での検討課題以上のかなりの難題だといってよい。その理由は、**第Ⅰ部**および**第Ⅱ部**の検討課題の射程をさらに絞り込んで、現代の日本社会が置かれた状況に適合的な立論が求められることの困難さに由来する。そこで、日本文化を考慮した自由社会擁護論を具体的に探求するに先立って、その探求の困難さを示唆する指摘を最初に確認しておきたい。

　ゼンクハースによると、**第Ⅰ部**で検討した自由社会擁護論や**第Ⅱ部**で検討した人権論に代表される近代ヨーロッパの諸価値は、基本的には、北西ヨーロッパといくつかのイギリス植民地――そこから、後に、アメリカ合衆国が成立した――という特殊な脈絡においてつくり出されたにもかかわらず、普遍的な意義を持つに至ったものである。つまり彼の考えでは、近代ヨーロッパの諸価値が普遍的な意義を持つに至ったのは、それが論破できない哲学的な究極の根拠づけを有するからではなく、それが成立した脈絡――すなわち、伝統的で集団主義的な価値志向を漸次的に解体して価値の多元性を成立させるに至った、伝統社会から近代社会への移行――がいまや普遍化したからなのである。(ゼンクハース 2006、14頁)

　この点についてゼンクハースは、近代ヨーロッパの諸価値の一例である寛容、フェア・プレイの精神、自己抑制、権力の分立、進んで妥協しようとする態度、自己の利害以上のものに対する感受性といったものを、むしろ「なじみがなく」「不自然で《人為的》でさえある」ものだと指摘し、したがってそれらが普遍化したのは骨の折れる集団的な学習過程の結果だと主張する。つまり近代ヨーロッパの諸価値は、少なくとも当初は自らの意に反して我慢され、次いで徐々に受け入れられるようになり、ついには寛容という理念に結び付けられて政治文化の真髄となったものなのである。(ゼンクハース 2006、26-29頁)[1]

---

1)　ゼンクハース曰く、「実際には、今日の西欧のあらゆる本質的なメルクマールは、当初からの素質にもとづく文化的遺伝子の自己展開の所産というよりも、いちじるしい矛盾と葛藤とに満ちた発展過程の帰結だという方が、いっそう適切である。」(ゼン

このように、自由社会を支える根本的な観念・制度原理に代表される近代ヨーロッパの諸価値の成立を「みずからの意に反する文明化」(ゼンクハース 2006、26頁) と捉えるゼンクハースは、非ヨーロッパ世界におけるその成立の試みについて、かつてのヨーロッパ内部のそれよりも一層困難なものとなっていると指摘する。というのも非ヨーロッパ世界は、近代化途上のヨーロッパが植民地主義的・帝国主義的な進出に成功を収めそれによって従属的構造が生じたことの結果として、遅かれ早かれ、個別的には多少の程度の違いこそあれ、外からの近代化の圧力によって圧倒されながら、過去のヨーロッパにおける近代化と比較してより一層短期間にそれを達成しなければならないからである。(ゼンクハース 2006、7頁以下、30頁以下)

以上のようなゼンクハースの指摘は、J・グレイのポスト・リベラリズムに代表される「歴史的な観点に基づく自由社会擁護論」に見事に当てはまる。

その主張によれば、自由社会は、歴史の中で達成されてきた偶然の産物であり、そのような制度と伝統の遺産が現存しているという事実のみに基づいて擁護される。換言すれば、自由社会は、普遍的なものでも歴史の中で必然的に達成されてくるものでも決してなく、イギリス・西ヨーロッパ・北アメリカのような特定の社会とそれらの社会における制度を移植したひと握りの社会とにのみ存在する歴史的遺産にすぎない、というわけである[2]。

このような自由社会擁護論の典型例であるポスト・リベラリズムを提言するグレイの指摘によると、リベラリズムの決定的な特徴とは、リベラルな慣行という歴史上の偶然の産物を、普遍的に妥当な原理で基礎づけようとする点にある。だが彼は、「普遍的な人間本性や人間の理性に訴えかけることで、リベラリズムを正当化することはできない」と批判する。つまり、抽象的な個人という哲学上のフィクションを中心に据えて人間の活動を理論化する——換言すれば、道徳的・文化的伝統ではなく普遍的人間性という属性によ

クハース 2006、191頁)
2) Gray 1989, pp. 239-266 [邦訳 345-385 頁], Gray 1993, Ch. 18, Ch. 20, Bousfield 1999, p. 1, p. 3, p. 161, pp. 167-168, pp. 173-178

って、アイデンティティーと道徳的な力とを与えられる人間主体という構想に基づいて、人間の活動を理論化する——のは明白な誤りだ、というわけである。したがって彼の考えでは、我々は、「リベラルな個人は、歴史的実在であり、ヨーロッパ文明によって我々に伝えられた文化的達成物だ」ということを認めて、そのことによってリベラリズムの歴史性それ自体を承認し、普遍的妥当性を主張する教条的リベラリズムの主張——換言すれば、自律的な理性という普遍的格率に基づいてリベラリズムを根拠づけようとする、まさに近代的・啓蒙主義的なプロジェクト——を放棄しなければならない[3)][4)]。

グレイによると、普遍性という観点を放棄することで、我々はリベラリズムを歴史的達成物として——換言すれば、制度と伝統の遺産として——理解

---

3) Gray 1989, p. 239〔邦訳345頁〕, Gray 1993, pp. 258-259
4) グレイは、このような教条的リベラリズムの問題点を鋭く指摘するのが保守主義思想だ、と考える。なぜならそれは、抽象的な人間性という妄想を拭い去り、「我々は負荷なき自我であり、自由な主権的主体であって、すべての社会的慣習から切り離されている」という幻想を修正するからである。つまり、リベラリズムが過剰に個性を主張するのをこのように批判して、「我々のアイデンティティーは、我々自身が受け継いでいる生活様式によって構成されているのであって、そのような生活様式によって重荷を背負わされているわけではない」と主張する点にこそ、保守主義思想の魅力が存在する、というわけである。(Gray 1993, p. 259)

だがグレイは、保守主義思想家がコミュニタリアンと同様に、「我々は誰も、負荷なき自我ではあり得ない」という真理だけでなく、「我々は徹底的に位置ある自我であり、またそうでなければならない——すなわち、我々自身のアイデンティティーは、単一の道徳的共同体の構成員だということによって形成され、単一の政治的秩序の制度の中に映し出される——」という明らかに誤った見解をも主張する点を批判する。というのも、その主張内容は歴史的現実と掛け離れ、近代の経験に全く適合しないからである。したがってグレイは、我々の受け継ぐ伝統が単一体ではなく複雑で矛盾するものだと指摘したうえで、「我々は、単一の共同体の構成員であり、単一の道徳的生活様式を営む構成員だということによっては、決して定義され得ない」と主張する。(Gray 1993, pp. 261-263)

それゆえグレイの考えでは、近代社会の特徴である微妙なモザイク状の伝統の下では、政府がどれかひとつの伝統を保護することはできない。この状況における国家の課題は、オークショットが市民的結合体 (civil association) と呼ぶもの——すなわち、様々な伝統を実践する人々が、共通の目的を持たずに、平和的に共存できる法構造——をうまく運営することである。したがって、近代の政府は制限政府でなければならず、政府の役割は、法の支配の下で市民的結合体における自由を維持することのみである。(Gray 1993, pp. 263-265)

することが可能となる。つまりリベラリズムにおいて生き残っているのは、市民社会の歴史的遺産なのである。この点について彼は、「確かに市民社会には様々なかたちがあるが、どの市民社会も、リベラリズムが理論化した歴史上の遺産である、自由の慣行という遺産を体現している」と指摘する。つまり、どの市民社会も法の支配、私有財産、自発的結社の自由・良心の自由・移動の自由・表現の自由などの市民的自由のような、市民社会を構成する制度を有している、というわけである。

> 我々には、リベラルな市民社会の歴史的遺産が残されている。これは、私有財産あるいは個別財産のシステム、法の支配、統治権力に関する立憲的・伝統的制限、個人主義という法的・道徳的伝統を含む、慣行と制度の複雑な構造であり、その構造は我々が知るところの道徳生活・政治生活の基盤である。(Gray 1989, p. 262 [邦訳 379 頁])

このようなリベラルな市民社会は、人間の繁栄という観点からみた場合、唯一の必然的に最良の社会ではないが、共約不可能な善構想の多様性を認める文化という我々の歴史的環境において我々がうまく生きて行くことができる唯一の体制だといえる。このように彼は、「市民社会とは、我々にとっての歴史的運命だ」と考え、以上のようなかたちでリベラリズムを歴史的な観点から擁護する議論が可能だと主張する[5)6)]。

---

5) Gray 1989, pp. 240-241 [邦訳 347-348 頁], Gray 1993, p. 284, pp. 287-288, p. 314, pp. 318-319

6) なおこれに関連して、「ロールズの『政治的リベラリズム』は、以上で言及した意味での『歴史的な観点に基づく自由社会擁護論』だと考えることはできない」という点を指摘しておきたい。
　確かにロールズは、「政治的な正義構想の内容は、民主的社会の公共的な政治文化において暗黙の了解だと考えられてきた、特定の基本的観念という観点から表現される」(Rawls 1996, p. 13) と述べ、「したがって我々は、暗黙のうちに認められている基本的な観念や原理という共通の資産としての、公共的な文化それ自体を当てにすることから始める」(Rawls 1996, p. 8) という点を指摘し、「我々は、民主的社会の公共的な政治文化を当てにして、……政治的な正義構想へとまとめ上げることのできるよく知られた観念を探し求める」(Rawls 2001, p. 5 [邦訳 9 頁]) と論ずる。
　だがロールズによれば、政治的な構想としての「公正としての正義」の説明をこれ

以上のような自由社会擁護論は、確かに、西洋社会においてはある程度説得的だといえるかもしれない。だが、明治期以降、自由社会を支える根本的な観念・制度原理に代表される近代ヨーロッパの諸価値を移植することで近代化を図ってきた日本社会において、西洋社会と同様に「自由社会は、歴史の中で達成されてきた偶然の産物であり、そのような制度と伝統の遺産が現存しているという事実のみに基づいて擁護される」という主張を展開することは、極めて困難だといわざるを得ない。

　したがって、「第Ⅰ部および第Ⅱ部での検討結果を前提に、現代の日本社会が置かれた状況を踏まえて議論の射程をさらに絞り込んで、日本文化を考慮した自由社会擁護論を探求する」という第Ⅲ部の検討課題が、第Ⅰ部および第Ⅱ部での検討課題以上の難題であるのは、序論で述べたように、「伝統的な法文化あるいは法意識と西洋的な法制度とのずれ」という川島が提起した根源的な問題意識と、田中が示唆する「日本の伝統や文化を見直し、改めるべきものは改め、継承発展させるべきものは洗練し、国際的にも通用する独自の在り方を追求する」という解決の方向性を念頭に置いたうえで、「日本の伝統・文化を考慮しつつ、自由社会を支える根本的な観念・制度原理を擁護する」提言が求められるからだということができる。

らのよく知られた観念から始めるからといって、公正としての正義の擁護論がそれらの観念を基礎とみなしているということにはならない。すべては、「説明が、全体として、どのように練り上げられるか」ということと、「この正義構想を構成している観念および原理とその帰結とが、熟考のうえで、受け入れ可能だと判明するかどうか」ということに、かかっているのである。(Rawls 2001, p. 5, note 5 [邦訳360頁])

第1章　日本文化の特徴

第1節　日本文化の三つの特徴

　本節では、構造・方法・内容という三つの観点に基づいて、日本文化の特徴を明らかにする。具体的には、まず初めに1で「中空均衡構造」という構造的特徴を、次に2で「輸入・修正型文化」という方法的特徴を、最後に3で「状況重視型の相対的道徳」という内容的特徴を、それぞれ指摘したい。

　このように本節では、日本文化の三つの特徴を明らかにするに際して、主に、河合隼雄の議論に基づいて「中空均衡構造」という構造的特徴を、加藤周一と丸山真男の議論に基づいて「輸入・修正型文化」という方法的特徴を、ルース・ベネディクトと中根千枝の議論に基づいて「状況重視型の相対的道徳」という内容的特徴を、それぞれ指摘するが、それに先立ってまず初めに「なぜ以上の観点と論者に基づいて日本文化の特徴を明らかにするのか」という疑問に答えておきたい。

　そもそも本書は、**序論**で述べたように、「伝統的な法文化あるいは法意識と西洋的な法制度との・ず・れ」という川島の問題意識を念頭に置き、「現代日本の法状況をどのように理解し評価したうえで、どこをどのように改革すべきか」という課題に取り組む際に重要な示唆を与える田中の議論を踏まえたうえで、「日本文化を考慮した自由社会擁護論とはどのようなものか」という問題設定に答えることを目的とするものである。したがって**第Ⅲ部**では、この問いに答えるために、**第Ⅰ部**および**第Ⅱ部**での検討結果を前提に現代の日本社会が置かれた状況を踏まえて議論の射程をさらに絞り込み、**第Ⅰ部**で検討を加えたハイエクが展開する伝統重視の自由社会擁護論を、**第Ⅱ部**で明ら

かにした文化を考慮した自由社会擁護論を説得的に展開するための立論方法を用いて再構成することで、「日本の伝統・文化を考慮しつつ、自由社会を支える根本的な観念・制度原理を擁護する」提言としての「日本文化を考慮した自由社会擁護論」を探求する。

以上の指摘から明らかなように、本書の目的は、あくまでも「日本文化を考慮した自由社会擁護論」を探求することであって、日本文化の特徴を包括的に論じることではない。それゆえ本節では、本書の目的と問題設定に適合的な日本文化の特徴をあえて"選択的に"提示する[1]。

1　構造的特徴としての「中空均衡構造」

まず初めに、日本文化の構造的特徴として、「中空均衡構造」という点が指摘できる。すなわち、日本社会では、特に『古事記』に代表される神話において典型的にみられるように[2]、力も働きも持たない"空"を中心に置く

---

[1] もっとも、日本文化論を包括的に論じた著作であって、その時代区分と展望が示唆に富むと田中が評価する（田中 1996、38 頁）青木 1999 が、ベネディクトと中根の議論の重要性を指摘している点は、注目に値する。（青木 1999、29-30 頁、31-32 頁、34 頁、35 頁、40 頁、89 頁）なお、青木保による日本文化論の定義をめぐっては、青木 1999、26 頁を参照。

　また大久保喬樹は、大久保 2008、249-250 頁において、「Benedict 2005 は、戦後日本論の基礎であり、内外を通じて戦後の日本観の展開に最も大きな影響を与えた論だ」と指摘している。さらに千葉も、「狭義の法意識を日本的意識の全体の中に正確に位置づけたうえで、他と比較する」という自身の課題に取り組む際に、最も傾聴すべきものとして、ベネディクトの「恥の文化」論と中根の「タテ社会」論を挙げている。（千葉 1991、119 頁以下）

[2] もっとも大林太良の研究（大林 1986）によれば、中空均衡構造は、日本神話だけにみられる特徴では決してなく、他の文化にも認めることができる。つまり神話における中空均衡構造は、確かに中心統合構造からみれば異質であるが、だからといって日本文化だけのものではなく、他の文化とも共有できるものなのである。（河合 2003、315-320 頁）

　なおこの点に関連して井波律子曰く、「『演義』における劉備は、各々強烈な個性をもつ多数の登場人物をつなぐ、「虚なる中心」の役割を果たしているようにもみえる。こうした中心事物の設定の仕方は、『西遊記』の三蔵法師、『水滸伝』の宋江などとも共通するものであり、おびただしい登場人物を交錯させることをモットーとする、中国古典長篇小説に常套的にみられる手法だといえよう。」（井波 1994、123 頁）

ことで、相対立する力を適切に均衡させて全体的調和を保ち、矛盾や対立の共存を可能にしているという点に、日本文化の構造的特徴を見出すわけである[3]。

　河合の指摘によると、日本神話の構造的特徴は、「中心に無為の神が存在し、その他の神々は部分的な対立や葛藤を互いに感じ合いつつも、調和的な全体性を形成している」（河合 2003、309 頁）という点にある。つまりそれは、「中心にある力や原理に従って統合されているのではなく、全体の均衡がうまくとれている」（河合 2003、309 頁）というものであり、「そこにあるのは論理的整合性ではなく、美的な調和感覚なのである。」（河合 2003、309 頁）もちろん時には、中空の中心を何かが占めようとする動きがみられることもある。だがそのような場合には、それに対抗する力が強く働くことでバランスがとられ結局は中心を"空"にする均衡状態にかえるという、「ゆりもどし」現象が発生する。ここで重要なのは、「ゆりもどす勢力が強くなって中心を占めるのではなく、適切な均衡状態を見出して、中心を空にする」（河合 2003、310 頁）という点である。（河合 2003、309-310 頁）

　したがって河合は、「日本神話の論理は統合の論理ではなく、均衡の論理である」（河合 1999、47 頁）と考える。なぜならそれは、権威あるものや権力を持つものによる統合のモデルではなく、力も働きも持たない中心が相対立する力を適当に均衡せしめているモデルを提供するからである。このような"空"を中心に置いた均衡に基づく構造は、「善・悪」「正・邪」の判断を相対化し、対立するものの共存を許すモデルだといえる。というのも、「統合を行うためには、統合に必要な原理や力を必要とし、絶対化された中心は、相容れぬものを周辺部に追いやってしまう」（河合 1999、47-48 頁）のに対して、"空"を中心とするときには「何をどのように統合するか」をめぐる決定的な戦いを回避できるからである。（河合 1999、47-50 頁）

　以上で確認した日本神話の「中空均衡構造」は、日本人の心のあり様の基本的なパターンだと、河合は指摘する。そこで以下では、彼の分析に沿っ

---

[3]　河合 1999、特に 31-77 頁、河合 2003、特に第 12 章。また、中村 1989、108-109 頁も参照。

て、「中空均衡構造」という日本文化の構造的特徴について「中心統合構造」と対比しつつ整理したい[4]。

中空均衡構造の特徴は、矛盾や対立が全体的調和を乱さないならば共存し得るという点にある。なぜなら中空均衡構造においては、中心は、力を持つことを必ずしも求められず、むしろうまく中心的な位置を占めることによって全体のバランスを保つからである。したがって、中空均衡構造における人間世界の事柄に関する変化あるいは進化のあり様をみていくと、まず新しいものを受け入れることから始まる。もちろん、新しく受け入れたものはそれまでの内容と異質であるので、当初はギクシャクするのだが、時間の経過と共に全体的調和の中に組み込まれてゆく[5]。また、中空均衡構造に基づく日本の組織における長の役割やそのあり方をみていくと、長は、リーダーというよりむしろ世話役であるので、自らの力に頼るのではなく全体のバランスをはかることが大切とされ、したがって必ずしも力や権威を持つ必要はない。確かに日本にも、時にはリーダー型の長が現れるときがあるが、多くの場合それは長続きせず失脚することになる。日本においては、長は、たとえ力や能力を有するとしても、それに頼らずに無為であることが理想とされる[6][7][8]。

---

[4] 河合1999、59-61頁、河合2003、309-315頁

[5] なお河合の指摘によると、「外から来る新しいものの優位性が極めて高いときは、中空の中心にそれが侵入してくる感じがある。そのときは、その新しい中心によって全体が統合されるのではないか、というほどの様相を呈するが、時と共に、その中心は周囲のなかに調和的に吸収されてゆき、中心は空にかえるのである。」(河合2003、311頁)

[6] ちなみに中根も、日本社会の組織における長の役割やそのあり方について、以上で述べた河合と同様の見解を提示している(中根1967、138-156頁)点は、注目に値する。

[7] このような中空均衡構造の短所・欠点として、河合は、「中心への侵入を許しやすい」という点を指摘し、その中空性が文字どおりの"虚"あるいは"無"として作用するときに極めて危険な状態に陥る具体例として、無責任体制──すなわち、統合性のない、誰が中心において責任を有しているのかが不明確な体制──を挙げる。彼の考えではこのような無責任体制は、それが事なく働いているときは案外スムーズに動いているが、有事の際にはその無能ぶりが一挙に露呈されるのである。(河合1999、61-62頁、68頁)

これと対照的に中心統合構造の特徴は、その中に矛盾や対立が存在することを許容しないという点にある。なぜなら中心統合構造は、中心に存在する唯一者の権威あるいは力によってすべてが統合される構造だからである。したがって、中心統合構造における人間世界の事柄に関する変化あるいは進化のあり様をみていくと、中心と異なる新しい存在が出現してきたときには、いずれが中心となるかという対立あるいは争いが生じ、①新しいものに対立する古い中心が優位なときは、新しいものは排除され、②新しいものが優勢であるときは、極端な場合は革命となって、新しい中心が勝利を収め、そこに新しい秩序・構造がつくられ、③正・反・合という弁証法的な展開をするときは、革命のように急激ではない変化によって新しい中心ができる。また、中心統合構造に基づく西洋の組織における長の役割やそのあり方をみていくと、長は、文字どおりのリーダーとして、自らの力によって全体を統率し導いてゆく[9]。

　そこで河合は、このような中空均衡構造の短所・欠点をカバーする方法のひとつとして、「中心となるものは存在するが、それは全く力を持たないシステム」を提示し、その特徴として「中心あるいは第一人者は"空"性の体現者として存在し、無用な侵入に対しては周囲の者がその中心を擁して戦うので、その中心は極めて強力なようにみえるがそれ自身は力を持たない」という点を挙げる。そのうえで彼は、「日本の天皇制をこのような存在としてみると、そのあり方を、日本人の心性と結び付けてよく理解できる」と指摘する。(河合1999、68頁)

　なお河合は、「天皇制をこのように捉えると、それは日本において重要な役割を持っていると考えられるが、天皇制擁護を主張する者の中には、天皇の中心性をうまく利用して、自らは影の権力者として存在したいと願う者があることに注意しなくてはならない」という点に、注意を促す。彼の考えでは、これも一種の「中心への侵入」の現象なのである。(河合1999、69頁)ちなみに、このような河合の指摘が「日本社会におけるリーダーの資格」をめぐる中根の議論(中根1967、147-156頁)と微妙にニュアンスが異なる点には、注意が必要である。

8) 河合は、「このような中空均衡構造が、現在、危機に直面している」という認識を示したうえで、その対処法として「意識化への努力」を挙げる。(河合1999、70頁以下)

9) このような中心統合構造について、まず河合は、それが西洋における自然科学の発展に大きく寄与した点を肯定的に評価する。なぜなら自然科学は、合理性という原理を中心に、矛盾を含まず論理的に整合性をもつ体系を樹立することによって、大いに発展したからである。だが同時に彼は、「中心統合構造が、自身の体系と矛盾する

以上の整理に基づいて河合は、中空均衡構造における変化の特徴を、中心統合構造のそれと比較して、次のように指摘する。すなわち、中空均衡構造における変化は、中心統合構造のように中心が変化するわけではないので、明確なかたちで把握することは難しい。なぜなら中空均衡構造における変化は、確かに変化はしているのだが、常に連続性を保持しているからである、と[10]。

 ものをすべて、組織外に排除する傾向を持つ」という問題点を、的確に批判する。したがって彼曰く、中心統合構造は「その矛盾を許さぬ統合性は極めて強力ではあるが、反面、もろい面を持ち合わせている。」（河合 1999、60 頁）

10) 以上で述べてきた「中空均衡構造」は、アリストテレスの徳論や儒教において言及される「中庸」と、一見すると類似した意味内容を有するようにも思われる。だが、日本文化の構造的特徴として「中空均衡構造」を指摘する際には、「中空均衡構造」が指し示す意味内容と「中庸」のそれとの違いを、明確に意識しなければならない。

 アリストテレスは、倫理的な徳として勇気・節制・気前のよさ・名誉心など様々なものを列挙し、すべての徳について「中庸」——すなわち、過多でも過少でもない「真ん中」——が最善だと考える。その際に彼は、中庸は頂極だという点に注意を喚起する。というのも、「善」とは価値論上の頂極であり極度かつ一方的な善であって、両極の悪の中間ではないので、両極は存在論的には対立するように見えてもいずれも同じ悪徳なのであって、価値論的な視点では実はどちらも善に対立しているからである。（アリストテレス 1971、第 2 巻（1103a12-1109b27)、亀本 2011、428-433 頁、亀本 2015、2-3 頁、髙橋 2016、68 頁以下）

 また儒教で高く評価される「中庸」について、金谷治はまず「過ぎた状態と及ばない状態という対立があって、それらの真ん中という意味」（金谷 1993、133 頁）だと指摘する。その際に彼は、「両端の中ということは、両端の右と左とがあってその真ん中ということなのだが、それを固定的に動きのとれないかたちで考えるのは適切でなく、そもそも両端の極端そのものが動いているという観点も必要だ」という点に注意を促す。つまり、「固定的でない融通性のある、柔軟なおおよその中、ほど良い中ほどが、そこで必要にな」（金谷 1993、137 頁）り、「状況の推移に対応する柔軟な姿勢を持ちながら、その時の全体を統括するようなしっかりとした主体性を備えることが必要」（金谷 1993、138 頁）だ、というわけである。

 このような儒教における「中庸」理解の難しさに対応するために金谷は、中庸とは「両端を執る」ことだと指摘する『中庸』の説明に言及して、次のように解説する。すなわち、「両端を執る」というのは、右でも左でもないと言って左右の両端を切り捨てるのではなく、右も左もとってその真ん中を守ることである。中庸とはいわば右でも左でもあり、真ん中には右も左も含まれていなければならないのであって、単純に左右の両極端を排除せよということにはならない、と。

したがって、「右でも左でもない」といった両端の中庸は、実は「右でも左でもある」というかたちに転換する。このように金谷は、中庸の意味を包括的・統合的に理解して、「それは直線的であるよりは構造的に考えたほうがよい」（金谷1993、142頁）と指摘する。すなわち中庸とは、「右と左が均等に中央に歩み寄ってきて、そこで質的な高まりを見せる、いわば頂点を形成する、といった構造で考えるのが適切」（金谷1993、142-143頁）なのである。（金谷1993、28頁、129-162頁）
　それゆえ、統合ではなく均衡の論理としての「中空均衡構造」は、アリストテレスの考える「頂極としての中庸」や儒教における「両極を執り頂点を形成することとして、包括的・統合的に理解される、中庸」と、その指し示す意味内容が明らかに異なると考えなければならない。
　もっともここで注意を向けたいのは、「以上のような『中庸』理解は、中国人の"ものの考え方"の基本的な型といってよい『対待の両面思考』と、ほとんど重なる」という金谷の指摘である。というのも「対待の両面思考」とは、「対立した一方だけにとらわれないで、いつも反対側に注目して、両面を同時に視野に入れて考えていくということ」（金谷1993、156頁）であり、「陰と陽の対立関係のように、明らかに反対概念だが『どちらか一方がなければ、他方も存在しない』という関係」の存在を前提にした思考だからである。（金谷1993、93-127頁、156-157頁）換言すれば「対待の両面思考」は、ある種の均衡の論理だと考えることも可能なのである。
　なおこの点に関連して、「老子の哲学に従うと、中空均衡構造は極めてポジティブな性質を持つことになる」という河合の指摘も、注目に値する。（河合2003、314-315頁）河合はまず、次に挙げる『老子』第11章を引用する。

　　三十本の輻（や）が一つの轂（こしき）に集まっている。轂の真ん中の穴になったところに車の動くはたらきがある。
　　粘土をこねて陶器を作る。陶器のなかの空っぽの部分に物を容れる使いみちがある。戸や牖（まど）をくりぬいてその奥に居室を作る。その何もない空間に部屋としての用途がある。
　　だから結論をいえばこうだ。
　　すべて形有るものが役に立つのは、形無きものがそれを支える役割を果たしているからだ。
　　（老子2013、39-40頁）

そして河合は、これを踏まえて、次のような解釈を提示する。

　　老子は、車の轂や容器、家屋の居室のイメージなどを用いて、「有」が存在するためには、「無」の否定的媒介によってこそ「有」たり得ることを巧みに示している。すべて形有るものが役に立つのは、形無きものの支えがあってこそなのである。
　　（河合2003、315頁）

2 方法的特徴としての「輸入・修正型文化」

次に、日本文化の方法的特徴として、「輸入・修正型文化」という点が指摘できる。すなわち、日本文化には本質・原型・核心といったものが存在せず、「外国の文化を輸入して、日本社会に適合するよう修正を加える」という作業を継続的に行うことによって自身の文化を成長・発展させるという点に、日本文化の方法的特徴を見出すわけである[11]。

そもそも日本ほど、歴史的にみて、技術・制度・思想を外国から取り入れて自身のものにしていった国は、他に例がない。というのも日本は、古代から大陸文化の影響に圧倒的にさらされており、また明治以降は西洋文化の影響を多大に受けているからである。したがって加藤が指摘するように、「日本的なものは……日本の西洋化が深いところへ入っているという事実そのものにももとめなければなら」（加藤 1955-1、7 頁）ず、日本文化の特徴は、伝統的な日本と西洋化した日本という二つの要素が深いところで絡んでいて、どちらも抜きがたいということそれ自体にあると考えなければならない。つまり日本文化は、その根本が抜き差しならないかたちで伝統的な文化と外来の文化の双方から養われているという点において雑種的な文化の典型であるので、日本の伝統的文化を西洋文化の影響から区別して拾い出すことは不可能なのである。それゆえ加藤の考えでは、純粋な日本化であれ純粋な西洋化であれ、およそ日本文化を純粋化しようとする念願そのものを放棄しなければならない[12]。

この点については、丸山も同様の見解を提示している。彼によれば、古来日本は外来の普遍主義的世界観を次々と受容しながらこれに修正を加えるということを繰り返してきたため、日本の多少とも体系的な思想や教義は内容的にいうと外来思想である。だがここで注意しなければならないのは、そのような外来思想が日本に入ってきた場合には必ず一定の変容を受け、かなり

---

11) 　加藤 1955-1、加藤 1955-2、千葉 1991、126-127 頁、中村 1989、107-109 頁、115 頁、245 頁、ヨンパルト 2000、43-45 頁、丸山 2004、内田 2009、特に 20-30 頁、35-44 頁、97-100 頁、梅棹 1967、30-32 頁を参照。

12) 　加藤 1955-1、7-8 頁、加藤 1955-2、95 頁

大幅な修正が行われるという点である。したがって、完結的イデオロギーとして「日本的なもの」を取り出そうとすると必ず失敗する[13]が、外来思想の変容・修正のパターンをみると驚くほど共通した特徴を見出すことができる。それはすなわち、「私達はたえず外を向いてきょろきょろして新しいものを外なる世界に求めながら、そういうきょろきょろしている自分自身は一向に変わらない」(丸山 2004、139 頁)という一般的な精神態度であり、そういう修正主義がまさに一つのパターンとして執拗に繰り返されるという特徴である。換言すれば、「よその世界の変化に対応する変わり身の早さ自体が『伝統』化している」(丸山 2004、150 頁)というわけである。(丸山 2004、136-139 頁、148-150 頁)

以上のように日本文化の方法的特徴を「輸入・修正型文化」という点に見出す立場は、「その特徴を、どこかに存在するとしばしば考えられている本質・原型・核心といったものではなく、ある制度や思想が外来のもっと新しいものに取って代わるときの『変化の仕方が変化しない』というところに求めなければならない」と指摘する[14]。

3 内容的特徴としての「状況重視型の相対的道徳」

最後に、日本文化の内容的特徴として、「状況重視型の相対的道徳」という点が指摘できる。すなわち、日本社会の構成員は序列を重視し直接的・感情的な人間関係を優先する価値観を基礎に置くため、他人の判断を基準にして自身の行動方針を定める傾向があり、その結果として社会的条件によって善悪の判断基準が変わり得るという点に、日本文化の内容的特徴を見出すわけである[15]。

---

13) 丸山曰く、「外来文化の影響を排除して日本的なものを求めるのは、ラッキョウの皮を剥くのと同じ操作にならざるをえない。」(丸山 2004、137 頁。圏点は原著者。) また彼は、日本の思想を理解する際に冒しやすい誤りとして、①日本思想史を外来思想の歪曲の歴史とすることと、②「外来」思想というものから独立して「内発」的な日本人の考え方を求めようという努力、の二つを挙げたうえで、前者はあまり生産的な捉え方ではなく、また後者は少なくとも日本思想史の方法としては失敗せざるを得ないと批判する。(丸山 2004、136-137 頁)

14) なお、以上の指摘と同様の視点を提示するものとして、Bell 2006, p. 326 も参照。

この点についてベネディクトが、日本社会における人間相互間の関係の基礎にあるのは「各人が自分に相応しい位置を占める」という考え方だと指摘して、日本文化の特徴を「恥の文化」だと捉えたことは、あまりにも有名である。彼女の指摘によると、日本人は、カントの定言命法やキリスト教の黄金律を引き合いに出さない。どの行動がよしとされるかは、その行動が現れた領域 (circle) 次第で決まるのである。しかもそれぞれの領域内においてでさえ、その"しきたり (code)"が求めるのは、「その領域の中で条件が変わると、全く異なった行動がなされなければならない」ということである。つまり、日本人はその場その場の個別主義的な"しきたり"に従うことが求められている、というわけである。したがって彼女の考えでは、「恥の文化（恥に強く依存する文化）」の構成員は、「罪の文化（罪に強く依存する文化）——それは、絶対的な道徳的基準を教え込み各人の良心の陶冶に依存する社会であって、その構成員は内在化された罪の自覚に基づいて善行を行う——」と対照的に、外的なサンクションに基づいて善行を行う。なぜなら、恥とは他者の批判に対する反応であり、人は公衆の面前で嘲笑され拒絶されたりあるいは嘲笑されたと自分自身で思い込むことによって、恥を感じるからである。それゆえ彼女の指摘によると、「恥の文化」と特徴づけられる日本社会の各構成員は、自身の行動に対する世間の批判に気を配り、他人の判断を基準にして自身の行動方針を定めるのである。(Benedict 2005, pp. 43-75, pp. 195-196, p. 212, p. 222 ff. [邦訳 60-95 頁、238-239 頁、259-260 頁、272 頁以下])

　また中根は、「日本人の価値観の根底には、絶対を設定する思考、あるいは論理的探求、といったものが存在しないか、あるいは、あってもきわめて低調で、その代わりに直接的、感情的人間関係を前提とする相対性原理が強く存在している」(中根 1967、173 頁。圏点は原著者。) と主張し、その理由を次のように説明する。(中根 1967、26-37 頁、47-67 頁、70-76 頁、158-173 頁)

---

15)　中根 1967、中根 1978、中村 1989、13 頁、117 頁、123-131 頁、134 頁、329 頁、369 頁、施 2003、282-293 頁、Se and Karatsu 2004, Benedict 2005、南 2006、281 頁、井上 2007 を参照。

中根によれば、日本社会における集団構成の特徴は、「資格」ではなく「場」を強調する点にある[16]。このように異なる資格を有する者から構成される「場による集団」が強い機能を持っている場合、集団結集力を導き出すために、①枠内の成員に一体感を持たせる働きかけと、②集団内の個々人を結ぶ内部組織の生成・強化という、二つの方法が実施される。前者の方法は、外部に対して「われわれ」というグループ意識を強調するとともに、内部的には「同じグループ成員」という情的な結び付きを持たせようとするため、感情的なアプローチと直接接触的な人間関係を要請する。また後者の方法として日本社会におけるあらゆる集団で用いられているのが、序列に基づく「タテ」の関係である[17]。したがって日本社会における人間関係の特徴は、個々人の間に理性的で抽象的な契約関係を設定することが困難であり、極めてパーソナルで直接的な人と人との関係と序列に基づく「タテ」の関係とによって人間関係が設定されるという点に、見出すことができる。このように直接的で序列重視型の人間関係を何よりも優先する価値観を有する日本社会において、自己を位置づける尺度となり自己の思考を導く基準となるのは、論理的・宗教的な理由づけではなく対人関係であり、「社会の人々がそう考えている」という社会的強制である。したがって日本社会においては、その社会的条件によって善悪の判断は変わり得るものであり、道徳は相対的なものとなるのである。

以上で述べたベネディクトの「恥の文化」論と中根の「タテ社会」論に関

---

[16] 中根によれば、一定の個人からなる社会集団の構成の要因を極めて抽象的に捉えると、「資格」と「場」という二つの異なる原理が設定できる。「資格による集団構成」とは、ある社会集団が、特定の職業集団や一定の父系血縁集団といった、一定の個人を他から区別し得る何らかの属性という基準によって構成されている場合を指す。これに対して「場による集団構成」とは、一定の地域や所属機関のように、資格の相違を問わず一定の枠によってある社会集団が構成されている場合を指す。(中根1967、26-27頁)

[17] 中根曰く、「『タテ』の関係は、実際に強調され、機能をもち、それが現実の集団構成員の結合の構造原理となると、たとえ同一集団内の同一資格を有する者であっても、それが『タテ』の運動に影響されて、何らかの方法で『差』が設定され、強調されることによって、いわゆる驚くほど精緻な序列が形成される。」(中根 1967、71-72頁)

して、注目すべき解釈を提示しているのが濱口惠俊である。というのも彼は、これらの理論に対する標準的な解釈としての「『方法論的個人主義』と呼び得るアプローチ——すなわち、自律的な行動主体である『個人』という人間モデルを分析拠点に設定して、『恥の文化』論や『タテ社会』論は、日本人を、そのような分析枠組が有する自己依拠性という基本属性を欠いた人たちだと捉える傾向がある、と解釈するアプローチ——」に代わる、別のアプローチが可能だと考えるからである。彼の解釈では、ベネディクトの「恥の文化」論は、日本人が「恥」をかくのを未然に回避しようとする理由を、生活の不可欠の要因である「身近な人たちとの間柄」における評価が下がらないようにする積極的な努力に求めた理論であり、中根の「タテ社会」論は、共有される生活の「場」が日本人にとってどれほど大切かを言わんとした理論なのである。したがって、ベネディクトにおける「『恥』をかくことの恐れ」や中根における「タテの人間関係」は、日本人において関係性への配慮がいかに大切であるかを指摘したものだ、と受け止めることができる[18)][19)]。

第2節　日本文化の三つの特徴の相互関係

　本節では、**第1節**で指摘した日本文化の三つの特徴——すなわち、①構造的特徴としての「中空均衡構造」、②方法的特徴としての「輸入・修正型文化」、③内容的特徴としての「状況重視型の相対的道徳」——の相互関係を、整理する。

1　「中空均衡構造」と「輸入・修正型文化」の相互関係

　まず初めに、「中空均衡構造」という日本文化の構造的特徴と、「輸入・修正型文化」という日本文化の方法的特徴の相互関係を明らかにするために、

---

18)　濱口 1998、40 頁、濱口編著 1998、18-20 頁
19)　それゆえ濱口は、ベネディクトと中根の研究を「関係性」の視点から再構成することが必要となる、と指摘する。（濱口 1998、40 頁）

中空均衡構造の提唱者である河合自身の論述を確認する。

　河合曰く、「わが国が常に外来文化を取り入れ、時にはそれを中心においたかのごとく思わせながら、時がうつるにつれそれは日本化され、中央から離れてゆく。しかもそれは消え去るのではなく、他の多くのものと適切にバランスを取りながら、中心の空性を浮かびあがらせるために存在している。このようなパターンは、まさに神話に示された中空均衡形式そのままであると思われる。」（河合1999、49頁）つまり、外国の文化を輸入して日本社会に適合するよう修正を加えることで自身の文化を成長・発展させるという、輸入・修正型の「方法」は、まさに中空均衡「構造」が要請するものだ、というわけである。

　換言すれば、中空均衡構造の特徴は「相対立する力を適切に均衡させて全体的調和を保ち、矛盾や対立の共存を可能にする」という点にあるので、その下での変化・進化は、①まず新しいものを受け入れることから始まり、②最初は、これまでの日本文化の内容と異質な新しいものを受け入れたことに伴う混乱も発生するが、③時間の経過と共に、全体的調和の中に組み込まれてゆく、という経過をたどることになる。このような「構造」の下で、これまでの日本文化の内容と異質な外国の文化を輸入して日本社会に適合するよう修正を加えることで自身の文化を成長・発展させるという、輸入・修正型の「方法」を採用することには、何の違和感も存在しない、と考えるのである[20]。

2　「状況重視型の相対的道徳」と「中空均衡構造」の相互関係

　次に、「状況重視型の相対的道徳」という日本文化の内容的特徴と、「中空均衡構造」という日本文化の構造的特徴の相互関係を明らかにするために、

---

20)　なお河合は、このような中空均衡構造に基づく輸入・修正型文化という日本文化の特徴に対して、次のような評価を下している。すなわち、それは、他からいろいろなことを取り入れて「追いつけ、追い越せ」と努力している間は、非常に有効に機能した。だが、日本が他に追いつくのではなく自らが判断し決定すべき立場になったときに、困難が生じてきており、自らの決断を要する危機状況において無責任体制の欠陥をさらしている、と。（河合2003、328頁）

ベネディクトの指摘に着目しよう。

ベネディクトによれば、日本社会では、どの行動がよしとされるかはその行動が現れた領域次第で決まり、しかもそれぞれの領域内においてでさえ条件が変わると全く異なった行動がなされなければならないので、ある領域で要求される行動と別の領域でのそれとの間で、あるいは、ひとつの領域内において要求されるある手続と別の手続との間で、相対立する要求が全体として調和しているかという観点に基づいて、注意深く均衡を保つことが求められる。(Benedict 2005, pp. 195-197 [邦訳 238-241])彼女曰く、日本社会における「徳の原理とは、それ自体が善である一つの行動と、やはりそれ自体が善である別の行動との、均衡を保つことなのである。」(Benedict 2005, p. 219 [邦訳 268 頁])

したがって「状況重視型の相対的道徳」と「中空均衡構造」の相互関係については、次のようにまとめることができる。すなわち、日本社会の構成員は、社会的条件によって変化する判断基準の「内容」を、相対立する力を適切に均衡させて全体的調和を保ち矛盾や対立の共存を可能にする「構造」の観点に基づいて、見定めなければならない、と。

3 「状況重視型の相対的道徳」と「輸入・修正型文化」の相互関係

最後に、「状況重視型の相対的道徳」という日本文化の内容的特徴と、「輸入・修正型文化」という日本文化の方法的特徴の相互関係を明らかにするために、内田樹の議論を確認したい。(内田 2009、35-44 頁)

内田の指摘によると、日本文化の特徴として、他国との比較でしか自国を語れず、「何が正しいのか」を論理的に判断することよりも「誰と親しくすればよいのか」を見極めることに専ら知的資源が供給される、という点を挙げることができる。つまり日本人は、自分自身が正しい判断を下すことよりも、「正しい判断を下すはずの人」を探り当ててその身近にあることを優先する、というわけである。その結果として日本人は、ここではない外部のどこかに世界の中心たる「絶対的価値体」があると考えて、それにどうすれば近づけどうすれば遠のくかという意識に基づいて、思考と行動を決定するの

である。

　したがって「状況重視型の相対的道徳」と「輸入・修正型文化」の相互関係については、次のようにまとめることができる。すなわち、日本社会の構成員は、自身の行動方針の基準を他人の判断に求める結果として、基準そのものの吟味よりも「どのような社会的条件の下で、誰が、その基準を提示したか」を重視する傾向が強い。そのような人間が日本文化の「内容」の確定を求められた場合、日本文化の本質・原型・核心といったものを探求するのではなく、基準とするに相応しい外国の文化を輸入して日本社会に適合するよう修正を加えることで自身の文化を成長・発展させるという「方法」を好んで採用するのである、と。

第2章 「中空均衡構造」に適合的な理論構造

日本文化を考慮した自由社会擁護論の探求に相応しい、日本文化の構造的特徴である「中空均衡構造」に適合的な構造を有する理論とは、どのようなものか。この問いに答えるために本章では、まず初めに**第1節**で、中心統合構造と対比しつつ整理された中空均衡構造の特徴をめぐってハイエクの「行為ルールとしての伝統」論を、次に**第2節**で、中空均衡構造における「変化・進化の全体的なあり様」という観点をめぐってアッナイムの構成的アプローチとマッキンタイアの伝統間比較論を、最後に**第3節**で、中空均衡構造における「常に連続性を保持した変化」という観点をめぐってオークショットの「行為の伝統」論を、それぞれ考察する。

第1節 中心統合構造を批判するハイエクの 「行為ルールとしての伝統」論

まず初めに、中心統合構造と対比しつつ整理された中空均衡構造の特徴に着目しよう。その特徴として、先に**第1章第1節1**で指摘したように、中心に存在する唯一者の権威あるいは力によってすべてが統合される中心統合構造と対照的に、「力も働きも持たない"空"を中心に置くことで、相対立する力を適切に均衡させて、全体的調和を保つ」という点を挙げることができる。

ここで注目したいのが、ハイエクの「行為ルールとしての伝統」論である。というのも彼は、先に**第Ⅰ部第1章**の**第1節**および**第2節**で述べたように、「知識の分散」と「暗黙知・実践知」という言葉で特徴づけられる知識論に基づいて設計主義——すなわち、「社会秩序に関する知識すべてが統一的知識として存在し、それを知る一人の人間がその知識を基礎にして望ま

しい社会秩序を設計できる」と想定する考え方——を厳しく批判して、人間が理性を適切に使用するために必要不可欠な基盤として「伝統」の重要性を強調する際に、伝統を、「人間の行為の結果ではあるが人間の設計の結果ではなく——換言すれば、遺伝子によって決定されるものという意味での『自然』と知性による設計の産物という意味での『人工』との中間に位置し本能と理性の中間に位置する第三の範疇に属する、自生的な秩序形成過程の産物であって——、明文化されたかたちで行為者に知られることなく行為の中で遵守され尊重されている、『行為ルール』のようなもの」として理解するからである。

したがって、中心統合構造の論理に基づく設計主義を批判し、知性の命令ではなく個々人の自由な活動の相互調整に基づいて形成される自生的秩序の有用性を強調[1]したうえで、「伝統」を自生的な秩序形成過程の産物だと理解してその重要性を強調するハイエクの「行為ルールとしての伝統」論は、日本文化の構造的特徴である中空均衡構造における「中心統合構造と対照的に、中心が存在しなくても全体が適切に調整される」という観点に適合的な構造を有する理論だということができる。

もっとも、ハイエクの「行為ルールとしての伝統」論と「中空均衡構造」との適合性を考察する際には、以下の点に注意が必要である。

先に**第Ⅰ部第1章第2節**で述べたようにハイエクは、「行為ルールとしての伝統」の抽象性を繰り返し強調して、「人間の意識的思考や言語的表現に現れるずっと以前から人間の行為を決定するパターンが存在しており、その

---

1) この点について嶋津格は、自生的秩序の典型例である言語の事例を持ち出して、次のような説明を加える。すなわち、言語は一つのルールの体系だが、このルールは誰かに命令されて話し手が服従しているようなものではない。それどころか、自国語を話す場合、このルールはほぼ意識されず、大抵の人間は自由に正確な言葉を使っていながら自身が従っているルールを述べることはできない。さらに、このルールを述べる専門家である文法学者は、このルールを定立するわけでは決してなく、それを発見し定式化するだけである。しかもその場合であっても、文法学者はすべてのルールを定式化できるわけではない。それにもかかわらず、文法学者の述べる比較的単純な文法であっても、文章の文法上の誤りを発見するためには、ある程度でほとんど常に有効なのである、と。(嶋津1985、11-12頁)

ようなものとしての『行為ルールとしての伝統』が、明確に意識化された具体的な行為を枠付けている」と考える。つまり彼は、「行為ルールとしての伝統」の特徴を捉える際に、抽象的なるものの先行性を強調して、抽象的な行為ルールが具体的な行為に先行すると考えるわけである。

　ハイエクの指摘によると、具体的な個物は抽象化の働きから生み出されたものであって、我々が自覚するものは具体的な個物しかないとしてもこのことは「心が抽象的なルールに従って働くことができるからこそ、我々が具体的な個物を自覚するのだ」ということを排除しない。なぜなら抽象的なルールは、抽象化がそこから引き出されると我々が信じているところの具体的な個物を我々が知覚できるようになるよりも前に、心が持っていなければならないものだからである。したがって、他の人々の行為を意味あるものとして認識する能力と自分自身の行為や他人の行為を正しいとか不正だとか判断する能力はともに、我々の行為を支配する高度に抽象的なルールが我々の中にある――もっとも、我々はその存在を自覚していないし、まして言葉で表現することなどできないのだが――ということに基づいているに違いない。我々は、自覚的に語ったり、気付いたり、自覚的にテストしたりできる以上のことをある意味で常に知っているのであって、成功裏に行っていることの多くは、語ったり内省したりすることのできる領域の外にある前提に依存している[2]。

　ここで注目すべきは、ハイエクが「抽象的な行為ルールとしての伝統は、具体的な行為に先行する」と主張する際に、我々の行為はすべて意識されていないルールによって導かれているとみなさなければならず、知らないうちに行為と思考のすべてを支配している心の要因は無自覚のうちに我々を導く抽象的なルールだと記述するしかないと述べている点である。というのも、もし我々が無限後退に陥るべきでないとすれば、意識的思考は、それ自体は意識的であり得ないルール――すなわち、意識の内容に作用を及ぼしてはいるがそれ自体は意識的ではあり得ない、超意識的メカニズム――によって規

2）　Hayek 1967, p. 61［ハイエク 2010、198 頁］，Hayek 1990, pp. 36-37, pp. 43-47［ハイエク 2010、157-158 頁、165-171 頁］

制されていると仮定しなければならないからである[3][4][5]。

　このように抽象的なるものの先行性を強調して、明確に意識化された具体的な思考や行為を支配するそれ自体は意識的であり得ない高度に抽象的なルールに言及する、ハイエクの「行為ルールとしての伝統」論と対照的に、中空均衡構造は、先に**第1章第1節1**で指摘したように、「力も働きも持たない"空"を中心に置くことで、相対立する力を適切に均衡させて全体的調和を保ち、矛盾や対立の共存を可能にしている」という点に、日本文化の構造的特徴を見出す。つまり中空均衡構造の特徴は、矛盾や対立が全体の調和を乱さないならば共存し得るという点にあるというわけである。

　したがって、後に**第4章第3節**でハイエクの「行為ルールとしての伝統」論と「状況重視型の相対的道徳」との適合可能性を検討する際には、以上の点に十分注意を払わなければならない。

第2節　アッナイムの構成的アプローチとマッキンタイアの伝統間比較論は「中空均衡構造」に適合的か

1　「中心統合構造」に適合的なアッナイムの構成的アプローチとマッキンタイアの伝統間比較論

　次に、中空均衡構造における変化・進化の全体的なあり様に着目しよう。先に**第1章第1節1**で指摘したように、その変化・進化は、まず新しいも

---

3)　Hayek 1967, p. 61［ハイエク 2010、198頁］, Hayek 1990, pp. 38-39［ハイエク 2010、159-160頁］

4)　この点について森田雅憲は、ハイエクが「ミュンヒハウゼンのトリレンマ」として知られる問題――すなわち、行為や思考の根拠を論理的に正当化するときには、無限遡行に陥るか、決断的に正当化を停止するか、論理循環するしかない、という問題（Albert 1985, p. 18）――を自分なりの立場から認識していた証拠だ、と指摘する。（森田 2009、35頁、153-159頁）

5)　なお、以上の点と密接に関連する「ハイエクの議論におけるカント的側面」をめぐっては、Gray 1998, pp. 1-8, pp. 21-23［邦訳 11-23頁、46-50頁］、山中 1996、103-108頁、山中 1997、32頁、37頁以下を参照。また、カントが定言命法に理論的基礎づけを与えていないという問題をめぐっては、岩田 2011、123-124頁を参照。

のを受け入れることから始まり、当初は異質なものを受け入れたことに伴う混乱も発生するが、時間の経過と共に全体的調和の中に組み込まれてゆく、という経過をたどる。このような変化・進化の経過は、外から受け入れた新しいものの優位性が極めて高い場合も同様である。というのも、最初はその新しい優位なものが中空の中心を占めて全体を統合するかのような様相を呈するが、次第にそれに対抗する力が強く働くことでバランスがとられ、時と共に外から受け入れた新しいものも周囲の中に調和的に吸収されてゆき、最終的には中心を"空"にする均衡状態に還るからである。このような中空均衡構造における変化・進化の全体的なあり様は、中心統合構造におけるそれと対照的である。なぜなら中心統合構造の場合、中心と異なる新しい存在が出現してきたときには、これまでの中心と新しい存在のどちらが中心となるかをめぐる対立が生じ、①これまでの中心が優位なときは新しい存在が排除され、②新しい存在が優位なときはそれを中心とする新しい秩序・構造がつくられ、③弁証法的な展開をするときは革命のように急激ではない変化によって新しい中心ができるからである。

　ここで、以上で確認した中空均衡構造の変化・進化のあり様を、文化の変化をめぐるアッナイムの構成的アプローチ[6]と比較すると、表面上は、次のような両者の共通点が指摘できる。すなわち、構成的アプローチは、文化横断的な対話を通じて外側からある文化の変化と進化の方向に影響を与えることができると考えたうえで、この文化横断的な対話の過程について、①相互的であること、②ある文化の内部で要請される真正性と正統性に敏感であること、③ある文化の枠組に外在的な価値観を押しつけてはならないこと、を要請する。このような構成的アプローチの主張内容は、「まず新しいものを受け入れ、時間の経過と共に全体的調和の中に組み込まれる」という中空均衡構造の変化・進化のあり様と、一見したところ共通するようにも思われる、と。

　だが、そのような構成的アプローチの主張内容についてより明快かつ詳細に論を展開するマッキンタイアの伝統間比較論[7]と、中空均衡構造の変化・

---

6) 詳細は**第Ⅱ部第1章第2節1**を参照。

進化のあり様を比較すると、両者の共通点以上にその相違点が浮かび上がる。

確かにマッキンタイアは、伝統間比較論において、「伝統に外在的な批判者・敵対者との論争によっても、伝統における何らかの基本的一致が定義され、定義し直され得る」という考え方を提示し、具体的には「競争相手の伝統の説明を受け止めたうえで、新たな概念を発明・発見し新たな理論を形成する」というプロセスを提唱する。このような彼の主張は、中空均衡構造の変化・進化における「まず新しいものを受け入れたうえで、相対立する力を適切に均衡させて全体的調和を保ち、矛盾や対立の共存を可能にする」というあり様と、共通点が存在するようにみえなくもない。だがここに注意を払いたいのは、彼の伝統間比較論における以下の論述である。

まずマッキンタイアは、伝統構成的探究に基づく伝統間論争は、①各々の伝統の擁護者が、自身の擁護する伝統の観点から競争相手の伝統の主張を特徴づけ、自身の伝統の中心的見解と両立しない競争相手の主張を拒絶するための根拠を明らかにする、第一段階と、②各々の伝統の擁護者が「自身の伝統の基準に従っているかぎり解決不可能な二律背反を生み出し、むしろ競争相手の伝統のほうが自身の伝統の失敗や欠陥を自身の伝統以上に適切に説明できる」と考える第二段階という、二段階で進行すると考える。このような彼の考えは、中空均衡構造と対照的な、中心統合構造の変化・進化のあり様と共通する。なぜなら、伝統間論争の第一段階は、中心統合構造で中心と異なる新しい存在が出現したときの対立における「①これまでの中心が優位なときは新しい存在が排除される」場合と、伝統間論争の第二段階は、その対立における「②新しい存在が優位なときはそれを中心とする新しい秩序・構造がつくられる」場合と、それぞれ一致すると考えられるからである。

さらに彼は、伝統間論争の第二段階で見られるような「認識論的危機」の解決法を提唱する際に、新たな概念と新たな理論には、①自身の伝統がこれまで解決できなかった問題に解決を与える、②それらが発明・発見・形成される以前における自身の伝統の無効性や矛盾の原因を説明する、③以上の二

---

7) 詳細は**第Ⅰ部第2章第4節2**を参照。

つの課題が、新たな概念的・理論的構造と自身の伝統とが根本的に継続するようなかたちで実行される、という三つの要請を満たすことが求められると主張する。このような彼の考えは、中空均衡構造と対照的な中心統合構造において中心と異なる新しい存在が出現し対立が発生した際に「③弁証法的な展開をするときは革命のように急激ではない変化によって新しい中心ができる」場合と、基本的に一致すると考えられる。

したがって、文化の変化をめぐるアッナイムの構成的アプローチと、それを根底で支える基礎理論としてのマッキンタイアの伝統間比較論は、日本文化の構造的特徴である中空均衡構造における「変化・進化の全体的なあり様」という観点に適合的な構造を有する理論だと考えることはできず、むしろこれと対照的な中心統合構造における「変化・進化の全体的なあり様」という観点に適合的な構造を有する理論だといわなければならない。

2　中空均衡構造と中心統合構造の併存

ここで注目したいのが、日本文化の構造的特徴としての「中空均衡構造」の提唱者である河合自身が、「中空構造が今は危機に立っている」（河合1999、70頁）という認識を示している点である。では彼は、このような認識に対していかなる打開策を提示するのか。

河合の見解によれば、現代日本の課題は、中空均衡構造と中心統合構造の両立あるいは併存である。その際に彼は、両者の併存とはそれらの無理な「統合」を試みることではなく、自他を含めた全体状況の中で適切な生き方を選択することだと考えて（河合2003、326頁以下）、次のように述べる。

> それはおそらく、一方の構造に従っている生き方となろうが、なぜそのときにそちらを選んだかを説明することができ、選択に伴う責任の自覚をもっていること、一方を選ぶとしても他方の可能性に対して常に配慮を忘れぬこと、ということになるだろう。（河合2003、327頁）

ここで筆者はこのような河合の主張について、「中空均衡構造と中心統合

第 2 章　「中空均衡構造」に適合的な理論構造　　177

構造の併存」という発想それ自体が「中空均衡構造」の発想であり「輸入・修正型文化」の発想である、と考える。両者の併存という発想それ自体が中空均衡構造の発想だといえるのは、「『ある場面で中空均衡構造と中心統合構造のいずれかを選択した理由を説明し、その選択に伴う責任を自覚する』という中心統合構造の発想と、中空均衡構造の発想との無理な統合を試みず、自他を含めた全体状況の中で適切な生き方を選択したうえで、選択しなかった他方の可能性に対して常に配慮を忘れない」という彼の主張それ自体が、相対立する力を適切に均衡させて全体的調和を保ち矛盾や対立の共存を可能にするという、中空均衡構造の発想だからである。また両者の併存という発想それ自体が輸入・修正型文化の発想だといえるのは、「西洋社会で典型的にみられる中心統合構造の発想を輸入して、日本社会で典型的にみられる中空均衡構造に適合するよう修正を加えることで、現代日本の課題に答え得るよう中空均衡構造を成長・発展させる」という発想が、まさに輸入・修正型文化の発想だからである。

　したがって、「日本文化を考慮した自由社会擁護論の探求に相応しい、日本文化の構造的特徴である中空均衡構造における『変化・進化の全体的なあり様』という観点に適合的な構造を有する理論とは、どのようなものか」という問いに対して、筆者は次のように回答する。すなわち、文化的文脈重視型アプローチの人権論のひとつである、文化の変化をめぐるアッナイムの構成的アプローチと、それを根底で支える基礎理論としてのマッキンタイアの伝統間比較論は、中空均衡構造における「変化・進化の全体的なあり様」という観点に適合的な構造を有する理論だということができる、と。確かにアッナイムの構成的アプローチとマッキンタイアの伝統間比較論は、それ自体としては、中心統合構造に適合的な構造を有する理論である。だが同時に、文化横断的な対話をめぐるアッナイムの構成的アプローチの主張内容と、伝統間比較論におけるマッキンタイアの「伝統に外在的な批判者・敵対者との論争によっても、伝統における何らかの基本的一致が定義され、定義し直され得る」「競争相手の伝統の説明を受け止めたうえで、新たな概念を発明・発見し新たな理論を形成する」という考え方が、中空均衡構造の変化・進化

における「まず新しいものを受け入れたうえで、相対立する力を適切に均衡させて時間の経過と共に全体的調和の中に組み込まれることで、矛盾や対立の共存を可能にする」というあり様と、一定程度の親和性を有することも否定できない。それゆえ、現代日本の課題に対応し得る「中空均衡構造と中心統合構造の併存」という発想それ自体が「中空均衡構造」の発想だという点を踏まえるならば、アッナイムの構成的アプローチとマッキンタイアの伝統間比較論は、中空均衡構造と中心統合構造の併存の可能性を内包する点において、中空均衡構造に適合的な構造を有する理論だと考えることができよう。

第3節　連続的な変化に着目するオークショットの「行為の伝統」論

最後に、中空均衡構造における変化の特徴に着目すると、先に**第1章第1節1**で指摘したように、「確かに変化しているが、常に連続性を保持しているため、その変化を明確なかたちで把握することが難しい」という点を挙げることができる。この点で注目したいのが、オークショットの「行為の伝統」論である。

オークショットによると、伝統の中のある部分が他の部分よりもゆっくりと変化することはあり得るが、全く変化しない部分など存在し得ない。伝統の中のあらゆる部分が変化するのである。それにもかかわらず彼は、伝統には確かに同一性があると主張する。なぜなら、伝統のすべての部分が同時に変化することは決してなく、伝統のある部分は他の部分に足場を置いて変化するからである。したがって伝統は、変化するが全面的には動揺しないという点で安定的であるとともに、静寂ではあるが決して完全には休止しない。伝統は、長い間修正されないままであるということはあり得ず、常に漸進的に変化する[8]。

---

8) Oakeshott 1975, p. 120 [邦訳 24 頁], Oakeshott 1991, p. 61, pp. 470-471 [邦訳 72-74 頁、148-149 頁]

したがって、伝統の連続的な変化に着目するオークショットの「行為の伝統」論は、日本文化の構造的特徴である中空均衡構造における「常に連続性を保持した変化」という観点に適合的な構造を有する理論だということができる。

第 3 章 「輸入・修正型文化」に適合的な立論方法

第 1 節 「輸入・修正型文化」に適合的な立論方法としての「文化的文脈重視型アプローチの人権論」とマッキンタイアの伝統間比較論

　日本文化を考慮した自由社会擁護論の探求に相応しい、「輸入・修正型文化」に適合的な立論方法とは、どのようなものか。この点について、**第Ⅱ部**における「文化的文脈を考慮した人権論」の整理・検討と**第Ⅲ部第 1 章第 1 節 2** で指摘した「輸入・修正型文化」という日本文化の方法的特徴を踏まえて、まず指摘できるのは、「文化的文脈を考慮した人権論は、輸入・修正型文化という日本文化の方法的特徴に適合的な人権論だ」ということである。なぜなら、輸入・修正型文化という日本文化の方法的特徴を十分に踏まえて展開される人権論——すなわち、人権の普遍性を強調する西洋由来の思想を日本社会に輸入して、これを日本社会に適合するよう継続的に修正を加えることで、日本社会の文化的文脈を十分に考慮したかたちで展開される人権論——というのは、まさに、人権の普遍性を認めつつ文化的相対性も考慮して両者の両立可能性を探求する「文化的文脈を考慮した人権論」が目指しているものだからである。

　なかでも、輸入・修正型文化に特に適合的な人権論として注目すべきなのが、アッナイムの構成的アプローチやベルの地域知重視の人権論に代表される「文化的文脈重視型アプローチの人権論」である。というのも、輸入・修正型文化という日本文化の方法的特徴をめぐる、①「日本文化は雑種的な文化の典型だ」という加藤の指摘や、②「日本は外来思想を次々と受容しながらこれに修正を加えるということを繰り返してきており、外来思想が日本に

第3章 「輸入・修正型文化」に適合的な立論方法　181

入ってきた場合には必ず一定の変容を受けかなり大幅な修正が行われる」という丸山の指摘、を踏まえると、「①人権の普遍性を承認しつつも、②各社会の文化的文脈を考慮することの重要性を強調し、③これら双方の観点の両立可能性を探求する」という議論の進め方を採用する文化的文脈重視型アプローチの人権論は、「①まず初めに人権の普遍性を強調したうえで、②次にその枠内で各社会の文化的文脈を考慮した多様な取り扱いを検討する」という議論の進め方を採用する普遍的価値重視型アプローチの人権論よりも、なお一層、輸入・修正型文化に適合的だと考えられるからである。

　ここで注意したいのは、文化的文脈重視型アプローチの人権論が各社会の文化的文脈を極めて敏感に考慮するために採用した議論の進め方の適用範囲は、人権論に限定されないという点である。さらにいえば、文化的文脈重視型アプローチの人権論を根底で支える基礎理論としてのマッキンタイアの「知的探究の伝統」論――その核となるのが、伝統間比較論である――の適用範囲は、当然ながら人権論に限定されない。

　したがって、文化的文脈重視型アプローチの人権論とマッキンタイアの伝統間比較論が採用する立論方法に基づいて分析を加えることで、日本文化を考慮した自由社会擁護論の探求が可能となるということができる。

第2節　日本文化における価値観の継続性

　このように、日本文化の方法的特徴としての「輸入・修正型文化」に適合的な立論方法である文化的文脈重視型アプローチの人権論の議論の進め方とマッキンタイアの伝統間比較論に基づいて、日本文化を考慮した自由社会擁護論を探求する際に問題となるのが、「輸入・修正型文化の特徴に含まれる『本質・原型・核心といったものが存在しない』という要素と、アンナイムの構成的アプローチ・ベルの地域知重視の人権論・マッキンタイアの伝統間比較論の主張内容との間に、矛盾は存在しないか」という点である。

　確かに一方で、先に言及した加藤と丸山の指摘から明らかなように、日本文化はその根本が抜き差しならないかたちで伝統的文化と外来文化の双方か

ら養われているという点において雑種的な文化の典型であるので、外来文化の影響を完全に排除した「純粋に日本的なもの——換言すれば、日本文化の本質・原型・核心といったもの——」を取り出そうとする試みは必然的に失敗せざるを得ず、むしろ日本文化の特徴は「外来文化に対する修正主義」という伝統化したパターンそのものに見出すことができる。だが他方で、①アッナイムの構成的アプローチは、ある文化の内部において要請される真正性と正統性に対して敏感でなければならないと指摘し、②ベルの地域知重視の人権論は、新しい人権の体系を、現地の人々にとって妥当性のある既存の諸価値と文化的基準の上に基礎づけるべきだと主張し、③マッキンタイアの伝統間比較論は、認識論的危機を解決できる新たな概念と新たな理論が、自身の伝統におけるこれまでの歴史と根本的・実質的に継続性を有するかたちで展開されることを要請する。

　したがってここで問題となるのは、「日本文化のように本質・原型・核心といったものが存在しない文化的伝統が、そこにおいてこれまで確立されてきた真正性・正統性・価値観と根本的・実質的に継続性を有するかたちで修正され発展することが可能だと考えるためには、どのような理解が求められるか」という点である。この問題を解決するためには、次の二点に注意を払わなければならない。

　第一に、日本文化に本質・原型・核心といったものが存在しない——換言すれば、日本文化について考察を加える際に、外来文化の影響を完全に排除した「純粋に日本的なもの」を取り出すことは不可能である——ということは、「日本文化が無原理・無原則であって、統一性と継続性のある価値観やパターンが一切存在しない」ということを意味するわけでは決してない、という点である。日本文化には、典型的な雑種的文化だという統一的価値観が存在し、外来文化を次々と受容してこれに大幅な修正を加えるときの「変化の仕方が変化しない」という継続的パターンが存在し、「外来文化に対する修正主義」という原理・原則を継続的に実施してきた伝統が存在する。したがって、輸入・修正型文化という日本文化の方法的特徴は、「自分のアイデンティティーを失うことではなく、変わる状況に即座に適応できる能力があ

るということ」（ヨンパルト2000、45頁）だと捉えるべきであり、「丸山真男の言う『思想的雑居性』は、むしろ雑居を許す原理があることとして理解すべき」（千葉1991、127頁。圏点は原著者。）なのである。

　第二に、アッナイムの構成的アプローチ・ベルの地域知重視の人権論・マッキンタイアの伝統間比較論が要請するのは、ある文化的伝統においてこれまで確立されてきた真正性・正統性・価値観との根本的で実質的な継続性であって、外来文化の影響を完全に排除した「ある文化的伝統に独自の純粋なもの」という意味での本質・原型・核心といったものでは決してない、という点である。この点を理解するために有益なのが、オークショットの「行為の伝統」論[1]である。というのも彼は、伝統を、あらゆる部分が変化するにもかかわらず同一性を有するものだと捉えて、変化するが全面的に動揺しない点で安定的であるとともに静寂ではあるが決して完全には休止しないものだと考えるからである。

　このようなオークショットの「行為の伝統」論に示唆を得て、伝統は固定的で完全なものでは決してなく、むしろ「伝統の原理とは連続性の原理である」（Oakeshott 1991, p. 61 ［邦訳149頁］）と捉えることによって、「アッナイムの構成的アプローチ・ベルの地域知重視の人権論・マッキンタイアの伝統間比較論が要請する、文化的伝統における根本的で実質的な継続性は、外来文化の影響を完全に排除した純粋な本質・原型・核心といったものを意味するわけではない」ということが理解可能となる。

　したがって、日本文化の方法的特徴としての「輸入・修正型文化」に適合的な立論方法である文化的文脈重視型アプローチの人権論の議論の進め方とマッキンタイアの伝統間比較論に基づいて、日本文化を考慮した自由社会擁護論を探求する際に、輸入・修正型文化における「本質・原型・核心といったものが存在しない」という要素と、ある文化的伝統で確立された真正性・正統性・価値観との根本的で実質的な継続性を要請するアッナイムの構成的アプローチ・ベルの地域知重視の人権論・マッキンタイアの伝統間比較論の主張内容との矛盾という問題は発生しない、と結論づけることができる。

　1）　詳細は**第 2 章第 3 節**を参照。

第4章 「状況重視型の相対的道徳」に適合的な理論内容

　日本文化を考慮した自由社会擁護論の探求に相応しい、日本文化の内容的特徴である「状況重視型の相対的道徳」に適合的な内容を有する理論とは、どのようなものか。この問いに答えるために本章では、まず初めに**第1節**で、「状況重視型の相対的道徳」をめぐる中根自身の分析に基づく、単純な解釈を提示する。次に**第2節**で、日本文化の方法的特徴としての「輸入・修正型文化」に適合的な立論方法に基づいて、A・スミスの道徳理論が「状況重視型の相対的道徳」に適合的な内容を有する理論であるかどうかを検討する。さらに**第3節**で、**第2節**と同じ方法に基づいて、「状況重視型の相対的道徳」とハイエクの「行為ルールとしての伝統」論との適合可能性を検討する。最後に**第4節**で、「状況重視型の相対的道徳」に適合的な自由社会擁護論を展開するために、ハイエクの「行為ルールとしての伝統」論の再構成を行いたい。

第1節　単純な解釈
──「状況重視型の相対的道徳」に適合的な「『小さな共同体』を重視するマッキンタイアの共同体論」

　本節では、日本文化の内容的特徴としての「状況重視型の相対的道徳」の存在を指摘する中根自身の分析に基づいて、「状況重視型の相対的道徳」に適合的な理論内容をめぐるひとつの単純な解釈を提示する。
　先に**第1章第1節3**で明らかにしたように中根は、日本文化が「状況重視型の相対的道徳」という内容的特徴──すなわち、日本社会では、その構成員が他人の判断を基準にして自身の行動方針を定める傾向を有する結果として、社会的条件によって善悪の判断基準が変わり得る、という特徴──を

有する重要な理由として、日本社会の集団構成における「場」の強調に言及する。彼女の分析に従えば、「場」を強調するかたちで構成される集団には、以下に挙げる二つの特徴が存在する。

　第一に、それは、小集団を前提とするという点である。中根によると、「場」を強調するかたちで集団を構成する際には、その成員に一体感を持たせるために、極めてパーソナルで直接的な人間関係が要請される。そのような人間関係が成立し得るのは、「常に（ほとんど毎日）顔を合わせ、仕事や生活を共にする人々からなる小集団である。」（中根1978、21頁）[1] したがって彼女は、日本社会の構成員にとっての「場の共有を媒介としている人々からなる小集団」（中根1978、22頁）の重要性を強調する[2]。

　第二に、それは、集団の同質性を重視するという点である。中根によると、「場」を強調するかたちで集団を構成する際には、その成員に一体感を持たせることと同時に、集団内の個々人を結ぶ内部組織の生成・強化が要請される。そのための方法として日本社会におけるあらゆる集団で用いられているのが、序列に基づく「タテ」の関係による人間関係の設定である。そのような人間関係の下では、並立するものとの競争が激化し、競争に負けないために「みんな同じことをしないと気がすまない」（中根1967、106頁）というメンタリティが導出される。その結果、日本社会は「同質的な単一社会」という特徴を有するようになるわけである。（中根1967、103-106頁、187-188頁）

　したがって、中根自身の分析に基づくと、日本文化の内容的特徴である「状況重視型の相対的道徳」が前提とするのは、同質的な小集団である。そ

1）　中根の指摘によれば、そのような小集団のプロトタイプは「家」に求めることができる。特に伝統的な農村における「家」は、その典型例である。（中根1978、21-22頁）

2）　中根曰く、「日本社会においては、個人単位の集団参加は常に小集団に限定され、たとえ、組織的に大集団に属していても、それは小集団をとおしての参加であり、構造的に個人参加というものではない。」（中根1978、78頁）したがって、「このようなシステムにおいては、小集団は、個人の社会化にとって何よりも重要な場を提供し、個人の社会生活・人間関係のパターンは、ここで育まれることになる。」（中根1978、78頁）

のような集団において各構成員の行動を規制するのは、個々人の相対的な関係を基礎に置く各種条件——すなわち、集団内における個々人の人間関係の相対的力関係と、その総和から導出される全体的な動き——であって、そのような条件によって容易に動かない制度的ともいえる慣習化されたルールではない。この点を踏まえて彼女自身がさらに強調するのは、「日本社会では、このような同質的な小集団の外にいる人々に対しても、同様の人間関係を設定することで、同質的な小集団を前提とする行動・思考様式が適用される」という点である。(中根 1978、38 頁、81-82 頁、95 頁)[3]

以上で述べてきた「『状況重視型の相対的道徳』が前提とするのは同質的な小集団である」という中根自身の分析に基づけば、「状況重視型の相対的道徳」に適合的な内容を有する理論は「小さな共同体」を重視するマッキンタイアの共同体論[4]だ、という解釈を提示することができる。というのも、「小さな共同体」を前提とした「厚い伝統」と「共通善」を重視するマッキンタイアの共同体論は、共同体の同質性を前提とする共同体論だからである。

このような解釈は、同時に、「大きな共同体」を軸とするハイエクの共同体論[5]は「状況重視型の相対的道徳」に適合的な内容を有する理論だと考えることはできない、という点も含意する。なぜなら、「大きな共同体」を前提とした「薄い伝統」を重視するハイエクの共同体論は、共同体の同質性を前提とせず、むしろ共同体内の異質性・多様性を前提とする共同体論だからである。とりわけハイエクの共同体論が、①顔見知りの構成員が共通の目的を追求する組織化された集団である「部族社会」から拡張された、具体的な目的を持たない自生的な全体秩序としての「大きな共同体」を想定し、②そ

---

3) 中根曰く、「私たちの社会生活に規制が働き、全体の治安が維持されているのは、個々人が小集団的規制に常に従い、全体が力学的にバランスをとろうとする動きをもっているからといえよう。こうした社会に育まれた私たち日本人は、法規制にてらして行動するなどということはなく、まわりの人々にてらしてあるいはあわせて行動することに慣習づけられている。」(中根 1978、158 頁。圏点は原著者。)
4) 詳細は**第Ⅰ部第 2 章第 3 節 2** を参照。
5) 詳細は**第Ⅰ部**の**第 1 章第 3 節**ならびに**第 2 章第 3 節**の**1** および **3** を参照。

のような「大きな共同体」が成立するためには、同じ具体的な目的や価値観を共有しない者同士の関係にまで適用可能な、一般的で目的独立的で抽象的な行為ルールとしての「薄い伝統」が必要不可欠であると主張して、③「大きな共同体」の中に、相互に重なり合い交錯しあう多数の「小さな共同体」の存在を容認するのは、あくまでもそのような共同体が部族社会の情緒の保持を放棄するという条件を満たしている場合のみに限られると指摘する点に注意を向けるならば、中根自身の分析とハイエクの共同体論との対照性は一層明確になる。

　したがって、「状況重視型の相対的道徳」をめぐる中根自身の分析に基づく解釈——すなわち、「状況重視型の相対的道徳」に適合的なのは「『小さな共同体』を重視するマッキンタイアの共同体論」であって、「『大きな共同体』を軸とするハイエクの共同体論」は「状況重視型の相対的道徳」に適合的な理論といえない、という解釈——に従うならば、「状況重視型の相対的道徳」という日本文化の内容的特徴に適合的な自由社会擁護論の探求は困難だとの結論を導かざるを得ない。なぜなら、**第Ⅰ部**の**第1章第4節**ならびに**第2章第5節1**および**2**で述べたように、「大きな共同体」を軸とする共同体論を提示するハイエクが伝統重視の自由社会擁護論を展開するのと対照的に、「小さな共同体」を重視する共同体論を提示するマッキンタイアはリベラリズム批判を展開しているからである。

第2節　「輸入・修正型文化」に適合的な立論方法に基づく解釈Ⅰ　――「状況重視型の相対的道徳」とスミスの道徳理論との適合可能性

　もっとも、先に**第1節**で述べた「『状況重視型の相対的道徳』は同質的な小集団を前提とする」という中根自身の分析に対しては、有力な批判も存在する。この点をめぐる施の指摘によると、「状況を重視する道徳は、単に他者や世間への同調を求め、それらの"ものの見方"への一方的な従属を促すものだ」という否定的な評価がしばしば提示されるが、このような見解は正

しくない。というのも状況を重視する道徳は、多様な他者や世間の視覚を内面化することによって、他者や世間への単なる同調主義以上のものとなることができるからである。つまり、例えば会田雄次や井上忠司が述べるように、内面化される「世間」をより広い社会にするよう努めるならば、他者や世評への単なる同調主義には陥らないだろうというわけである[6]。

このような批判を説得的に展開するために施は、スミスの道徳理論を参考にする。なぜならスミスの道徳理論は、多様な他者の視覚の内面化を通じた自律性獲得のメカニズムを、非常に明確に示しているからである。ここで施は、「スミスの道徳理論は、『一般化された他者——つまり「世間の目」——』を内面化するプロセスを重視するが、決して世間への無批判な同調を促すものではない」という点に注意を払う。というのもスミスの考えでは、人は、「内面化した『一般化された他者』の同意」や「実際の観察者である、現実の他者や世間の同意」だけでは満足できなくなり、どちらとも異なる、関連する状況についての知識を十分に持った他者——すなわち、想像上の理想的な第三の観察者、スミスの用語で言うところのいわゆる「公平な観察者」——の観点からの同意を欲するようになるからである。以上の点を踏まえて施は、このようなかたちで「他者や世間の多様な視点を内面化し、その多様な視覚から自己を見つめ、状況に真に適った思考・行為を求めていく能力の形成という意味での一種の自律性の獲得へと至るスミス……が描き出したこのようなメカニズムは、日本文化においても十分に意識されてきた」（施2003、298頁）と指摘し、状況を重視する道徳が優勢な文化における自律性の形態とその獲得のメカニズムに関して心理学・教育学・文芸評論等の幅広い知見に裏付けられた議論を展開する[7][8]。

---

6) 施2003、294-295頁、会田1972、135-154頁、井上2007、22-28頁
7) 施2003、55-56頁、110-115頁、294-303頁、施2018、第2章
8) ちなみにマッキンタイアは、「状況を重視する道徳が、必然的に、世間への無批判な同調を促すわけでは決してない」という施の指摘と同様の見解を展開している。というのもマッキンタイアは、先に**第Ⅰ部第2章第1節2 (2)** で述べたように、「埋め込まれた自我」という自我観を採用するからといって、自我が、それが埋め込まれた共同体の特殊性に由来する道徳的限界をも受け入れなければならないということには

ここで筆者は、以上のような施の議論の説得性を認めつつも、**序論**や**第1章第1節**の冒頭で述べた本稿の目的——すなわち、「伝統的な法文化あるいは法意識と西洋的な法制度とのずれ」という川島の問題意識を念頭に置き、「現代日本の法状況をどのように理解し評価したうえで、どこをどのように改革すべきか」という課題に取り組む際に重要な示唆を与える田中の議論を踏まえたうえで、「日本文化を考慮した自由社会擁護論とはどのようなものか」という問題設定に答えること——に立ち返り、それに沿った立論方法——すなわち、**第Ⅱ部**で明らかにした、文化を考慮した自由社会擁護論を説得的に展開するための立論方法——を用いて、先に**第1節**で提示した単純な解釈を批判的に検討する必要があると考える。そこで本節では、施の議論に示唆を得て「公平な観察者による『同感 (sympathy)』」に基づく道徳理論を展開するスミスの『道徳感情論』(Smith 2015) に注目し、先に**第3章**で述べた「日本文化の方法的特徴としての『輸入・修正型文化』に適合的な立論方法」に基づいて、「『彼の道徳理論は、状況重視型の相対的道徳に適合的な内容を有する理論だ』という解釈を、先に**第1節**で提示した単純な解釈の問題点を解決するより説得的で魅力的な解釈として提示することは、可能かどうか」を検討する。その検討に際しては、次のような手順に従って分析を加える。

「輸入・修正型文化」に適合的な立論方法としての文化的文脈重視型アプローチの人権論が採用する方法は、「状況重視型の相対的道徳」とスミスの道徳理論との適合可能性の検討に際して、「スミスの道徳理論の普遍的妥当性を承認しつつも、日本文化の内容的特徴としての『状況重視型の相対的道徳』を考慮することの重要性を強調し、これら双方の観点の両立可能性を探求する」という手順に従って分析を加えることを要請する。そこで、まず初めに1で、『道徳感情論』におけるスミスの主張内容を確認したうえで、次に2で、「状況重視型の相対的道徳」とスミスの道徳理論との両立可能性を探求したい。

ならず、例えば自分自身のアイデンティティーに対する反抗も自らのアイデンティティーを表現するひとつの可能な様式だという点に、注意を促すからである。

ところで、文化的文脈重視型アプローチの人権論が採用する立論方法が要請する「双方の観点の両立可能性の探求」の具体的な進め方を詳細かつ明確に提示するのが、文化的文脈重視型アプローチの人権論を根底で支える基礎理論としてのマッキンタイアの伝統間比較論であった。そこで2では、マッキンタイアの伝統間比較論が採用する方法に基づいて、「状況重視型の相対的道徳」の擁護者が、「スミスの道徳理論のほうが、『状況重視型の相対的道徳』は同質的な小集団を前提とするという分析に基づく単純な解釈よりも、『状況重視型の相対的道徳』の特徴を適切に説明できるのではないか」と考えて、「スミスの道徳理論は『状況重視型の相対的道徳』に適合的な内容を有する理論だ」と考える新たな解釈を提示することが可能かどうかを検討する。その際には、このような新たな解釈が、①先に述べた単純な解釈では解決できなかった問題を解決できるかどうか、②単純な解釈の抱える問題点の原因を説明できるかどうか、③「状況重視型の相対的道徳」という日本文化の内容的特徴との根本的継続性を保持できるかどうか、について分析が加えられなければならない。

1　スミスの道徳理論

(1)「同感」論

スミスによると、我々は、他者の感情や行為の適切性を判断する心の作用である「同感」という能力を使って、他者の感情や行為を観察しそれらに対して是認・否認の判断を下す。このような観察と判断を繰り返すうちに、我々は、「他者もまた、我々自身の感情や行為に関心を持ってそれらを観察し、想像の中で我々自身の立場に立ってそれらを是認あるいは否認する」ということを知るようになる。そこで我々は、自分自身の感情や行為が他者の目にさらされていることを意識して、他者から是認されたいあるいは否認されたくないと願うようになり、その結果として、自分自身の感情や行為を他者が是認できるものに合わせようとするようになる。

では我々は、誰の是認を基準にして自分自身の感情や行為を調整するのであろうか。スミスの考えによると、我々が自分自身の感情や行為の適切性を

測る基準として求めるのは、「我々の胸中に存在する、利害関係のない『公平な観察者（impartial spectator）』――すなわち、内面化された観察者――」の是認である[9]。

(2) 一般的ルールの形成

それでは我々は、自分自身の行為に対する「実際の観察者の評価」と「胸中の公平な観察者の評価」が食い違うとき、どちらの評価を重視するのであろうか。スミスは、「実際の観察者の評価」としての世間による称賛あるいは非難それ自体を裁判における第一審に、「我々の胸中に存在する『公平な観察者』の評価」としての「称賛に値すること」あるいは「非難に値すること」を裁判における第二審にそれぞれ例えて、「我々は、自分自身の感情や行為について、まずは第一審としての世間の評価を仰ぐが、それが適切でないと感じるときには、第二審としての『胸中の公平な観察者』に訴えて最終的な判断を求める」と考える。

では我々は、常に、第二審たる胸中の公平な観察者の評価を、第一審たる世間の評価に優先させるのであろうか。この点についてスミスは、人間には自己欺瞞という致命的な欠陥があるため、公平な観察者の観点から自身の行為を評価するのは非常に困難だと指摘する。

このような難点に対する対策としてスミスが言及するのが、一般的ルールの形成である。彼曰く、「我々は、他者の行為を継続的に観察することで、気付かないうちに、何が為されたり回避されたりするのに相応しく適切であるかについての一般的ルールを、心の中に形成する。」（Smith 2015, pp. 269-270 ［邦訳290頁］）彼の考えによると、このような一般的ルールは、生まれつき我々に与えられているものではなく、我々が、他者との交際によって、自身の所属する社会の中で経験的に学びとっていくものである。そして一度このような一般的ルールが形成されると、我々は、それを基準にして、ある行為が称賛あるいは非難に値するか否かを判断する[10]。

---

9) Smith 2015, pp. 1-35, pp. 188-194, p. 228 ［邦訳30-61頁、212-217頁、250頁］, 堂目2008、28-39頁

(3) 小括

以上で確認した、「社会秩序を導く人間本性は何か」という問題をめぐる『道徳感情論』におけるスミスの主張内容を、堂目卓生は次のように要約する。すなわち、人間は他者の感情や行為に関心を持ち、それに同感する能力を有する。各人は、同感を通じて、胸中に公平な観察者を形成し、自分自身の感情や行為が胸中の公平な観察者から「称賛されるもの」「少なくとも非難されないもの」となるように努力する。だが人間には、胸中の公平な観察者の声を無視しようとする弱さがある。そこで人間は、胸中の公平な観察者の判断に従うことを一般的ルールとして設定し、それを顧慮する感覚を養う、と。(堂目 2008、65-67 頁、102 頁)

2 「状況重視型の相対的道徳」とスミスの道徳理論との適合可能性

では、「状況重視型の相対的道徳」の擁護者が、「1 で確認したスミスの道徳理論のほうが、**第 1 節**で提示した『状況重視型の相対的道徳』は同質的な小集団を前提とするという分析に基づく単純な解釈よりも、『状況重視型の相対的道徳』の特徴を適切に説明できるのではないか」と考えて、「スミスの道徳理論は『状況重視型の相対的道徳』に適合的な内容を有する理論だ」と考える新たな解釈を提示することは可能であろうか。

ここで提示される新たな解釈は、次のようにまとめることができる。すなわち、スミスの道徳理論は、多様な他者の視覚の内面化を通じた自律性獲得のメカニズムを非常に明確に示しており、「一般化された他者——つまり『世間の目』——」を内面化するプロセスを重視するが決して世間への無批判な同調を促すものではなく、「我々の胸中に存在する、利害関係のない『公平な観察者』——すなわち、内面化された観察者——」の観点を重視する。このような彼の道徳理論に基づいて「『状況重視型の相対的道徳』は、内面化される『世間』をより広い社会にするよう努めたうえで多様な他者や世間の視覚を内面化することによって、他者や世間への単なる同調主義以上のものとなることができる」と捉えたほうが、単純な解釈に基づく「「『状況

---

10) Smith 2015, pp. 194-275 [邦訳 217-295 頁]、堂目 2008、50-58 頁

第4章 「状況重視型の相対的道徳」に適合的な理論内容　　193

重視型の相対的道徳』は、単に他者や世間への同調を求め、それらの"ものの見方"への一方的な従属を促す」という捉え方よりも、「状況重視型の相対的道徳」の特徴を適切に説明できる、と。

　そこで以下では、「輸入・修正型文化」に適合的な立論方法としてのマッキンタイアの伝統間比較論が採用する方法の要請に従って、このような新たな解釈の提示可能性を検討する。

(1) 新たな解釈は単純な解釈で解決できなかった問題を解決できるか

　まず初めに、**第1節**で提示した単純な解釈では解決できなかった問題を確認しよう。この点については、①「状況重視型の相対的道徳」に適合的な「『小さな共同体』を重視するマッキンタイアの共同体論」という解釈は、共同体の同質性を前提とするため、共同体内の多様性を適切に考慮に入れることができず、②そのような解釈は、顔見知りの構成員が共通の目的を追求する組織化された集団から拡張された「大きな共同体」を想定できず、③そのような解釈は、同じ具体的な目的や価値観を共有しない者同士の関係にまで適用可能な、一般的で目的独立的で抽象的なルールに適切な位置づけを与えることができず、④以上三点の結果として、そのような解釈に基づく自由社会擁護論の探求が困難となる、という問題が指摘できる。

　このような問題に対して、「スミスの道徳理論は『状況重視型の相対的道徳』に適合的な内容を有する理論だ」と考える新たな解釈は、次のような解決を与える。すなわち、①新たな解釈は、多様な他者の視覚の内面化を通じた自律性獲得のメカニズムを示すスミスの道徳理論に注目することで、共同体内の多様性を適切に考慮に入れることができ、②そのような解釈は、内面化される「世間」をより広い社会にするよう努めることで、顔見知りの構成員が共通の目的を追求する組織化された集団から拡張された「大きな共同体」を想定でき、③そのような解釈は、「我々が、胸中の公平な観察者の判断に従うために、他者の行為を継続的に観察することで、自身の所属する社会の中で経験的に学びとっていく」とスミスが考える、一般的ルールに適切な位置づけを与えることができ、④以上三点の結果として、そのような解釈

に基づく自由社会擁護論の探求が可能となる、と。

(2) 新たな解釈は単純な解釈の抱える問題点の原因を説明できるか

次に、「スミスの道徳理論は『状況重視型の相対的道徳』に適合的な内容を有する理論だ」と考える新たな解釈は、先に (1) で指摘した「単純な解釈の抱える問題点」の原因を、以下のように説明する。

第一に、新たな解釈は、「我々の胸中に存在する、利害関係のない『公平な観察者』——すなわち、内面化された観察者——」の観点を重視するスミスの道徳理論に基づいて、「『状況重視型の相対的道徳』は、多様な他者や世間の視覚を内面化することによって、他者や世間への単なる同調主義以上のものとなることができる」と捉える。ここで注目すべきは、彼が、「実際の観察者の評価」としての世間による称賛あるいは非難と、「我々の胸中に存在する『公平な観察者』の評価」としての「称賛に値すること」あるいは「非難に値すること」を明確に区別したうえで、両者が食い違う場面を想定し、その際には、世間の評価に対する完全な同調を促すのではなく、「我々は、まずは世間の評価を仰ぐが、それが適切でないと感じるときには、『胸中の公平な観察者』に訴えて最終的な判断を求める」と考える点である。

このような新たな解釈に基づけば、単純な解釈が抱える「①共同体内の多様性を適切に考慮に入れることができない」という問題点の原因を、「『状況重視型の相対的道徳』という内容的特徴を有する日本社会では、必然的に、あらゆる集団に対して同質的な小集団を前提とする行動・思考様式としての同調主義が適用される」という中根自身の分析に見出すことが可能となる。

第二に、新たな解釈の基盤を形成するスミスの道徳理論は、多様な他者の視覚の内面化を通じた自律性獲得のメカニズムを非常に明確に示すものであり、「社会秩序を導く人間本性は何か」という問題に対して「我々は、同感を通じて胸中に公平な観察者を形成し、その判断に従うために最終的には一般的ルールを形成する」という主張を展開する。このような彼の道徳理論に基づいて、新たな解釈は、「多様な他者や世間の視覚を内面化する際に、内面化される『世間』をより広い社会にするよう努めるならば、『状況重視型

第 4 章 「状況重視型の相対的道徳」に適合的な理論内容　　195

の相対的道徳』は他者や世間への単なる同調主義には陥らない」と考える。

このような新たな解釈に基づけば、単純な解釈が抱える「②顔見知りの構成員が共通の目的を追求する組織化された集団から拡張された『大きな共同体』を想定できず、③一般的で目的独立的で抽象的なルールに適切な位置づけを与えることができない」という問題点の原因を、「『状況重視型の相対的道徳』という内容的特徴を有する日本社会では、必然的に、同質的な小集団が前提とされるため、各構成員の行動が、個々人の相対的な関係を基礎に置く各種条件によっては容易に動かないルールによって規制されることはない」という中根自身の分析に見出すことが可能となる。

(3) 新たな解釈は「状況重視型の相対的道徳」との根本的継続性を保持できるか

最後に、新たな解釈が「状況重視型の相対的道徳」との根本的継続性を保持できるかを検討するために、各々の主張内容の要点を再度確認しよう。

一方で、新たな解釈の基盤を形成するスミスの道徳理論の要点は、「他者の感情や行為の適切性を判断する心の作用としての『同感』に着目し、一般化された他者たる『世間の目』の内面化プロセスを重視したうえで、自身の感情や行為の適切性を測る基準として『内面化された観察者たる、胸中の公平な観察者』の是認を求める」という点にまとめることができる。

他方で、日本文化の内容的特徴としての「状況重視型の相対的道徳」の要点は、「他人の判断を基準にして自身の行動方針を定める傾向があり、その結果として社会的条件によって善悪の判断基準が変わり得る」という点にまとめることができる。この点をめぐるベネディクトの指摘によれば、日本社会の構成員は、カントの定言命法やキリスト教の黄金律を引き合いには出さず、自身の行動に対する世間の批判に気を配り、他人の判断を基準にして自身の行動方針を定める。また中根は、「日本人の価値観の根底には、相対性原理が強く存在しているため、"絶対的なもの"を設定する思考が存在しない、あるいは、極めて低調だ」と指摘したうえで、「日本社会では、自己の思考を導く基準となるのは『社会の人々がそう考えている』という意味での

『世間の目』であるので、社会的条件によって善悪の判断は変わり得る」と主張する。

したがって、新たな解釈の基盤を形成するスミスの道徳理論と「状況重視型の相対的道徳」はともに「道徳的基準を探求する際に、他者との関係から切り離された絶対的基準を設定するのではなく、他者との関係に基づいて形成される判断基準を重視する」という点に着目するならば、「新たな解釈は『状況重視型の相対的道徳』との根本的継続性を保持できる」という結論を導出することが可能である。

3 結論

以上の論述から明らかなように、「日本文化の方法的特徴としての『輸入・修正型文化』に適合的な立論方法」に基づいて、「スミスの道徳理論は『状況重視型の相対的道徳』に適合的な内容を有する理論だ」という解釈を提示することができる。それゆえ、彼の「公平な観察者による『同感』」に基づく道徳理論を参考にすれば、「状況重視型の相対的道徳」に適合的な自由社会擁護論が立論可能だといえよう[11]。

---

11) なおここで、「スミスの道徳理論は、『状況重視型の相対的道徳』に適合的な内容を有する理論であると同時に、『輸入・修正型文化』に適合的な立論方法をも展開している」という点を指摘しておきたい。

スミスによれば、秩序ある社会における善悪の一般的な判断基準——すなわち、公平な観察者の判断基準——は、その社会の外部から超越的に与えられるものではなく、その社会を構成する諸個人の交際の歴史を通じて内生的に形成されるものである。したがって彼は、「公平な観察者の判断基準は、それが適用される社会に固有のものであり、社会の慣習（custom）から影響を受ける可能性がある」と指摘する。もっとも、「公平な観察者の判断基準に対して、社会の慣習はどの程度の影響力を持つか——換言すれば、異なる慣習を有する社会では道徳の基準も大きく異なるのか——」という問題に対して、彼は、「趣味の対象になるものに対する社会的な評価基準と同様に、人間の性格や行為に対する社会的な評価基準が、社会や時代の慣習と流行に影響を受ける」ということを認めつつも、「社会の存続にとって重要な種類の性格や行為——すなわち、正義に関わる性格や行為——については、社会的な評価基準は慣習や流行によって大きな影響を受けることはない」という点に注意を喚起する。もちろん、例えば生命・身体・財産・名誉がどの程度尊重されるべきかについての判断基準は、社会や時代によって完全に同じではない。だが、存続するすべての社会に

第3節 「輸入・修正型文化」に適合的な立論方法に基づく解釈Ⅱ ——「状況重視型の相対的道徳」と ハイエクの 「行為ルールとしての伝統」論 との適合可能性

　本節では、ハイエクの自由社会擁護論に注目し、**第2節**と同じ立論方法に基づいて、「状況重視型の相対的道徳」と彼の「行為ルールとしての伝統」論との適合可能性——すなわち、「大きな共同体」で形成され適用される「薄い伝統」を重視する彼の「行為ルールとしての伝統」論は、日本文化の内容的特徴としての「状況重視型の相対的道徳」に適合的な内容を有する理論だ、という解釈を提示することが可能かどうか——を検討する。本節で彼の自由社会擁護論に注目するのは、次に挙げる三つの理由が存在するからである。

　第一に、ハイエクは、**第2節**で述べた「状況重視型の相対的道徳」に適合的な自由社会擁護論の立論可能性を有するスミスの道徳理論を、高く評価するからである。ハイエクは、先に**第Ⅰ部第1章第3節2 (1)** で述べたように、「行為ルールとしての伝統」が形成され適用される"場"として「大きな共同体」を想定し、そのような「大きな共同体」が成立するためには、同じ具体的な目的や価値観を共有しない者同士の関係にまで適用可能な、内容が希薄化された一般的で目的独立的で抽象的な行為ルールが必要不可欠であると主張したうえで、スミスの道徳理論について、D・ヒュームの道徳理論[12]と共に、様々な個人の多様な利益を適切な行為ルールの遵守によって

おいて、他人の生命・身体・財産・名誉を侵害することを避けるべきだという道徳感情は、程度の差はあれ、共通にみられる感情だというわけである。(Smith 2015, pp. 347-368 [邦訳 367-387 頁]、堂目 2008、109-118 頁)

　以上のようなスミスの主張は、先に**第Ⅱ部**で検討した「文化的文脈を考慮した人権論(その中でも特に、ドネリーの『強い普遍主義』)」と同様の視点に基づく主張を展開しており、このような「文化的文脈を考慮した人権論」は、先に**第3章第1節**で指摘したように、「輸入・修正型文化」という日本文化の方法的特徴に適合的な人権論である。したがってスミスの道徳理論は、「輸入・修正型文化」に適合的な立論方法に基づく主張を展開している、ということができる。

調整可能とするものだと肯定的に評価する。(Hayek 1990, p. 135［ハイエク 2009-1、138頁］)

第二に、**第2章第1節**で述べたように、中心統合構造の論理に基づく設計主義を批判し自生的秩序の有用性を強調したうえで、「伝統」を自生的な秩序形成過程の産物だと理解してその重要性を強調するハイエクの「行為ルールとしての伝統」論は、日本文化の構造的特徴である中空均衡構造における「中心統合構造と対照的に、中心が存在しなくても全体が適切に調整される」という観点に適合的な構造を有する理論だからである。

第三に、**第1節**で提示した単純な解釈に基づく「『状況重視型の相対的道徳』という日本文化の内容的特徴に適合的な自由社会擁護論の探求は困難だ」という結論の限界を、新たな解釈を検討することで乗り越えるためには、先に**第Ⅰ部第2章**で検討を加えたように、マッキンタイアの議論と対比的に捉えることのできるハイエクの議論に注目する必要があるからである。

ところで、先に**第2節**で「スミスの道徳理論は『状況重視型の相対的道徳』に適合的な内容を有する理論だ」という解釈を提示することができたのは、彼の道徳理論が、道徳的基準を探求する際に、他者との関係から切り離

---

12) ヒュームは、スミスと同様に、人間本性の中で何より注目すべきものは我々の持つ他者と同感する傾向だと指摘する。このように同感の人間論を展開するヒュームの考えによれば、我々は、他者と相互不信や利益対立を繰り返しながらも、同感によって、次に述べるようなかたちで自身の偏見を修正し相互の利益の調整をはかることができる。(Hume 1978, p. 316［『人間本性論　第2巻』51頁］，桂木 1988、124頁)

　例えば私は、他者が私自身と同じように行動するならば、他者が自らの財を保有するのを認めることが私自身の利益になると考える。同様に他者も、自らの行動を規制することに利益があると気付いている。このような利益に関する共通の感覚が相互に示され両者に知られることで、約束を介在させることなしに、我々の間にコンヴェンションが成立する。それは、約束という性質のものではなく、共通の利益に関する一般的な感覚にすぎない。だが、社会の全成員がこの感覚を相互に表明することで、我々は一定のルールに従って自身の行動を規制することが可能となる。(Hume 1978, p. 490［『人間本性論　第3巻』44頁］)

　このようにヒュームは、同感によって、各々の行為が他者も同様にふるまうであろうという期待に基づいて行われ、すべての者に共通だと考えられる利益の感覚によってコンヴェンションが成立することで、正義のルールが確立すると考える。(Hume 1978, pp. 497-500［『人間本性論　第3巻』51-54頁］)

された絶対的基準を設定するのではなく、他者との関係に基づいて形成される判断基準を重視したからである。したがって、「状況重視型の相対的道徳」とハイエクの「行為ルールとしての伝統」論との適合可能性を検討する際に問題となるのは、彼の「行為ルールとしての伝統」論の中に他者との関係に基づいて形成される判断基準という観点が存在するかどうかだ、ということができる。そこでこの点に検討を加えるために、本節では、以下の順で論を展開する。まず初めに1で、「行為ルールとしての伝統」の特徴を捉える際に抽象的なるものの先行性を強調するハイエクの議論に言及し、スミスとハイエクの相違点を確認する。次に2で、伝統の普及・明文化過程に焦点を当てて、ハイエクの「行為ルールとしての伝統」論の特徴を確認する。最後に3で、1および2における確認作業を踏まえたうえで、「輸入・修正型文化」に適合的な立論方法としてのマッキンタイアの伝統間比較論が採用する方法に基づいた、「状況重視型の相対的道徳」とハイエクの「行為ルールとしての伝統」論との適合可能性に関する結論を提示したい。

1 抽象的なるものの先行性

先に**第2章第1節**で述べたようにハイエクは、「行為ルールとしての伝統」の特徴を捉える際に、抽象的なるものの先行性を強調し、抽象的な行為ルールが具体的な行為に先行すると考える。その際に注目すべきは、彼が、我々の行為はすべて意識されていないルールによって導かれているとみなさなければならず、知らないうちに行為と思考のすべてを支配している心の要因は無自覚のうちに我々を導く抽象的なルールだと記述するしかないと述べている点であった。

したがって、同感を通じた「胸中の公平な観察者」の是認に基づく一般的ルールの形成を主張するスミスの道徳理論と、抽象的なるものの先行性を強調するハイエクの「行為ルールとしての伝統」論の間には、以下のような相違点が存在する。

一方でスミスは、同感を伴った利己心による社会の存立と正義の確立を主張し、「観察者は、想像上の立場の交換によって、自分自身がその立場にあ

ったらどのように感ずるかを想像する」という同感論を展開して、自分自身の感情や行為の適切性を測る基準として「我々の胸中に存在する、利害関係のない、公平な観察者」の是認を求める[13]。すなわち彼は、自身の感情や行為の適切性を測る基準として、当事者という立場を離れてより普遍的で公平な立場に身を置く「第三者の視点」を設定し、そのような視点に基づいて一般的ルールが形成されると主張するわけである。この点は、彼が、自分自身の行為に対する「胸中の公平な観察者の評価」としての「称賛に値すること」あるいは「非難に値すること」を、「実際の観察者の評価」としての世間による称賛あるいは非難それ自体と明確に区別したうえで、最終的な判断を「胸中の公平な観察者」に求めることからも、裏付けることができる。(参照、太子堂 2003、54-55 頁)[14]

このようなスミスと対照的に、ハイエクの「行為ルールとしての伝統」論では、そもそも「同感」概念が存在せず、「我々の行為はすべて、それ自体は意識的であり得ない、高度に抽象的なルールによって規制される」という仮定が置かれるため、スミスの道徳理論でみられる「行為ルールが、同感を通じた『胸中の公平な観察者』の是認に基づいて、意識的に形成される」といった立論は採用されない。なぜならハイエクは、カント的立場に立脚して自身の議論を構成し、人間本性についてカント的な認識カテゴリを想定しているがゆえに、スミスのような「同感」概念を採用する必要がなかったからである[15]。

---

13) スミス曰く、「観察者は、常に、もし自分自身が実際に当事者だったとすればどのように感じるだろうかと考えるのと同様に、当事者は、常に、もし自分自身が単なる観察者の一人だったとすればどのような気持ちになるだろうかと想像する。」(Smith 2015, p. 28 [邦訳 54 頁])

14) これに対してヒュームの場合、「行為の受益者または被害者の感情を対象としたうえで、個人はそれを効用で酌量することによって行為の道徳性を判断する」という同感論を展開し、観察者は当事者としての「不動かつ一般的な視点」に身を置く。(太子堂 2003、54 頁)

15) cf. Petsoulas 2001, pp. 146-157, 太子堂 2003、62 頁

2 伝統の普及・明文化過程に焦点を当てた「行為ルールとしての伝統」論

このようなハイエクの「行為ルールとしての伝統」論を、抽象的なるものの先行性ではなく伝統の普及・明文化過程に焦点を当てて考察を加えようとする場合には、「期待（expectations）」と「模倣（imitation）」という二つのキーワードに注目する必要がある。そこで以下では、「伝統の普及過程」と「伝統の明文化過程」のそれぞれについて、「期待」と「模倣」というキーワードに即しながら、彼の「行為ルールとしての伝統」論の特徴を確認しよう。

第一に、「行為ルールとしての伝統」の普及過程について。先に**第Ⅰ部第1章**の**第2節**および**第3節2（1）**で述べたようにハイエクは、ある未開人が別の部族との物々交換を期待して自分たちの支配領域の境界線あたりに何か物財を置くという行為から「行為ルールとしての伝統」の発達が始まったと考えて、「行為ルールとしての伝統」が「大きな共同体」に普及した過程を、試行錯誤の結果、淘汰と模倣によって、伝統が偶然に生き残ったと説明する。

ここで注目したいのが、ハイエクの考える「行為ルールとしての伝統」の習得法としての模倣である。先に**第Ⅰ部第1章第2節**で述べたように彼は、個々の人間がルールに対応する具体的な行為を模倣することでルールに従って行為することを学習し、成功している集団を見て成功を導く新しいルールを他の集団が模倣することで新しいルールが人々の間に広まると考える。つまり、「行為ルールとしての伝統」という判断基準は他者との関係に基づいて――すなわち、ルールに対応する他者の具体的な行為の模倣に基づいて――普及する、というわけである[16)][17)]。

---

16) この点に関してペッツウラは、「ハイエクは、スミスの道徳理論において同感が果たしている役割を無意識の模倣過程と考えることで、『スミスの同感論では、個々人による意識的な内省・熟慮が中心的な役割を果たしている』という点を無視している」と指摘する。(Petsoulas 2001, p. 157)

もっともこのようなペッツウラの指摘をめぐっては、先に**第2節1（2）**で示したようにスミス自身が、「我々は、他者の行為を継続的に観察することで、気付かないうちに、何が為されたり回避されたりするのに相応しく適切であるかについての一般

第二に、「行為ルールとしての伝統」の明文化過程——すなわち、「行為ルールとしての伝統」に近いことを単に言葉で表現したにすぎないルールである「ノモス」の形成過程——について。ハイエクはまず、彼自身がノモスの典型例だと考える「コモン・ローのような司法過程に由来する法」の形成過程で裁判官が関心を示すのは、当事者の合法的な期待——すなわち、当事者が自身の所属する社会で行為する際に、一般的に根拠を置いていた期待——だと指摘して、次のように述べる。

> コモン・ロー裁判官の主な関心は、進行中の行為秩序が依拠する一般的実践を基礎にして取引当事者が合理的に形成した期待に違いない。どのような期待がここでいう意味での合理的な期待であるかを決定する際に、裁判官は、当事者の期待を実際に決定し得る実践（慣習やルール）と、当事者に知られていたと考えられる事実のみを、考慮することができる。(Hayek 1993-1, p. 86［邦訳

的ルールを、心の中に形成する。」(Smith 2015, pp.269-270［邦訳290頁］)と述べている点に、注意を払う必要がある。
17) このようにハイエクは、理由を知らないまま偶然に採用された「行為ルールとしての伝統」から得るある集団の利益が、その伝統を採用していない他の集団に比べて非常に大きいということに基づいて、その伝統は普及すると考える。そのうえで彼は、「行為ルールとしての伝統」が、その有益な効果を人々が理解しないまま普及し、本能の強力な反発と理性の攻撃から守られた理由として、宗教の重要性を強調する。(Hayek 1988, pp. 135-140［邦訳203-211頁］. 参照、山中2007、221-230頁。) なお、このような彼の主張に対する批判については、Yenor 2007, p. 108, pp. 115-120を参照。

　以上の点に関連して、「行為ルールとしての伝統」の普及に際して宗教の重要性を強調するハイエクに対して、ブキャナンは、自由市場が有効に機能するために必要不可欠な、法を超えた制度としての「相互主義（reciprocity）の市場倫理」を、教育によって普及させることの重要性を強調する。(Buchanan 2005, p. 19, pp. 30-39, pp. 83-84)

　なお、自発的行為に基づく強制なしでの相互主義の出現をめぐる「『無限回くりかえし囚人のジレンマ・ゲーム』を想定することで、自生的な秩序形成過程に基づいて『囚人のジレンマ』問題を解決できる」という説明については、荒井1997、17頁以下、49頁以下、64-74頁、アクセルロッド1998、6頁以下、10頁、16頁、19頁以下、56頁以下、松井2002、29頁以下、223頁以下、荒井2006、9頁以下、48頁、59頁、131-150頁、185-206頁、小林2009、24-29頁を参照。ちなみに荒井一博は、このような説明を展開する際に、説得の効果や教育の重要性を強調する。(荒井1997、49-59頁（特に54-56頁）、64-74頁、荒井2006、188頁以下)

第 4 章 「状況重視型の相対的道徳」に適合的な理論内容　203

115 頁].圏点は筆者。)

　　裁判官に与えられた仕事とは、……あるルールが周知の確立された慣習であっ
　　たという理由に基づいて、当事者に、期待を導くべきものが何であったのかを
　　告げることである。(Hayek 1993-1, p. 87 [邦訳 116 頁].圏点は筆者。)

　このようにハイエクは、人々の行為を導く期待が確立した実践や慣習から生
み出され、裁判官は「行為ルールとしての伝統」の明文化に際して「一方の
当事者の行為が、他方の当事者が合理的に形成した期待――すなわち、両当
事者が所属する集団の構成員が、日常生活の中で行為する際に、その基礎と
なっていた実践や慣習に対応した期待――に合致したかどうか」を判断す
る、と考える。つまり彼の考えによれば、裁判官による「行為ルールとして
の伝統」の明文化過程において鍵となるのは、確立した実践や慣習に根拠を
置いた期待の充足なのである。(Hayek 1993-1, pp.85-89, pp.94-98 [邦訳 114-
120 頁、127-132 頁])

　さらにハイエクは、以上で述べたようなかたちで「行為ルールとしての伝
統」を明文化した法が、自身の力では脱することのできないあるいは少なく
とも非常に速やかには修正できない、袋小路に行き着いてしまう場合の解決
法として、立法による「修正」の必要性を指摘する。そのうえで彼は、「問
題を抱えている法を廃棄して新たな法を一から完全に自由に設計し直すとい
う意味での、立法による恣意的な『改変』ではなく、『行為ルールとしての
伝統』を立法によって『修正』するかたちで明文化した法は、期待誘導機能
を有する」と主張する。(Hayek 1993-1, pp. 88-89 [邦訳 118-119 頁])

　したがって、伝統の明文化過程に焦点を当てたハイエクの「行為ルールと
しての伝統」論は、「他者との関係に基づいて形成される期待に着目するか
たちで、『行為ルールとしての伝統』という判断基準が明文化される」とい
う主張内容だとまとめることができる。

3 「状況重視型の相対的道徳」と 伝統の普及・明文化過程に焦点を当てた「行為ルールとしての伝統」論 との適合可能性

　先に1で確認したように、抽象的なるものの先行性に焦点を当ててハイエクの「行為ルールとしての伝統」論を解釈すると、スミスの道徳理論でみられる他者との関係に基づいて形成される判断基準という観点――すなわち、当事者という立場を離れてより普遍的で公平な立場に身を置く、第三者の視点――がハイエクの議論には存在しないため、「状況重視型の相対的道徳」との適合可能性を説明することは困難だといわざるを得ない。

　これと対照的に、2で確認したように、伝統の普及・明文化過程に焦点を当ててハイエクの「行為ルールとしての伝統」論を解釈すると、彼の議論の中に他者との関係に基づいて形成される判断基準という観点を見出すことができる[18) 19)]。したがって「状況重視型の相対的道徳」の擁護者が、「伝統の普及・明文化過程に焦点を当てたハイエクの『行為ルールとしての伝統』論のほうが、**第1節**で提示した『状況重視型の相対的道徳』は同質的な小集団を前提とするという分析に基づく単純な解釈よりも、『状況重視型の相対的道徳』の特徴を適切に説明できるのではないか」と考えて、「ハイエクの『行為ルールとしての伝統』論は『状況重視型の相対的道徳』に適合的な内容を有する理論だ」と考える新たな解釈を提示することが可能となる[20)]。そ

---

18) 　というのもハイエクは、「行為ルールとしての伝統」という判断基準が、他者との関係に基づいて――すなわち、ルールに対応する他者の具体的な行為の模倣に基づいて――普及し、他者との関係に基づいて形成される期待に着目するかたちで明文化される、と考えているからである。

19) 　この観点の重要性について吉野は、「共通のルールに則って行動していることをお互いが理解し、予測不可能な事態がそう簡単には起こらないであろうという予測ができるからこそ、市場社会は安定的になりうる」（吉野2014、70頁）と指摘する。なぜなら、他者が自分自身と共通のルールに従っているという事実は個々人が他者の行動を認識する際の根拠となり、「我々が共通のルールに従っているであろう」という相互の予測が他者の行動に対するある程度の信頼を生み出すからである。（吉野2014、70頁）

20) 　なお本節の最初で述べたように、そもそも本節でハイエクの自由社会擁護論に注目したのは、**第1節**で提示した単純な解釈では解決できなかった問題――すなわち、①「状況重視型の相対的道徳」に適合的な「『小さな共同体』を重視するマッキンタ

れゆえ、伝統の普及・明文化過程に焦点を当てたハイエクの「行為ルールとしての伝統」論を参考にすれば、「状況重視型の相対的道徳」に適合的な自由社会擁護論が立論可能だといえよう。

第4節　「行為ルールとしての伝統」論の再構成
　　　　　──「状況重視型の相対的道徳」に適合的な
　　　　　　自由社会擁護論を展開するために

　本節では、**第3節3**で提示した結論を踏まえて、「状況重視型の相対的道徳」に適合的な自由社会擁護論を展開するために、ハイエクの「行為ルールとしての伝統」論の再構成を行う。まず初めに1で、「行為ルールとしての伝統」を具体的な文化的文脈に沿って理解することが可能であることを確認したうえで、次に2で、1で提示した「行為ルールとしての伝統」を概念・解釈・実施の三つのレベルに区別する理解を前提に、「実施のレベルにおけ

イアの共同体論」という解釈は、共同体の同質性を前提とするため、共同体内の多様性を適切に考慮に入れることができず、②そのような解釈は、顔見知りの構成員が共通の目的を追求する組織化された集団から拡張された「大きな共同体」を想定できず、③そのような解釈は、同じ具体的な目的や価値観を共有しない者同士の関係にまで適用可能な、一般的で目的独立的で抽象的なルールに適切な位置づけを与えることができず、④以上三点の結果として、そのような解釈に基づく自由社会擁護論の探求が困難となる、という問題──を念頭に置いたうえで、**第1節**で提示した単純な解釈に基づく結論の限界を新たな解釈を検討することで乗り越えるためには、マッキンタイアの議論と対比的に捉えることのできるハイエクの議論に注目する必要があると考えたからである。このようなハイエクの「行為ルールとしての伝統」論の特徴について伝統の普及・明文化過程に焦点を当てて考察を加えると、2で確認したように、彼の議論の中に「他者との関係に基づいて形成される判断基準」という観点──これは、「状況重視型の相対的道徳」と彼の「行為ルールとしての伝統」論との適合可能性を検討する際に、鍵となる観点である──を見出すことができた。それゆえ、伝統の普及・明文化過程に焦点を当てた彼の「行為ルールとしての伝統」論に基づいて展開される新たな解釈は、当然のことながら、「輸入・修正型文化」に適合的な立論方法としてのマッキンタイアの伝統間比較論が求める三つの要請──すなわち、①新たな解釈は、単純な解釈で解決できなかった問題を解決できるか、②新たな解釈は、単純な解釈の抱える問題点の原因を説明できるか、③新たな解釈は「状況重視型の相対的道徳」との根本的継続性を保持できるか──を満たすことができる。

る『行為ルールとしての伝統』」の発展について、特に「実施のレベルにおける『行為ルールとしての伝統』」間比較の可能性に焦点を当てて論じたい。

1 「行為ルールとしての伝統」と具体的な文化的文脈
──三つのレベルの「行為ルールとしての伝統」

先に第3節3で提示した「『大きな共同体』で形成され適用される『薄い伝統』を重視するハイエクの『行為ルールとしての伝統』論に関する、伝統の普及・明文化過程に焦点を当てた解釈は、日本文化の内容的特徴としての『状況重視型の相対的道徳』に適合的な内容を有する理論だ」という結論を踏まえて、「状況重視型の相対的道徳」に適合的な自由社会擁護論を展開するために彼の「行為ルールとしての伝統」論を再構成しようとする際に、まず問題となるのが、「行為ルールとしての伝統」を具体的な文化的文脈に沿って理解することはそもそも可能かという点である。

この点について、確かにハイエクの下記の主張を踏まえるならば、一見すると「行為ルールとしての伝統」を具体的な文化的文脈に沿って理解することは不可能であるようにも思われる。先に第Ⅰ部第1章第3節2で述べたように彼の共同体論は、「行為ルールとしての伝統」が形成され適用される"場"として「大きな共同体」を想定し、部族社会のような「小さな共同体」から具体的な目的を持たない自生的な全体秩序としての「大きな共同体」へと共同体が拡張されると論ずる。その際に彼は、共同体の拡張の具体的なきっかけとして「小さな共同体」間の交流──例えば、未開人による無言の物々交換や、古代の地中海沿岸地域で築かれた異なる共同体間の商業的関係からなる緊密なネットワーク──の存在を指摘し、このような交換という行為が初めて成立した瞬間から千年の時をかけて個々人の目的から独立した行為ルールを未知の人々を含む広い範囲へと拡張したと考えて、そのような共同体の拡張が「最終的には、世界全体にわたる普遍的で平和な秩序の確立を可能にするかもしれない」（Hayek 1967, p. 168［ハイエク 2009-1、80頁］）と主張する。つまり、彼の共同体論が最終的に目指すのは世界全体が一つの「大きな共同体」となった状態だ、というわけである[21]。

第4章 「状況重視型の相対的道徳」に適合的な理論内容　207

　もっとも、このようなハイエクの主張に対しては、「彼のように、世界全体を一つの『大きな共同体』と捉え、そこで形成され適用されるのが『行為ルールとしての伝統』だ——それは、共同体内における多様な価値観の存在を前提としたうえで、すべての人間に可能な最大限の自由を保障する、一般的で目的独立的で抽象的な『薄い伝統』である——と理解すると、『世界には実際そのような共通の伝統がただ一つだけ存在するわけでは決してなく、むしろ、そのような伝統の内容として例えばアメリカ・イギリス・ドイツ・フランス・日本の社会において具体的に実施されているものは各々の社会によって確実に異なるという事実が存在し、かつ、そのような事実が完全に否定されるべき事実だというわけでは決してない』ということを適切に説明できないのではないか」という批判が投げ掛けられ得る。この点についてグレイは、市場を慣習と伝統の中に深く埋め込まれた複雑な文化的制度だと捉えたうえで、市場は文化によって異なるため、多くの種類の市場経済と資本主義が存在すると主張する。したがってグレイの考えによれば、アングロ・サクソン的な自由市場は、あらゆる社会が目指すべき理想的な市場経済とは決していえず、むしろ、例えばドイツ的な社会的市場資本主義・中国的な家族基底的資本主義・日本的な関係的資本主義のような、各々の社会における文化的伝統を表現した様々な種類の資本主義の中の一形態にすぎない。(Gray 1998, p. 155)

　そこで筆者は、以上のようなハイエク批判を乗り越えるために、ドネリーの「強い普遍主義」[22]を参考にしつつハイエクの「行為ルールとしての伝統」論を再構成して、「行為ルールとしての伝統」を「概念のレベル」・「解釈のレベル」・「実施のレベル」の三つに区別する理解を提示したい。

　それはまず初めに、伝統の「概念」を、共同体内における多様な価値観の存在を前提とする「大きな共同体」で形成・適用され、すべての人間に可能な最大限の自由を保障する、一般的で目的独立的で抽象的な「薄い伝統」だ

---
21)　Hayek 1967, p. 163, p. 168［ハイエク 2009-1、72頁、79-80頁］, 登尾 2011、167頁
22)　詳細は**第Ⅱ部第1章第1節1**を参照。

と理解する。次に、このような伝統の概念の「解釈」として、いわゆる「フェア・プレイ」のルール、殺人・傷害・窃盗などを禁止するルール、私的所有権、契約の自由、暴力・詐欺・脅迫の禁止などについて定めた私的自治のルールといった、いくつかの解釈が示される。最後に、このような伝統の概念に対して示されたいくつかの解釈が法や政治という実践の場で具体的に「実施」される場合には、伝統の具体的な内容がそれぞれの地域によって異なったかたちで取り扱われる可能性がある。というのも、例えばいわゆる「フェア・プレイ」のルールを実施する際に、「フェアな行為とは何か——換言すれば、何をもって『卑怯でない』行為だと理解するか——」という問いに対してどのように答えるかというのは、地域によって違いが生じ得る事柄だからである。

　ハイエクの「行為ルールとしての伝統」をこのように理解することで、世界全体に拡張された一つの「大きな共同体」で形成され適用されるのが「行為ルールとしての伝統」だと捉えつつ、そのような共通の伝統をそれぞれの地域で実施する際における具体的な内容の違いを適切に説明することができる。先に**第3節**で取り上げた問題に即して述べるならば、抽象的なるものの先行性に焦点を当てた「行為ルールとしての伝統」論が「概念のレベルにおける『行為ルールとしての伝統』」に焦点を当てて論じているのに対して、「『状況重視型の相対的道徳』という具体的な文化的文脈に適合可能な、伝統の普及・明文化過程に焦点を当てた『行為ルールとしての伝統』論」は「実施のレベルにおける『行為ルールとしての伝統』」に焦点を当てて論じている、と理解するわけである。このように理解することで、彼の「行為ルールとしての伝統」を具体的な文化的文脈に沿って理解することが可能となる[23]。

---

23)　これに関連して、ハイエクにおけるネーションの取り扱いをめぐる萬田悦夫の指摘に対する、筆者の理解を述べておきたい。
　　この点について萬田は、以下のようにまとめている。（萬田 2008、239-244頁）ハイエクは、「自由な社会では一般的な善は、主として未知の個別的な諸目的の追求を容易にするところにある」（Hayek 1993-2, p. 1［邦訳8頁］）と考えて、政府が達成すべき共同善とは何らかの特定の必要を直接満たすことではなく自生的秩序を維持す

第4章 「状況重視型の相対的道徳」に適合的な理論内容　209

　以上で提示したように「行為ルールとしての伝統」を具体的な文化的文脈に沿って理解することは、実は、ハイエク自身も認めているところである。というのも彼は、『自由の条件』の「序論」（Hayek 1960, pp. 1-8［『自由の条件Ⅰ』7-17頁］）の中で、文明の発展について考察する際における文化的背景の重要性に言及し、「西洋における歴史的発展の結果のすべてを別の文化的な基盤に移植することは不可能であってやるべきではなく、そのような別の地域で西洋の影響の下に結局いかなる文明が出現しようと、それが成長に任される場合のほうが上から押し付けられる場合よりも早く、適当なかたちをとるであろう」（Hayek 1960, pp. 2-3［『自由の条件Ⅰ』9-10頁］）と述べているからである。それゆえ彼は、自由な進化に必要な条件である個々人の自発性という精神が欠けている場合には存続可能な文明はどこにも育ち得ないと指摘し、自由の精神を育む文化的背景の重要性を強調するのである[24]。

　　るための条件を確保するだと主張する。その際にハイエクは、共同善を、特定の善が成員すべてによって共有されている状態を指すものとしてではなく、様々な個別的な善がそれを可能にするルールの下で調整されながら共存している状態を指すものとして、構想している。彼がこのような見方を貫こうとするのは、善の内容を共有することで人々を相互に結び付けようとすることが「部族社会」のような「小さな共同体」の本能の発露であり、文明社会の原理に反したあり方だと考えるからである。だがこのようなハイエクの主張に対して萬田は、「文明社会といっても、私達は今日ネーションを完全に凌駕した社会に住んでいるわけではないし、見通し得る将来においてそういう方向に進むという確証もない。そして人々をネーションへと統合しているのは、ルールだけではなく、特定の善や目的を共有してきたという記憶である。」（萬田 2008、243頁）と批判し、次のように指摘する。すなわち、このネーションは、ハイエクのいう「小さな共同体」ではなく「大きな共同体」であって――なぜなら私達は、ネーションの成員の顔や名前を知り得ないからである――、文明社会の基盤として捉えなければならないものであるにもかかわらず、伝統や慣行や意味の枠組が共有されているために特定の善の内容を私達が共有できる――というのも、もしそれが不可能であれば、私達は善悪に関する共通の判断基準を失うことになるからである――ものである、と。
　　筆者の考えでは、萬田が指摘する以上のような問題は、「行為ルールとしての伝統」の「実施のレベル」に関わる問題だと理解することができる。

24)　この点に関して小島秀信は、「伝統」とは「共通の背景」を持つあるひとつの集団におけるものだというハイエクの指摘に着目し、「自由社会はある種の伝統文化共同体を前提とするものであり、伝統文化（ルール）を共有しない共同体間では自由社会は成立し得ない」というのがハイエクの考えであると論ずる。したがって小島は、

2 「実施のレベルにおける『行為ルールとしての伝統』」間比較の可能性

　このようにハイエクの「行為ルールとしての伝統」論を再構成し、「行為ルールとしての伝統」を概念・解釈・実施の三つのレベルに区別したうえで、「実施のレベルにおける『行為ルールとしての伝統』」は「状況重視型の相対的道徳」という具体的な文化的文脈に適合可能だという理解を提示する場合、次に問題となるのが「実施のレベルにおける『行為ルールとしての伝統』」の発展をどのように考えるかという点である。

　確かにハイエクは、伝統の発展を検討する際に、①「知的探究の伝統」の複数性を明確に認めたうえで伝統間比較論を展開するマッキンタイアと対照的に、「行為ルールとしての伝統」の複数性を想定せず、②「知的探究の伝統」の発展過程を内在的批判に基づく漸進的な改善や修正に限定しないかたちで理解するマッキンタイアと対照的に、「行為ルールとしての伝統」の発展過程を内在的批判に基づく漸進的な改善や修正に限定する[25]。ハイエクが伝統の発展をこのように考え、彼自身の議論枠組の中で「伝統の内容が社会によって異なる可能性はあるのか」「伝統が複数存在する場合に、伝統間の比較についてどのように考えるべきか」といった問題が前面に現れてこないのは、彼の共同体論が伝統の形成・適用の"場"として一つの「大きな共同体」を想定しているからであった。

　したがって、**第3節3**の結論を踏まえてハイエクの「行為ルールとしての伝統」論を再構成し、「行為ルールとしての伝統」を概念・解釈・実施の三つのレベルに区別したうえで、「実施のレベルにおける『行為ルールとしての伝統』」は「状況重視型の相対的道徳」という具体的な文化的文脈に適

　「伝統文化によって人々の荒々しい欲望が抑制されることで平和裏に市場社会が維持されるというハイエクの見解に基づけば、健全な市場社会の基底には伝統文化共同体の存在が必要不可欠だということになる」と考え、それゆえ「ハイエクの自由市場論は、理論的には、伝統文化を破壊する一元的なグローバリズムへの対抗的な視座を提供する」と主張する。ただし小島は、この伝統文化共同体が市場との相互作用によって変容することをハイエクが大幅に認めていたという点に着目して、市場の基底に存在する伝統文化共同体と「部族社会」との違いに留意すべきだと指摘している。(小島 2011、350-353頁)

25)　詳細は**第Ⅰ部第2章第4節**を参照。

合可能だという理解を提示する場合、伝統の発展に関しても、①伝統の複数性を想定せず、②伝統の発展過程を内在的批判に基づく漸進的な改善や修正に限定する、彼自身の議論を再構成することが求められる。では「実施のレベルにおける『行為ルールとしての伝統』」の発展について、マッキンタイアの「知的探究の伝統」論から示唆を得て、伝統の複数性を明確に認めたうえで伝統間比較論を展開し、伝統の発展過程を内在的批判に基づく漸進的な改善や修正に限定しないかたちで理解する立論を行うことは、可能であろうか。

　このような立論に対しては、「先に**第Ⅰ部第2章第2節**で述べたように、ハイエクとマッキンタイアではそもそも『伝統』理解が全く異なるのだから、マッキンタイアの『知的探究の伝統』論を参考にしたハイエクの『行為ルールとしての伝統』論の再構成は、完全に的を外している」という批判が提示されるかもしれない。そこで筆者は、ハイエクの「行為ルールとしての伝統」論を再構成し、「実施のレベルにおける『行為ルールとしての伝統』」の発展を考察するに際して、オークショットの「行為の伝統」論に注目したい。なぜならオークショットは、一方で、ハイエクと多くの点で共通する「伝統」理解を提示しながら、他方で、ハイエク自身の議論と異なり、複数の伝統の存在を認めて伝統間比較に基づく伝統の発展に言及するからである。

(1) オークショットの「行為の伝統」論
A　行為の伝統

　オークショットによれば伝統とは、正確な定式化が不可能で、慣行や実践の中で表現されそれらの中でのみ存在し得るものである。したがって彼は、伝統を教えたり学んだりすることはできず、伝えたり習得することができるのみだと主張する。彼の考えでは伝統の習得は、習慣的にあるやり方で行為している人々と共に生活する中で、人々がこれまで行ってきた行為を観察してそれを模倣し、行為の習慣を身に付けることに始まる[26]。その意味で伝統の習得はまさに、言語の習得と同様である。以上のようなかたちで習得され

る「行為の伝統」として、彼は伝統を理解している[27)][28)]。

このようなオークショットの「伝統」理解は、ハイエクのそれと共通する。なぜならハイエクは、先に**第Ⅰ部第１章第２節**で述べたように、①元来明文化されたかたちで行為者に知られることなく、行為の中で遵守され尊重されており、②個々の人間は、ルールに対応する具体的な行為を模倣することで、ルールに従って行為することを学習する、「行為ルール」のようなものとして伝統を理解しているからである[29)][30)]。

以上のような特徴を有する「行為の伝統」について、オークショットはさ

---

26) したがってオークショットの主張によると、伝統の習得が開始された時点を明確化することは不可能である。(Oakeshott 1991, pp. 62-63［邦訳149-150頁］)
27) Oakeshott 1975, p. 120［邦訳24-25頁］, Oakeshott 1991, pp. 11-17, pp. 62-63, pp. 119-121, pp. 468-469［邦訳8-14頁、70-71頁、113-116頁、149-150頁］
28) なお、以上のようなオークショットの「伝統」理解の背景には、「あることのやり方についての知識（knowledge how）」と「あることの内容についての知識（knowledge that）」の区別が存在する。(Oakeshott 1991, pp. 12-14［邦訳9-10頁］)この区別を支えているのは、「暗黙知（tacit knowing）」という発想である。暗黙知については、Polanyi 1974, Polanyi 1980も参照。
29) なおハイエクも、オークショットと同様に、このような「伝統」理解の背景としての「あることのやり方についての知識」と「あることの内容についての知識」の区別と、この区別を支える「暗黙知」という発想に、言及している。(Hayek, 1960, pp. 25-26［『自由の条件Ⅰ』41-42頁］, Hayek 1990, p. 38［ハイエク 2010、159頁］, p. 81［ハイエク 2009-1、212頁］, Hayek 1993-1, p. 76［邦訳102-103頁］)
30) もっともオークショットが、伝統の習得法についてハイエク以上にさらに踏み込んで、「命題のかたちで定式化できる技術知は書物から学ぶことができるのに対して、伝統知を習得する唯一の方法は名人への弟子入りだ」と主張する点は、注目に値する。(Oakeshott 1991, p. 15［邦訳11-12頁］. cf. Oakeshott 1975, p. 120［邦訳24-25頁］, Polanyi 1974, pp. 53-54［邦訳49-50頁］.) その理由をオークショットは次のように説明する。

> それは、名人が伝統知を教え得るからではなく（名人にはそれは不可能である）、伝統知を絶えず実践している人間と継続的に接触していることによってのみ、伝統知を習得し得るからである。(Oakshott 1991, p. 15［邦訳11頁］)

なお以上の点に関しては、オークショットの考える「行為の伝統」の習得法とマッキンタイアの考える「知的探究の伝統」の習得法との類似性が指摘できる。(cf. MacIntyre 1990, pp. 60-63, pp. 65-66)

らに以下の四点を指摘する[31]。

　第一に、行為の伝統は、行為遂行の結果である。つまりそれは、人々が設計したわけでも選択したわけでもなく、人々が自らその「行為の伝統」が通用している範囲内にいることを承認しそれを承諾することによって、継続的に探究され再構成されるものである。したがってもっと正確にいえば、行為の伝統は、ひとつの行為遂行の結果ではなく、継続的に創造され常に終わることのない行為遂行の副産物として現れる。それは、人間の手による終わりなき歴史的達成物なのである。そしてそれがある程度の明確さと権威を得たとき、あるいは、その有用性が認知されたときに初めて、それは「行為の伝統」として承認される。(Oakeshott 1975, p. 56, p. 63, p. 86, pp. 182-183 [邦訳109-110頁])[32]

　第二に、行為の伝統は、先に**第2章第3節**で述べたように、長い間修正されないままであるということはあり得ず、常に漸進的に変化する。

　第三に、行為の伝統は、行為者の実質的な選択や行為遂行を決定するものではなく、そのための条件を規定する行為枠組である。それは、実質的な行為遂行を決定・指定・命令するものではなく、共通の実質的な善を定義し記述するものでもない。それは、人々にいかなる共通の目的をも課さず、いかなる共通の利益をも促進しない。それは、行為者に対して為すべき選択を教えることはできない。そうではなくそれは、行為者が自らの願望を探究して選択を為し行為する際に、行為遂行の結果にかかわらず、いかなる実質的な目的もなしに、承諾すべき条件を示すのみである。(Oakeshott 1975, p. 55, p. 58, pp. 59-60, p. 86, pp. 119-121, p. 182 [邦訳23-25頁、109頁])

　第四に、行為の伝統の内容は、消極的である。つまりそれは、しばしば、

---

31) なおオークショットは、「行為の伝統」の具体例として、イギリスのコモン・ロー、いわゆるイギリス憲法、東洋的専制、封建制、キリスト教、「啓蒙主義」、騎士道精神、近代物理学、造船術、バロック建築、クリケットのゲームといったものを挙げている。(Oakeshott 1975, p. 99, note 1, Oakeshott 1991, p. 61, note 8 [邦訳159頁])

32) オークショットによると、「行為の伝統」が有する権威は、一回限りの授権によって得ることはできず、人々が継続的にその権威を認知することによってのみ得ることができる。(Oakeshott 1975, p. 154 [邦訳71頁])

何かを遂行するというかたちだけではなく、あることを行わないというかたちで現れる。(Oakeshott 1991, pp. 467-468［邦訳70頁］)

　以上で指摘したオークショットの「伝統」理解に関しても、ハイエクのそれとの共通点を見出すことができる。というのも第一の点についていえば、ハイエクのいう伝統とは、遺伝子によって決定されるものという意味での「自然」と、知性による設計の産物という意味での「人工」との中間に位置し、本能と理性の中間に位置するものであって、「A・ファーガソンが『人間の行為の結果ではあるが、人間の設計の結果ではないもの』と述べた」(Hayek 1993-1, p. 20［邦訳30頁］) 第三の範疇に属する、自生的な秩序形成過程の産物だからである[33]。第二の点についていえば、ハイエクは、「行為ルールとしての伝統」が不変ではなく進化の中で成長し発展するという点に注意を促す[34]。さらに第三の点についていえば、ハイエクは、「行為ルールとしての伝統」の抽象性を繰り返し強調して「人間の意識的思考や言語的表現に現れるずっと以前から人間の行為を決定するパターンとしての『行為ルールとしての伝統』が、明確に意識化された具体的な行為を枠付けている」と指摘し[35]、「行為ルールとしての伝統」を明文化した法は単に枠組を提供するだけのものだ——すなわち、それは、ある具体的な状況において満たすべき行為の条件を明記するだけで、具体的な結果を決定することのできない、一般的・抽象的ルールでなければならない——と考える[36]。最後に第四の点についていえば、「行為ルールとしての伝統」を明文化した法は、一般的にいって、正義にかなう具体的な行為を命令するのではなく、不正義な行為を禁止するものである[37][38]。

---

33) 詳細は**第Ⅰ部第1章第2節**を参照。
34) 詳細は**第Ⅰ部第1章第2節**を参照。
35) 詳細は**第Ⅰ部第1章第2節**を参照。
36) 詳細は**第Ⅰ部第1章第4節**を参照。
37) 詳細は**第Ⅰ部第1章第4節**を参照。
38) なお、オークショットとハイエクの「伝統」理解をあらわす名称——すなわち、オークショットの「行為の伝統」とハイエクの「行為ルールとしての伝統」——の相違は、両者の伝統理解そのものではなく、両者のルール観の相違に由来する。というのもオークショットは、ハイエクと対照的に、ルールを限定的に理解して「ルールと

もっとも、オークショットとハイエクの「伝統」理解をめぐっては、次に挙げるような相違点も存在する。
　第一に、「行為ルールとしての伝統」の抽象性・一般性を繰り返し強調するハイエク[39]と対照的に、オークショットは、「行為の伝統」の具体性・個別性にも目配りをして、次のように論ずる。すなわち、「行為の伝統」に関して我々が探し求めている知識は局地的・限定的であって、普遍的なものでは決してない。また、「行為の伝統」に関して本質と偶然とを区別するのは不可能であるので、それについての知識は不可避的にその細部についての知識たらざるを得ない。したがって、「行為の伝統」の要点のみを知ることはそれについて何も知らないことと同じであるので、それを習得するためには、我々は、具体的で一貫した生活様式をその複雑さそのままのかたちで習得しなければならない、と。(Oakeshott 1991, pp. 61-62 [邦訳 148-149 頁])[40][41]

は、正確に定式化されたものだ」と考えるからである。(Oakeshott 1975, pp. 66-67, pp. 119-121 [邦訳 23-25 頁]、Oakeshott 1991, pp. 12-15, pp. 467-469 [邦訳 8-11 頁、70-72 頁])

39) 詳細は**第Ⅰ部第1章第2節**を参照。

40) なお、この点に関するオークショットの「伝統」理解は、ハイエクではなくマッキンタイアのそれに近いといえる。なぜならマッキンタイアは、先に**第Ⅰ部第2章第1節2 (1) の注2**で触れたように、「伝統に体現されたものとしての合理的探究という構想」の特徴を指摘する際に、「実際、多様な歴史を有する多様な伝統が存在し、それゆえ、ひとつの合理性と正義ではなく複数の合理性と正義が存在する」という点と「伝統に体現されたものとしての合理的探究という概念を、例証から離れて解明することはできない」という点に言及するからである。

　もっともここで、オークショットの「伝統」理解は、基本的に、ハイエクのそれと共通しており、マッキンタイアのそれと対照的だということを、確認しておきたい。というのも、オークショットの「伝統とは、正確な定式化が不可能で、慣行や実践の中で表現されそれらの中でのみ存在し得るものだ」という理解は、ハイエクの「①元来明文化されたかたちで行為者に知られることなく、行為の中で遵守され尊重されており、②個々の人間は、ルールに対応する具体的な行為を模倣することで、ルールに従って行為することを学習する、『行為ルール』のようなものだ」という伝統理解と基本的な共通点を有しているのに対して、マッキンタイアが主に論ずる「正義と実践的合理性に関する、明確に意識化され明文化された構想・主張・説明・理論としての『知的探究の伝統』」と対照的だからである。

41) ちなみに、この点に関連するものとして、『政治における合理主義』所収の論文

第二に、オークショットと異なりハイエクは、「『行為ルールとしての伝統』とは、理性ではなく成功によって導かれる、淘汰の過程の産物だ」と考える[42]。このように伝統を「自生的な秩序形成の結果として生き残ってきたもの」と捉えてこの点を明示的に強調するハイエクの理解は、彼の伝統論における大きな特徴のひとつであり、オークショットの「伝統」理解との違いが明確に現れている。そこで以下では、この点をより一層明快に理解するために、「伝統重視の論拠」をめぐるハイエクとオークショットの違いを詳しく論ずる。

進化論的な伝統擁護論——ハイエク　ハイエクは、自由社会に必要不可欠な「行為ルールとしての伝統」を重視する論拠に関して進化論的な伝統擁護論を展開し、次のように主張する。すなわち、我々が伝統を尊重するのはそれが数世代にわたる経験の産物だからであり、伝統に対する尊重は「多くの世代による試行錯誤の結果として生き残ってきたものは、一人の人間が有しているよりもずっと多くの経験を体現しているだろう」という洞察に基づく、と[43) 44)]。

「政治における合理主義」でのオークショットのハイエク批判がある。(Oakeshott 1991, pp. 25-27［邦訳 21-22 頁］) すなわちオークショットは、ハイエクの『隷従への道』(Hayek 1991) における論述に見受けられる体系性に対して、「あらゆる計画化に反対する計画は、あらゆる計画化に賛成するよりはましかもしれないが、やはりそれは、あらゆる計画化に賛成するのと同一の様式の政治に属している」(Oakeshott 1991, p. 26［邦訳 22 頁］) と批判する。

　もっとも、このようなオークショットのハイエク批判について、ギスラーソンは適切にも、「オークショットは、ハイエクが行う基本的区別である、制度と伝統の自生的な成長に対する障害を取り除くことと、予め考えておいた計画に従って社会を再構成しようとすることとの区別を、無視している」と指摘している。(Gissurarson 1987, pp. 119-122)

42)　詳細は**第Ⅰ部第 1 章第 2 節**を参照。
43)　Hayek 1960, pp. 61-62［『自由の条件Ⅰ』89-90 頁］, Hayek 1988, p. 75［邦訳 111 頁］, Hayek 1993-1, p. 11［邦訳 19 頁］
44)　吉野の指摘によると、ハイエクが、自生的秩序という市場秩序を支える不可欠な制度として、行為の繰り返しという濾過・選別の過程を経てきた道徳を重視するのは、従うに値する道徳だという妥当性の根拠を「進化過程を残ってきた」という経験的事実に求めているからである。ハイエクにとって進化的説明の導入は、単に自由を

第 4 章 「状況重視型の相対的道徳」に適合的な理論内容　217

　このようなハイエクの主張の背景にあるのが、先に**第Ⅰ部第 1 章第 1 節 1**で述べた彼の知識論である。彼の指摘によると、「人間は不可避的に無知である」という根本的事実を念頭に置いたうえで、我々が有する知識を最大限に利用するためには、我々は、全体として最も有効だと経験によって示されてきた「行為ルールとしての伝統」に従わなければならない。つまり、人間の理性的能力の限界を前提とすると、我々は、「今ここに存在している伝統こそが、過去の試行錯誤の成果をすべて集約した最適のものに違いない」と仮定して、その伝統に従わざるを得ない、というわけである。(Hayek 1960, p. 30 [『自由の条件Ⅰ』48 頁])

　この点をめぐって、ハイエクは次のように考える。確かに、何らかの具体的な法ルールを正当化するためには、その有効性に言及しなければならない。だが、ここで言及すべき有効性とは、合理的論拠によって論証可能なものではなく、「そのルールは、他のどのルールよりも便利であると、実際に証明されてきた」という理由によってのみ知ることができるものである。(Hayek 1960, p. 159 [『自由の条件Ⅱ』38 頁]) 彼によると、そもそも我々は、自身の保持する価値観が自身の社会の存続に役立つ理由について、部分的にしか理解していない。したがって、社会において確立されているある基準が文明の維持に貢献しているかを確かめるためには、他の基準との競争においてその基準が常に有効性を示しているかどうかを確かめるしかない。つまり我々は、誤った信念に固執してきた集団が衰退するのを見ることによってしか、何が正しいのかについての最終的な判断を下すことはできないのである。(Hayek 1960, pp. 35-36 [『自由の条件Ⅰ』54-56 頁]) それゆえ彼は、「間違いだと証明されたことを信じてはならないからといって、真実だと論証されたことだけを信じるべきだということにはならない」(Hayek 1960, p. 64 [『自由の条件Ⅰ』93 頁]) と指摘し、「もし我々が、物事を行うある方法を採用する理由が我々に伝えられなかったからというだけで、試行錯誤の過程によって進化してきた方法に依存するのをやめるならば、我々は、うまく行っ

「価値」として先験的に導入していた初期とは違う、経験的に獲得された現状の制度を重視する論法の導入であったということができる。(吉野 2014、170 頁)

ていた多くの行為の基礎を破壊することになるであろう」(Hayek 1960, p. 64 [『自由の条件Ⅰ』93頁])という点に注意を促す[45]。彼の考えによれば、我々は、過去における試行錯誤の成果を集約した伝統に従うことで、自身の理性的能力の有限性を補完する。(Hayek 1967, p. 92 [ハイエク 2010、19頁])[46]

45) なおハイエクによると、以上の点を特に重視すべきなのが、道徳的な行為ルールに検討を加える場合である。(Hayek 1960, pp. 64-65 [『自由の条件Ⅰ』94頁])

46) なお、以上のようなハイエクの進化論的な伝統擁護論に対してグレイ、ギャンブル、N・バリーは、「ハイエクの進化論的な伝統擁護論に基づくと、彼はまた福祉国家や設計主義も支持しなければならないはずだ」という批判を投げ掛け、ハイエクにおける「進化論的な伝統擁護論」と「進化の帰結としての福祉国家的な政策や設計主義に対する批判」との矛盾を指摘する。

まずグレイは、ハイエクにおける保守主義の側面と経済的リベラリズムの側面との矛盾を指摘して、次のように批判する。(Gray 1998, pp. 153-154) 一方でハイエクは、合理的改革に反対して、伝統を科学的に擁護する。すなわち、慣行からなる社会的遺産としての伝統がどの単一の世代も手に入れられない知識を体現しているのであれば、我々はそのような伝統を批判するのではなく尊重しなければならない。我々は、社会における伝統の真の機能を知ることはできないので、自身の要求がもっと満たされるように伝統を改革しようとしてはならない、と。他方で彼は、最も典型的な啓蒙主義的リベラルである。なぜなら彼は、「市場の認識論的機能に関する自身の理論によると、計画経済は機能し得ない」と主張し、「自身の経済理論によると、自由市場が最も生産的だ」と指摘したうえで、これらの理論に基づいて中央計画の包括的解体と経済に対する政府の介入の撤廃を求めるからである。したがって、伝統を尊重する彼の前者の要素と経済的リベラルとしての彼の後者の要素は矛盾しており、過去への尊敬という首尾一貫したバーク的な観点からすると、急進的な経済的リベラリズムは合理主義的な傲慢である。というのも、「数世代にわたって有効であった自由市場への制限がどれほど重要な社会的機能を果たしているのかを我々は知ることができないので、そのような自由市場への制限を一掃するのは極めて危険であるに違いない」(Gray 1998, p. 153) からである。それゆえ、「ハイエクの思想体系の最も深いところに存在する矛盾とは、受け継がれてきた社会形態に傾倒する保守的な側面と、絶え間ない進歩にコミットするリベラルな側面との間の、矛盾である。」(Gray 1998, p. 154)

ここで重要なのは、「数世代にわたって有効であった自由市場への制限」としてグレイが何を想定するのかである。グレイは、ハイエク自身が「自由市場は無制限ではない」と論じている (Hayek 1960, pp. 220-221 [『自由の条件Ⅱ』123-124頁], Hayek 1991, Ch. Ⅲ [邦訳第3章]) にもかかわらず、ハイエクの議論を急進的な経済的リベラリズムだと批判して、数世代にわたって有効であった自由市場への制限を尊重すべきだと主張する。したがってグレイが想定する「自由市場への制限」とは、いわゆる福祉国家的な制限だと考えられる。

伝統の権威の承認——オークショット　以上のようなハイエクの議論と対照的に、オークショットは、先に**第Ⅰ部第2章第5節3 (1) Bb**で述べたように、「伝統重視の立場に基づく結合体の下で個人の自由が保障されるためには、市民は、『行為の伝統』の権威を承認しなければならない」と考えて、「伝統の権威を承認するということは、その望ましさ・起源・有用性等と無関係に、行為の際に承諾すべき条件としてそれを承認することに他ならない」と主張する。

　オークショットは、市民的状態を道徳的伝統という観点からの結合体だと

　それゆえ、ハイエクの進化論的な伝統擁護論に対するグレイの批判は、次のように要約できる。すなわち、ハイエクが伝統の尊重を強調するのであれば、彼はまた、自由市場に対する福祉国家的な制限の伝統をも尊重しなければならないはずである。それにもかかわらず、自由市場に対する福祉国家的な制限を批判して経済的リベラリズムを主張する彼の議論には、根本的な矛盾がある、と。

　次にギャンブルは、ハイエクの進化論の問題点として次の二点を批判する。(Gamble 1996, pp. 181-182, pp. 187-188) 第一に、近代西洋の知的伝統における設計主義の繁栄という事実と、ハイエクの進化論に基づけば、彼の設計主義批判を整合的に説明することは不可能である。第二に、彼の進化論と拡大国家批判・福祉国家批判との間には、矛盾がある。

　さらにバリーは、ハイエクの進化論的な伝統擁護論における生存の強調と、実際に生き残ってきた政府中心主義的・社会主義的・集産主義的な制度に対する彼の批判との間の矛盾を、批判する。(Barry 1984, p. 281［邦訳349頁］)

　だが以上のようなハイエク批判は、次に挙げる二点を見逃しているため、根本的な誤りを犯している。第一に、彼の進化論的な伝統擁護論の背景には彼の知識論が存在する、という点である。第二に、彼の知識論に基づくと、設計主義を支持し福祉国家的な政策を実施することは不可能だという点である。先に**第Ⅰ部第1章第1節2**でも述べたように、福祉国家的な政策を背後から支える設計主義の誤りは、設計主義者が、「関連する事実はすべて何らかの単一の知性に知られており、具体的な事柄についてのこのような知識から望ましい社会秩序を設計できる、というフィクションに基づいて」(Hayek 1993-1, p. 14［邦訳23頁］) 議論を展開しており、社会秩序を理解し形成しようとする際の中心的な問題——すなわち、我々は社会秩序に関するすべてのデータを集めることはできない、という問題——を忘れ去っていることに全く気付いていない、という事実に見出すことができる。

　したがって、ハイエクにおける「進化論的な伝統擁護論」と「福祉国家批判・設計主義批判」の間に矛盾はなく、彼の知識論に基づくならば進化論的な伝統擁護論と福祉国家的な政策や設計主義への支持とを結び付けるのは不可能だ、と考えなければならない。

捉えたうえで、「道徳的伝統は、市民の日常関係において承諾されるべき条件を構成する行為ルールと、これに伴う様々な条件からなる集合体だ」と考えて、それを公共的事項と名付ける。そして彼は、この公共的事項に関して、次の点に注意を促す。すなわち、公共的事項の承認（recognition）は、それが規定する条件の是認（approval）でも、その条件の実施についての期待でも、決してない。つまり公共的事項を承認するということは、それが規定する条件を是認あるいは否認するという観点から承認することでも、それが課す条件を適切に承諾したりしなかったりすることの結果という観点から承認することでもなく、公共的事項を法の体系として承認することなのである、と[47)][48)]。

したがって公共的事項の権威の承認とは、その条件が望ましいと考えることでも、「自分自身よりも知識のある人々が、その条件を是認してきた」ということを信じることでもない。なぜならその権威の承認は、その条件の長所・短所といったことには関心を示さないからである。またその権威の承認とは、それがもたらす有用性を承認することでもない。なぜならその権威の承認は、将来の出来事と全く無関係だからである。公共的事項に権威を帰するということは、その起源や、それが実際に用いられた結果や、それが規定することの是認と無関係に、行為の際に承諾すべき条件として公共的事項を認知するということに他ならない。そしてその権威は、一回限りの授権によっては決して獲得され得ず、市民の継続的な承認によってのみ獲得され得る[49)]のである。（Oakeshott 1975, pp. 147-158, pp. 183-184 ［邦訳 63-78 頁、110-112 頁]）

---

47) オークショット曰く、「市民を相互に結び付け、市民的結合体を構成しているものは、公共的事項の権威を認知すること（acknowledgement）であり、その条件の承諾を義務として承認することである。」（Oakeshott 1975, p. 149 ［邦訳 66 頁]）
48) この文脈においてオークショットは、「承認」と「是認」を明確に区別している。（Oakeshott 1991, p. 442 ［邦訳 449-450 頁]、Liddington 1984, pp. 302-304 ［邦訳 373-375 頁]）
49) オークショットはこのことを、クリケットのルールに関してメリルボン・クリケット・クラブが得た権威との類比で、次のように説明する。（Oakeshott 1975, pp. 153-154 ［邦訳 71 頁、115 頁]）

それゆえオークショットは、ハイエクの進化論的な伝統擁護論に対する批判を明確に意図して、次のように指摘する。すなわち、「市民的結合体としての国家とは、行為に課され、いかなる構成員や行為であっても義務を免除されない一般的ルールのかたちで明記された、非道具的条件という観点からの結合体であって、それは、他のどの結合体よりも、多様で急増傾向にある我々の欲求の充足を促進する可能性が高い結合体として、擁護される」という理解は、市民的結合体としての国家についてのすべての誤解の中で最もひどい誤解だ、と。オークショットによれば、確かに、繁栄は市民的結合体の偶然の結果であり得る。だが彼の考えでは、このような観点から市民的結合体を支持することは、市民的結合体と異なる何ものかを支持することに等しいのである。(Oakeshott 1991, p. 457 [邦訳 466 頁])

ハイエクとオークショットの相違の背景　では、伝統重視の論拠に関する以上で論じたハイエクとオークショットの相違の背景は、どのように説明できるか。この点に関して適切な指摘を行っているのが、ギスラーソンである。

ギスラーソンの指摘によると、オークショットは、近代合理主義批判を展開する文脈の中で、「近代合理主義の体系においては、『ある状況において最良のもの』を支持する余地はなく、『最良のもの』を支持する余地しか存在しない」と考える。なぜなら理性の機能は、まさに、状況を乗り越えることだからである。(Oakeshott 1991, pp. 9-10 [邦訳 6 頁])そしてこの点に関しては、ハイエクは確かにオークショットの主張に同意すると、ギスラーソンは考える。したがってギスラーソンの分析では、ハイエクとオークショットの

メリルボン・クリケット・クラブは私的なークラブであり、1787 年に設立されたときには、他の多くのクリケット・クラブとほとんど違いはなかった。だが、一世紀ほどを経るうちに、このクラブはクリケットのルールの管理人として承認されるようになり、ルール変更のためには必ずこのクラブの許可を必要とする、(いわば)正式記録裁判所として承認されるようになった。これが権威の獲得であった。……このクラブがこのような権威を維持しているのは、このクラブが権威を有しているとみなす人々が、絶えずそのことを承認しているからである。それゆえ、そのように承認されることがなくなれば、この権威は消滅するだろう。(Oakeshott 1975, p. 154 [邦訳 115 頁])

相違は、「ハイエクは、単なる保守的な偏見によって『我々はせいぜい、ある状況において最良のものしか期待し得ない』と考えるオークショットの主張を支持することで満足せず、伝統を擁護する理由を提供しようとして『我々は、不可避的に無知であるので、市場過程によって処理しようとするほかない』と考える」という点に現れるのである。(Gissurarson 1987, pp. 121-122)[50]

B 「行為の伝統」の発展

オークショットは、以上のような特徴を有する「行為の伝統」の発展について、先に**第2章第3節**で述べたように、伝統の中のあらゆる部分が変化すると考える。もっとも彼の指摘によると、伝統のすべての部分が同時に変化することは決してなく、伝統のある部分は他の部分に足場を置いて変化する[51]。

このように内在的批判に基づく「行為の伝統」の発展を主張するオークショットの議論は、伝統の発展をめぐるハイエクの議論と共通点を有する。と

---

50) なお、伝統重視の論拠に関するハイエクとオークショットの相違の原因として、渡辺は、【政治】哲学者——すなわち、実践学としての【政治】にアクセントを置き、「どうすべきか」を論じる、【政治】哲学者——であるハイエクと、政治【哲学】者——すなわち、理論学としての【哲学】にアクセントを置き、「何であるか」という定義・説明に関わる、政治【哲学】者——であるオークショットとの相違を、指摘する。もっとも渡辺によると、オークショットも、『政治における合理主義』所収の論文「自由の政治経済学」(Oakeshott 1991, pp. 384-406 [邦訳41-66頁]) では、【政治】哲学的な議論を展開している。(渡辺 2006、120-128頁、141-149頁) cf. Gissurarson 1987, pp. 122-125

51) それゆえオークショットは、先に**第Ⅰ部第2章第5節3 (1) Ba**で述べたように、このような伝統それ自体に由来する活動の具体例である政治という活動を、「あるひとまとまりの人間集団を秩序化する一般的取り決めを『作る』活動ではなく、それに『関わる』活動だ」と捉えて、「政治という活動は、無限の可能性を有する白紙状態から一般的取り決めを作り上げて行く活動では決してなく、既存の取り決めを修正し改善して行くだけの活動だ」と指摘する。(Oakeshott 1991, pp. 44-45, pp. 56-58 [邦訳129-130頁、143-145頁]) だが彼は、だからといって、伝統を恣意的に変化させることができるということにはならないという点に、注意を喚起する。(Oakeshott 1991, p. 61 [邦訳149頁])

いうのもハイエクは、先に**第Ⅰ部第2章第4節1 (2)** で述べたように、内在的批判に基づく「行為ルールとしての伝統」の発展を主張し、「我々は、自身の伝統に足場を置いたうえでその中に存在する問題点を内在的に批判することで、自身の立脚する伝統が有している欠陥を少しずつ改善し修正して行かなければならない」と考えるからである。

　もっともここで注意しなければならないのは、オークショットの主張する内在的批判に基づく伝統の発展はハイエクのそれと同一ではないという点である。なぜならオークショットは、「行為ルールとしての伝統」の発展過程を内在的批判に基づく漸進的な改善や修正に限定するハイエクと異なり、「自身が立脚する『行為の伝統』の観点に基づいて他の社会の伝統が有する知識を吸収し、それによって自身の伝統を発展させる」ということにも言及するからである。(Oakeshott 1991, p. 59, pp. 64-65［邦訳146-147頁、151-152頁］) 伝統の発展をめぐるこのようなオークショットの主張の背景には、「行為の伝統」を普遍的なものではなく局地的・限定的なものだと考える彼の「伝統」理解が存在する。つまり「行為の伝統」の発展をめぐるオークショットの議論においては、「行為ルールとしての伝統」の発展をめぐるハイエク自身の議論と異なり、複数の伝統が存在し伝統の内容が社会によって異なる可能性を認めたうえで、伝統間比較に基づく伝統の発展に言及することが可能なのである[52]。

(2) ハイエクにおける伝統間比較の可能性と限界

　オークショットの「行為の伝統」論に関する以上の検討結果——すなわ

---

[52]　もっとも、「行為の伝統」の発展をめぐるオークショットの議論における、他の社会の伝統が有する知識の吸収は、自身が立脚する伝統の観点に基づくものだ——換言すれば、オークショットの議論は、あくまでも、内在的批判に基づく伝統の発展を主張するものだ——という点には、十分に注意を払わなければならない。なぜなら、複数の伝統の存在を認めて伝統間比較に言及しつつも内在的批判に基づく伝統の発展を主張するオークショットの議論に対しては、「伝統の発展をこのように理解しているかぎり、自身の立脚する伝統のすべての内容やその全体構造それ自体に問題がある場合には、およそ問題解決が不可能ではないか」との批判が投げ掛けられる可能性があるからである。

ち、オークショットの「行為の伝統」論は、ハイエクの「行為ルールとしての伝統」論と多くの共通点を有しつつも、複数の伝統の存在を認めて伝統間比較に基づく伝統の発展に言及するものである——を踏まえるならば、ハイエクの「行為ルールとしての伝統」論を再構成して「実施のレベルにおける『行為ルールとしての伝統』」の発展を考察する際に、「伝統の内容が社会によって異なる可能性はあるのか」「伝統が複数存在する場合に、伝統間の比較についてどのように考えるべきか」といった問題に検討を加えることは、十分に可能である。

確かにハイエク自身は、複数の伝統間の比較に明示的には取り組まない。だが伝統の普及過程に関する彼の議論に注目すれば、彼の伝統論に対する「伝統の内容が社会によって異なる可能性を認めたうえで、複数の伝統間の比較という問題に答えることが、不可能ではないか」との批判は、必ずしも妥当しない。(cf. Feser 2003, pp. 23-24) なぜならハイエクは、先に**第Ⅰ部第2章第4節1 (1)** で述べたように、「行為ルールとしての伝統」の普及過程に関して、進化論を用いて「複数の『小さな共同体』間の交流とルールをめぐる競争の中で、試行錯誤の結果、淘汰と模倣によって、『行為ルールとしての伝統』が偶然に生き残った」と説明するからである。この説明に基づいて、彼の伝統論に①伝統の複数性と、②「複数の伝統が衝突した場合には、試行錯誤の結果、淘汰と模倣によってよりよい伝統が生き残る」という伝統間比較論を読み込むことは、比較的容易である。

もっともこのような解釈によっても、依然として問題が残ることは否定できない。なぜならハイエクの伝統間比較論は、マッキンタイアのそれと異なり、伝統間比較の結果の説明にはなっていても、伝統間比較という問題に取り組むための指針にはならないからである。つまりハイエクの説明は、「ある実施のレベルにおける『行為ルールとしての伝統』に従って生活している人間が、これと対立する別の伝統に直面したときに、これら二つの伝統間の比較をどのように行うべきか」という問いに対する、直接的な答えにはなっていないというわけである。

しかしながら、ハイエクの伝統論に基づいて、このような問いに対する以

下の二つの答えを導出することは可能である。第一に、ある「実施のレベルにおける『行為ルールとしての伝統』」に従っている人間がこれと対立する伝統に直面したときに、自身の伝統はうまく行っており[53]、それに比べると競争相手の伝統はうまく行っていないと考える場合、その人間は、これまでどおり自身の伝統に従えばよい[54]。第二に、ある「実施のレベルにおける『行為ルールとしての伝統』」に従っている人間がこれと対立する伝統に直面したときに、「理由は分からないが、自身の伝統はうまく行っておらず、それと比べると競争相手の伝統のほうがうまく行っている」と考える場合、その人間は、競争相手の伝統がうまく行っている理由を理解しないまま、その伝統を模倣することでそれに従えばよい。この答えは、まさに、伝統の普及過程に関するハイエクの議論が想定しているものである。

　もっともここで筆者は、以上の二つの答えはいずれも、競争相手の「実施のレベルにおける『行為ルールとしての伝統』」を理解せず、ある伝統に従う集団にもたらされる結果のみに着目するものだ、という点に注意を喚起したい。換言すれば、「行為ルールとしての伝統」の普及過程に関する進化論を用いたハイエクの説明のみに基づいて、伝統間比較の指針を提示しようとするかぎり、「ある伝統に従う人間が、これと対立する伝統に従う集団の行為ルールを模倣することで競争相手の伝統をも習得して、その考え方を自身の伝統に取り込み、自身の伝統の理解を発展させる」という答えを導出することは、不可能なのである。なぜならハイエクの伝統論には、「自分自身が従っている伝統を放棄することなく、同時に、競争相手の伝統をも理解する」という、マッキンタイアの伝統間比較論に見出せるような発想が、そもそも存在しないからである。

---

53) ハイエクの考えによれば、ある伝統がうまく行っているというのは、その伝統に従っている集団が繁栄してきた――すなわち、その伝統に従っている集団の人口と富が増加してきた――ということである。そしてこれらの事柄に着目する際には、すぐに認識される影響ではなく、長い目で見た場合の結果に注意を払わなければならない。(cf. Hayek 1988, p. 6, p. 20, p. 76, Ch. 8 [邦訳5-6頁、24頁、111頁、第8章], Hayek 1993-1, pp. 17-19 [邦訳26-29頁])

54) ただしこの場合でも、自身が従っている伝統は不変ではなく、成長し発展するという点に注意しなければならない。

(3) 競争相手の伝統を理解した「実施のレベルにおける『行為ルールとしての伝統』」間比較

だがこのことは、競争相手の伝統をも理解したかたちでの「実施のレベルにおける『行為ルールとしての伝統』」間比較論の展開がそもそも不可能だということを、必ずしも意味しない。ハイエクの「行為ルールとしての伝統」論を再構成し、「実施のレベルにおける『行為ルールとしての伝統』」について複数の伝統の存在を認めて伝統間比較に基づく伝統の発展を検討する際に、ハイエクの「行為ルールとしての伝統」論の主張内容だけでなくマッキンタイアの「知的探究の伝統」論の主張内容をも視野に入れた立論を行うことで、ハイエクの伝統論のみに基づくかぎり不可能であった、競争相手の伝統をも理解したかたちでの「実施のレベルにおける『行為ルールとしての伝統』」間比較論の可能性が開かれる[55]。そこで以下では、ハイエクの考える「行為ルールとしての伝統」の習得法と、マッキンタイアの考える「知的探究の伝統」の習得法の共通点を指摘することで、競争相手の伝統を理解した「実施のレベルにおける『行為ルールとしての伝統』」間比較論を展開することが可能であることを示してみたい。

ハイエクによれば、先に**第Ⅰ部第1章第2節**で述べたように、各々の個人は、行為の中で遵守され尊重されているルールに対応する具体的な行為を模倣することで、「行為ルールとしての伝統」を習得する。このような伝統の習得法は、子供による言語の習得と同様のやり方である[56]。

一方、マッキンタイアによると、「知的探究の伝統」間比較を行うためには、競争し対抗している二つの伝統の主張内容をともに正確に理解する必要

---

55) もっとも、ハイエクの「行為ルールとしての伝統」論を再構成した「実施のレベルにおける『行為ルールとしての伝統』」間比較論を展開するかぎり、まず第一には、競争相手の伝統を理解しないかたちでの伝統間比較論を考えなければならない。というのも彼の伝統論においては、「ある伝統に従う集団にもたらされる結果のみに着目して、その伝統がうまく行っている理由を理解しないまま、その伝統に従う」という考え方が、極めて重要な位置を占めているからである。(cf. Hayek 1960, p. 30, pp. 35-36『自由の条件Ⅰ』48頁、54-56頁])

56) cf. Hayek 1967, pp. 43-48［ハイエク 2010、177-183頁］、Hayek 1993-1, p. 19, p. 76［邦訳29頁、103頁］

がある。伝統の内容は、何らかの一連の言葉や行為の中に現れ、何らかの具体的な言語や文化に体現されている。したがって、あるひとつの伝統の主張内容を理解するためには、その伝統が体現している言語や文化を理解しなければならない。(MacIntyre 1988, pp. 370-373)

では、あるひとつの共同体の構成員は、それと競争し対抗している異質な共同体の言語を、どのように理解すべきか。マッキンタイアの主張によれば、異質な共同体の言語を自身が属する共同体の言語に置き換えるだけでは、全く不十分である。というのも異質な共同体の言語の習得は、その共同体の文化の理解と切り離して考えることができないからである。したがって異質な共同体の言語を十分に理解したといえるためには、その言語の枠組の中で思考し行為できなければならず、そのためには、その共同体の文化で共有されている信念や、その文化の歴史・制度・社会的実践に精通していなければならない。それゆえ異質な共同体の言語や文化を習得しようとする人々は、それらを、子供が自身の属する共同体の言語や文化を習得するときのように、「第二の母語 (a second first language)」として習得しなければならない。(MacIntyre 1988, p. 374 ff.)

以上で指摘したように、ハイエクとマッキンタイアの両者はともに、伝統の習得法として、子供による言語の習得と同様のやり方を提示する。したがって以上の議論に基づけば、競争相手の伝統を理解したかたちでの「実施のレベルにおける『行為ルールとしての伝統』」間比較論を、ハイエクの伝統論と矛盾せずに展開できるということは明らかである。なぜなら、ある「実施のレベルにおける『行為ルールとしての伝統』」に従う人間は、これと対立する伝統に直面したときに、その伝統を自身の伝統の習得法と同様のやり方で——すなわち、子供が自身の属する共同体の言語を習得する場合のように、模倣という手法を用いて——習得することによって、マッキンタイアの「知的探求の伝統」間比較論が論ずるように、自分自身の伝統と競争相手の伝統の両方を理解したうえでの伝統間比較を行うことが可能となるからである。

結　論

1　本書の要約

以上、本書で論じてきた内容は、次のように要約できる。

問題設定——日本文化を考慮した自由社会擁護論の探求

　本書の目的は、「伝統的な法文化あるいは法意識と西洋的な法制度とのず・れ」という川島の根源的な問題意識を念頭に置いて、「現代日本の法状況をどのように理解し評価したうえで、どこをどのように改革すべきか」という課題に取り組む際に重要なのは「日本の伝統・文化を考慮しつつ、自由社会を支える根本的な観念・制度原理を擁護する提言だ」と示唆する田中の議論を踏まえたうえで、「日本文化を考慮した自由社会擁護論とはどのようなものか」という問題設定に答えることであった。

準備作業①——ハイエクが展開する伝統重視の自由社会擁護論の特徴

　第Ⅰ部では、日本文化を考慮した自由社会擁護論を探求するための準備作業として、「自由社会擁護と伝統重視の両立可能性をどのように考えるか」という一般化された問いに応答する「ハイエクが展開する伝統重視の自由社会擁護論」に注目し、彼の理論の特徴を浮き彫りにするために、啓蒙主義的合理主義——すなわち、いかなる歴史的・社会的・文化的特殊性からも独立した観点に基づいて、社会制度を設計したり正義原理や行為規範を正当化しようとする考え方——を伝統重視の立場に基づいて批判するという基本的な共通点を有しながらも、「伝統」理解・共同体論・伝統の発展・自由社会と伝統の両立可能性をめぐって異なる主張を展開している、マッキンタイアの理論との比較検討を行った。そこから導出された、ハイエクが展開する伝統重視の自由社会擁護論の特徴は、以下のとおりであった。

知識論に基づく設計主義批判と伝統重視　ハイエクは、「知識の分散」と「暗黙知・実践知」というキーワードでまとめられる知識論に基づいて、「社会制度はすべて、熟慮のうえでの設計の産物であり、またそうあるべきだ」と想定する設計主義を厳しく批判し、人間が理性を適切に使用するための必要不可欠な基盤である「伝統」の重要性を強調した。

「行為ルールとしての伝統」　ハイエクは、伝統を、人間の行為の結果ではあるが人間の設計の結果ではなく——換言すれば、自生的な秩序形成過程の産物であって——、明文化されたかたちで行為者に知られることなく行為の中で遵守され尊重されている、「行為ルール」のようなものと理解し、その特徴として、①抽象性——それは、「行為ルールとしての伝統」が明確に意識化された具体的な行為を枠付けている、ということを意味する——、②理性ではなく成功によって導かれる淘汰の過程の産物であること、③不変ではなく進化の中で成長し発展する点、を指摘した。このように一般的で目的独立的で抽象的な行為ルールとしての「薄い伝統」に着目するハイエクの伝統理解は、共同体における社会的実践や道徳的生活を含む「厚い伝統」に焦点を当てるマッキンタイアの伝統理解と対照的であった。

「大きな共同体」を軸とする共同体論　ハイエクは、「行為ルールとしての伝統」が形成され適用される"場"として、顔見知りの構成員が共通の目的を追求する組織化された集団である「部族社会」から拡張された、具体的な目的を持たない自生的な全体秩序としての「大きな共同体」を想定し、そのような「大きな共同体」が成立するためには、同じ具体的な目的や価値観を共有しない者同士の関係にまで適用可能な、内容が希薄化された一般的で目的独立的で抽象的な行為ルールが必要不可欠であると主張した。このように「大きな共同体」で形成・適用される「薄い伝統」を重視する彼の共同体論は、共同体の同質性を前提とせずむしろ共同体内の異質性・多様性を前提とする共同体論だと特徴づけることができ、この点においてリバタリアンが提示する共同体論と親近的であり、コミュニタリアンが提示する共同体論と対照的であった。

伝統の発展　伝統の発展をめぐるハイエクの議論は、①「知的探究の伝

統」の複数性を明確に認めたうえで伝統間比較論を展開するマッキンタイアと対照的に、「行為ルールとしての伝統」の複数性を想定せず、②「知的探究の伝統」の発展過程を内在的批判に基づく漸進的な改善や修正に限定しないかたちで理解するマッキンタイアと対照的に、「行為ルールとしての伝統」の発展過程を内在的批判に基づく漸進的な改善や修正に限定するものであった[1]。その背景には、「共通善」の達成に必要な熟議を行うための前提条件である「厚い伝統」が形成され適用される"場"は「小さな共同体」でなければならないと結論づけるマッキンタイアの共同体論と対照的な、伝統の形成・適用の"場"として一つの「大きな共同体」を想定するハイエクの共同体論が存在した。

自由社会に必要不可欠な伝統　ハイエクの考える自由社会とは、共通の目的が存在せず単一の目的に決して従属しない社会であるため、そこにおける各々の個人にはすべての人々に平等に適用されるルールにのみ従うことが期待される。そのような「法の下での自由」という構想を可能にする特徴を有する法は、「行為ルールとしての伝統」を明文化したものであった。したがって彼は、自由社会と伝統の関係について、「自由社会が有効に機能するためには伝統が必要不可欠だ」という結論を導いた。このような自由社会と伝統の両立可能性をめぐるハイエクの議論の特徴として、①個人の自由それ自体の価値を高く評価する[2]、②「行為ルールとしての伝統」を明文化した「法」の下での自由を確保するために「法の支配」論を展開する、③「行為

---

1) なお、「行為ルールとしての伝統」の普及過程と発展過程に関してハイエクは、①複数の共同体間の競争の中で「行為ルールとしての伝統」が普及する過程を進化論に基づいて説明するのに対して、②ひとつの共同体の内部に普及した「行為ルールとしての伝統」の発展過程について内在的批判に基づく伝統の発展を主張する、と整理できた。

2) この点において、ハイエクが展開する伝統重視の自由社会擁護論は、オークショットが展開するそれと対照的であった。なぜならオークショットは、ハイエク同様に「伝統重視の立場に基づく啓蒙主義的合理主義批判」に分類され「伝統重視の自由社会擁護論」を展開するにもかかわらず、「『行為の伝統』を重視する立場に基礎を置く結合体の下で、個人の自由が保障される」と主張して個人の自由それ自体の価値を強調しないからである。

ルールとしての伝統」による権力制限に基づいて自由の保障を確実なものとするために立憲主義論を展開する、という三点が指摘できた。

準備作業②――文化的文脈を考慮した人権論の立論方法

　第Ⅱ部では、日本文化を考慮した自由社会擁護論を探求するためのさらなる準備作業として、議論の射程を「自由社会を支える根本的な観念・制度原理」のひとつである人権論に絞り込み、文化的文脈を考慮した人権論――すなわち、「人権が有する普遍的価値を基本的に承認しつつ、同時に、各々の社会における具体的な人権の構想や制度を論ずる際には各社会の文化的文脈の重要性を強調する」という見解――について検討を加えることで、文化を考慮した自由社会擁護論を説得的に展開するための立論方法を明らかにした。

　まず初めに、文化的文脈を考慮した人権論を二つのアプローチに分類し、普遍的価値重視型アプローチの人権論としてドネリーの「強い普遍主義」とミラーの「人道主義的戦略」を、文化的文脈重視型アプローチの人権論としてアンナイムの「構成的アプローチ」とベルの「地域知重視の人権論」を、それぞれ取り上げた。

　このような二つのアプローチの人権論には、いずれも文化内部の多様性と文化の変化を認めるという共通点と同時に、議論の進め方をめぐる重要な相違点が存在した。それは、普遍的価値重視型アプローチの人権論が「①まず初めに、人権の普遍性を強調したうえで、②次に、その枠内で、各社会の文化的文脈を考慮した多様な取り扱いを検討する」という順序で議論を進めるのに対して、文化的文脈重視型アプローチの人権論が「①人権の普遍性を承認しつつも、②各社会の文化的文脈を考慮することの重要性を強調し、③これら双方の観点の両立可能性を探求する」という議論の進め方を採用している、とまとめることができた。

　そのうえで筆者は、マッキンタイアの「知的探究の伝統」論が、文化的文脈重視型アプローチの人権論を根底で支える基礎理論となり得ることに注目した。つまり、文化的伝統の変化・発展について文化的文脈重視型アプロー

チの人権論が主張する、「『文化的伝統の内側における議論』と『文化的伝統の外側から投げ掛けられる批判を踏まえた、文化横断的な対話』の両者を通じた文化的伝統の変化」や「ある文化的伝統における過去との一体性を維持しつつも、同時に、現代的関心に対応してその伝統に内在する問題点や矛盾を突破しあるいは超越してその伝統を再構成する過程」の意味するところについて、極めて明快かつ詳細な内容を提示するのがマッキンタイアの「知的探究の伝統」論であり、その核となるのが、競争し対抗している両立不可能な二つの伝統が相互に対決している場合の対応として「伝統構成的探究」に基づく解決法を提示する彼の伝統間比較論だ、というわけである。したがって、文化的文脈重視型アプローチの人権論が採用する議論の進め方に基づいて文化的伝統の変化・発展を論じる場合、その具体的な進め方を詳細かつ明確に提示するマッキンタイアの伝統間比較論が大いに参考となることが明らかにされた。

問題設定への回答——日本文化を考慮した自由社会擁護論の提示

　以上で述べた**第Ⅰ部**および**第Ⅱ部**での準備作業における検討結果を前提に、**第Ⅲ部**では、現代の日本社会が置かれた状況を踏まえて議論の射程をさらに絞り込み、**第Ⅰ部**で検討を加えたハイエクが展開する伝統重視の自由社会擁護論を、**第Ⅱ部**で明らかにした文化を考慮した自由社会擁護論を説得的に展開するための立論方法を用いて再構成することで、「日本の伝統・文化を考慮しつつ、自由社会を支える根本的な観念・制度原理を擁護する」提言としての「日本文化を考慮した自由社会擁護論」の探求に向かった。

日本文化の三つの特徴　まず初めに、構造・方法・内容という三つの観点に従って、日本文化の特徴として、①主に河合の議論に基づく「中空均衡構造」という構造的特徴、②主に加藤と丸山の議論に基づく「輸入・修正型文化」という方法的特徴、③主にベネディクトと中根の議論に基づく「状況重視型の相対的道徳」という内容的特徴、の三点を明らかにした。

　日本文化の構造的特徴としての「中空均衡構造」とは、日本社会では、力も働きも持たない"空"を中心に置くことで、相対立する力を適切に均衡さ

せて全体的調和を保ち、矛盾や対立の共存を可能にしているという点に、日本文化の構造的特徴を見出すものであった。

日本文化の方法的特徴としての「輸入・修正型文化」とは、日本文化には本質・原型・核心といったものが存在せず、「外国の文化を輸入して、日本社会に適合するよう修正を加える」という作業を継続的に行うことによって自身の文化を成長・発展させるという点に、日本文化の方法的特徴を見出すものであった。

日本文化の内容的特徴としての「状況重視型の相対的道徳」とは、日本社会の構成員は序列を重視し直接的・感情的な人間関係を優先する価値観を基礎に置くため、他人の判断を基準にして自身の行動方針を定める傾向があり、その結果として社会的条件によって善悪の判断基準が変わり得るという点に、日本文化の内容的特徴を見出すものであった。

「中空均衡構造」に適合的な構造を有する理論 次に、日本文化の構造的特徴としての「中空均衡構造」に適合的な構造を有する理論として、①「中心統合構造と対照的に、中心が存在しなくても全体が適切に調整される」という観点に適合的な理論構造を有する、ハイエクの「行為ルールとしての伝統」論[3]、②中空均衡構造における「変化・進化の全体的なあり様」という観点に適合的な理論構造を有する、アッナイムの構成的アプローチ[4]とマッキンタイアの伝統間比較論[5]、③中空均衡構造における「常に連続性を保持した変化」という観点に適合的な理論構造を有する、オークショットの「行為の伝統」論を、それぞれ指摘した。

「輸入・修正型文化」に適合的な立論方法 続いて、日本文化の方法的特徴としての「輸入・修正型文化」に適合的な立論方法として、文化的文脈重視型アプローチの人権論とマッキンタイアの伝統間比較論を、指摘した。

「状況重視型の相対的道徳」に適合的な内容を有する理論 最後に、日本

---

[3] もっとも、抽象的なるものの先行性を強調するハイエクの「行為ルールとしての伝統」論と、矛盾や対立が全体調和を乱さないならば共存し得ると考える「中空均衡構造」との違いには、十分注意を払わなければならない。
[4] 文化的文脈重視型アプローチの人権論のひとつである。
[5] 文化的文脈重視型アプローチの人権論を根底で支える基礎理論といえる。

文化の内容的特徴としての「状況重視型の相対的道徳」に適合的な内容を有する理論を提示するために、日本文化の方法的特徴としての「輸入・修正型文化」に適合的な立論方法を採用する文化的文脈重視型アプローチの人権論とマッキンタイアの伝統間比較論に基づいて、日本文化の構造的特徴としての「中空均衡構造」に適合的な理論構造を有するハイエクの「行為ルールとしての伝統」論が「状況重視型の相対的道徳」と適合可能であるかどうかを、次の順で検討を加えた。

一　まず初めに、「状況重視型の相対的道徳」をめぐる中根自身の分析に基づいて、「『状況重視型の相対的道徳』に適合的な内容を有する理論は、『小さな共同体』を重視するマッキンタイアの共同体論だ」という単純な解釈を提示し、「この解釈に従うならば『状況重視型の相対的道徳』という日本文化の内容的特徴に適合的な自由社会擁護論の探求は困難だとの結論を導かざるを得ない」という点を確認した。

二　そこで次に、このような単純な解釈を批判的に検討するために、施の議論に示唆を得つつ、日本文化の方法的特徴としての「輸入・修正型文化」に適合的な立論方法であるマッキンタイアの伝統間比較論が採用する方法に基づいて、「『状況重視型の相対的道徳』の擁護者が、『スミスの道徳理論——すなわち、彼が『道徳感情論』で展開した、公平な観察者による「同感」に基づく道徳理論——のほうが、単純な解釈よりも、状況重視型の相対的道徳の特徴を適切に説明できるのではないか』と考えて、『スミスの道徳理論は状況重視型の相対的道徳に適合的な内容を有する理論だ』と考える新たな解釈を提示することが可能かどうか」を検討した[6]。その結果、「彼の道徳理論は、状況重視型の相対的道徳に適合的な内容を有する理論だ」という解釈を提示できることが明らかとなった。

三　続いて、上記と同じ方法に基づいて、「『大きな共同体』で形成され適用

---

[6] 具体的には、このような新たな解釈が、①単純な解釈では解決できなかった問題を解決できるかどうか、②単純な解釈の抱える問題点の原因を説明できるかどうか、③「状況重視型の相対的道徳」という日本文化の内容的特徴との根本的継続性を保持できるかどうか、について分析を加えた。

される『薄い伝統』を重視するハイエクの『行為ルールとしての伝統』論は、日本文化の内容的特徴としての『状況重視型の相対的道徳』に適合的な内容を有する理論だ、という解釈を提示することが可能かどうか」を検討した。筆者が彼の「行為ルールとしての伝統」論に注目したのは、①彼がスミスの道徳理論を高く評価し、②彼の「行為ルールとしての伝統」論は、日本文化の構造的特徴である中空均衡構造における「中心統合構造と対照的に、中心が存在しなくても全体が適切に調整される」という観点に適合的な理論構造を有しており、③「『状況重視型の相対的道徳』に適合的な内容を有する理論は『小さな共同体』を重視するマッキンタイアの共同体論だ」という単純な解釈に基づく結論の限界——すなわち、この単純な解釈に従うならば、「状況重視型の相対的道徳」という日本文化の内容的特徴に適合的な自由社会擁護論の探求は困難だとの結論を導かざるを得ない、という点——を、新たな解釈を検討することで乗り越えるためには、マッキンタイアの議論と対比的に捉えることのできるハイエクの議論[7]に注目する必要がある、からであった。

　具体的な検討に際しては、先に「スミスの道徳理論は『状況重視型の相対的道徳』に適合的な内容を有する理論だ」という解釈を提示することができたのは、彼の道徳理論が、道徳的基準を探求する際に、他者との関係から切り離された絶対的基準を設定するのではなく、他者との関係に基づいて形成される判断基準を重視したからであったという点を重視して、ハイエクの「行為ルールとしての伝統」論の中に他者との関係に基づいて形成される判断基準という観点が存在するかどうかに注意を払った。その結果、「行為ルールとしての伝統」論を解釈する際に、抽象的なるものの先行性に焦点を当てるとそのような観点は存在しないが、伝統の普及・明文化過程に焦点を当てるとそのような観点を見出すことができる、ということが明らかになった。したがって、「状況重視型の相対的道徳」の擁護者

---

7) ハイエクとマッキンタイアは、伝統重視の立場に基づく啓蒙主義的合理主義批判という基本的な共通点を有しながらも、「伝統」理解・共同体論・伝統の発展・自由社会と伝統の両立可能性をめぐって異なる主張を展開していた。

が、「伝統の普及・明文化過程に焦点を当てたハイエクの『行為ルールとしての伝統』論のほうが、上記の単純な解釈よりも、『状況重視型の相対的道徳』の特徴を適切に説明できるのではないか」と考えて、「彼の『行為ルールとしての伝統』論は『状況重視型の相対的道徳』に適合的な内容を有する理論だ」と考える新たな解釈を提示することが可能だ、ということが示された。

四　最後に、上記の結論を踏まえて「状況重視型の相対的道徳」に適合的な自由社会擁護論を展開するために、ハイエクの「行為ルールとしての伝統」論の再構成を行った。

(1)　まず問題となったのは、「行為ルールとしての伝統」を具体的な文化的文脈に沿って理解することはそもそも可能かという点であった。

　　この点について筆者は、ドネリーの「強い普遍主義」を参考にしつつハイエクの「行為ルールとしての伝統」論を再構成して、「行為ルールとしての伝統」を「概念のレベル」・「解釈のレベル」・「実施のレベル」の三つに区別する理解を提示した。この理解に基づけば、抽象的なるものの先行性に焦点を当てた「行為ルールとしての伝統」論が「概念のレベルにおける『行為ルールとしての伝統』」に焦点を当てて論じているのに対して、「『状況重視型の相対的道徳』という具体的な文化的文脈に適合可能な、伝統の普及・明文化過程に焦点を当てた『行為ルールとしての伝統』論」は「実施のレベルにおける『行為ルールとしての伝統』」に焦点を当てて論じている、と理解することが可能となった。

(2)　次に問題となったのは、「実施のレベルにおける『行為ルールとしての伝統』」の発展をどのように考えるかという点であった。

　　この点を考察するに際して、筆者は、オークショットの「行為の伝統」論に注目した。なぜならオークショットは、一方で、ハイエクと多くの点で共通する「伝統」理解を提示しながら、他方で、ハイエク自身の議論と異なり、複数の伝統の存在を認めて伝統間比較に基づく伝統の発展に言及するからである[8]。その結果、ハイエクの「行為ル

ールとしての伝統」論を再構成して「実施のレベルにおける『行為ルールとしての伝統』」の発展を考察する際に、伝統の普及過程に関する彼の議論に注目して、彼の伝統論に①伝統の複数性と、②「複数の伝統が衝突した場合には、試行錯誤の結果、淘汰と模倣によってよりよい伝統が生き残る」という伝統間比較論を読み込むことは、比較的容易だということが明らかとなった。

　もっとも、「行為ルールとしての伝統」の普及過程に関する進化論を用いたハイエクの説明のみに基づいて伝統間比較の指針を提示しようとするかぎり、彼の伝統論には「自分自身が従っている伝統を放棄することなく、同時に、競争相手の伝統をも理解する」というマッキンタイアの伝統間比較論に見出せるような発想がそもそも存在しないため、「ある伝統に従う人間が、これと対立する伝統に従う集団の行為ルールを模倣することで競争相手の伝統をも習得して、その考え方を自身の伝統に取り込み、自身の伝統の理解を発展させる」という答えを導出することは不可能だということも明らかとなった。

　だが筆者は、このことが、競争相手の伝統をも理解したかたちでの「実施のレベルにおける『行為ルールとしての伝統』」間比較論の展開がそもそも不可能だということを、必ずしも意味しない、と考えた。なぜなら、ハイエクの考える「行為ルールとしての伝統」の習得法と、マッキンタイアの考える「知的探究の伝統」の習得法の共通点を指摘することで、競争相手の伝統を理解した「実施のレベルにおける『行為ルールとしての伝統』」間比較論を展開することが可能だからである。

8）　この点に加えて、オークショットの「行為の伝統」論は、日本文化の構造的特徴としての中空均衡構造における「常に連続性を保持した変化」という観点に適合的な構造を有する理論である点にも、注意を喚起したい。

2 再構成された「行為ルールとしての伝統」論に基づく自由社会擁護論の特徴——法をめぐる問題と道徳をめぐる問題とを明確に区別

　それでは、以上本書で論じてきた、日本文化を考慮した自由社会擁護論としての「再構成された『行為ルールとしての伝統』論に基づく自由社会擁護論」の特徴とは何か。この点を明らかにするために、再度、ハイエク自身が考える「行為ルールとしての伝統」論の要点を確認することから始めよう。

　ハイエクの考えでは、「行為ルールとしての伝統」が形成され適用される"場"としての「共同体内の同質性ではなく異質性・多様性を前提とする『大きな共同体』」に所属するすべての構成員に、個々人が追求すべき目的や個々人の生き方に関する共通の価値観を設定することは、不可能である。つまり、「大きな共同体」における共通の価値観は、一般的で目的独立的で抽象的な行為ルールだけだというわけである。このように、「大きな共同体」に所属するすべての構成員に対してそのような共通の薄い行為ルールのみを遵守するよう求めることで、すべての人間に可能な最大限の自由と多様性が保障される。換言すれば自由社会で求められる自由とは、「行為ルールとしての伝統」を明文化した法である「正義にかなう行為ルール」あるいはノモス——その具体例として、殺人・傷害・窃盗などを禁止するルール、私的所有権、契約の自由、暴力・詐欺・脅迫の禁止などについて定めた私的自治のルール、といったものが挙げられる——の下で保障される、個々人の自由なのである。

　したがってハイエクは、「もし我々が自由社会を維持しようと思うのであれば、正義にかなう行為ルールからなる法（すなわち、本質的には私法と刑法）だけが私人としての市民に対して拘束力があり、また、課されなければならない」（Hayek 1993-2, p. 34 ［邦訳51頁］）と指摘し、自由社会擁護論の展開に際して非常に重要となるのは強制される法的ルールと強制されない道徳的ルールとの間に明確な区別を設定することだと主張する。（Hayek 1993-2, p. 148 ［邦訳203頁］）

　以上のようなハイエクの考えをさらに明確化するために有益なのが、リバタリアニズムの立場を擁護する森村とT・マチャンの議論である。ここで筆

者がリバタリアンの議論を取り上げるのは、①現代正義論と呼ばれるロールズの『正義論』登場以降のリベラリズムをめぐる議論状況下では、ハイエクを帰結主義的で古典的リベラリズム的なリバタリアニズムに分類するのが一般的であり（森村 2001、24-25 頁）[9]、②先に**第Ⅰ部第2章第3節3**で述べたように、ハイエクの共同体論とリバタリアンが提示する共同体論との親近性が指摘でき、③さらに森村は、以下で述べるように、リバタリアンが理想とすべき国家ついて、ハイエクの「行為ルールとしての伝統」と多くの共通点を有するオークショットの「行為の伝統」[10]を構成する条件を理解し認知するという観点からの結合体である、オークショットのいう「社交体（societas）」だと指摘している、からである。

　森村によると、「政府が行うべき政策の大部分は、個人の自由の確保以外のものではない」と主張するリバタリアンは、自由市場を構成する私的所有権・契約の自由・暴力や詐欺や脅迫の禁止といった一般的で中立的な私的自

9）　この分類におけるリバタリアニズムとは、1970 年代末から 1980 年代にかけて、いわゆる"戦後コンセンサス"――すなわち、多数決民主制下の福祉国家と、それを正当化してきた社会的正義の観念・社会民主主義・平等主義的リベラリズム――を厳しく批判することで台頭してきた、個人の精神的・政治的自由も経済的自由と財産権もともに最大限尊重する思想のことである。その基本的特徴は、個人の自由・私有財産権・自由競争市場を最大限に尊重する個人主義的立場を基礎に、それらを侵害するものとしての政府による介入に反対する、という点にある。したがってリバタリアニズムは、「他人に危害を及ぼさないかぎり、政府であれ他人であれ、個人の道徳的領域に介入することは、余計なお世話だ」と主張する。つまり、「自分にとってどのような生き方が望ましいか」を決めるのは本人であって、公的な判断の対象ではない。それゆえ、各人が私人として様々な生き方を称賛したり非難したりするのは自由だが、公的機関はその問題について中立的であるべきだ、というわけである。（森村 2001、14 頁、113 頁、田中 2011、408 頁、橋本 2004、98 頁）

　このように理解されるリバタリアニズムは、確かに個人の自由を尊重するという基本的発想を共有しており、外部からは一枚岩のように思われがちだが、その主張者たちの議論を検討するとその理論的基礎は極めて多様である。具体的にいえばリバタリアニズムは、「個人の自由の正当化根拠」と「国家観」という二つの論点に基づいて分類できる。リバタリアニズムは、倫理学・法学・政治学・経済学・思想史といった多くの学問分野にまたがるとともに、原理的・抽象的な問題から日々の社会的トピックにまで適用される多面体なのである。（森村 2001、21 頁以下、森村編著 2009、191-204 頁。参照、アスキュー 1994、50-51 頁。）

10）　詳細は**第Ⅲ部第4章第4節2 (1)**を参照。

治のルールの強制には反対せず、むしろその強制こそが政府のなすべき任務の中で最も重要なものだと考える。ここで注目したいのは、リバタリアンが、「『大きな共同体』に所属するすべての構成員に対して一般的で目的独立的で抽象的な行為ルールを遵守するよう求める、意図的に組織化され意識的に方向づけられた権力の具現体である国家」と「個々人が追求すべき目的や個々人の生き方に関して最大限の自由と多様性が保障される、自生的な全体秩序としての社会」とを明確に区別するハイエクと同様に（Hayek 1980, p. 22［邦訳26-27頁］）、政府と社会を明確に区別したうえで、法的強制と社会的圧力を明確に区別するという点である。この点について森村は、次のように明言する。

> リバタリアンは個人的自由に対する国家による介入を原則的に不正だと考えるが、人々の自発的活動から生ずる社会的圧力や経済的力関係は自由の帰結として容認する。（森村 2001、109頁）

リバタリアンがこのように主張するのは、人々が特定の社会的環境の中で暮らしている以上、その行動が社会から影響を受けるのは当然のことだと考えるからである。それどころかむしろリバタリアンは、権利侵害に至らないインフォーマルな社会的制裁があるからこそ、政府が強制的に介入しなくても個人の規律や社会の秩序が保たれると考える傾向がある。（森村 2001、20頁、109-110頁）[11][12][13]

このような「政府と社会を明確に区別したうえで、法的強制と社会的圧力

---

[11] 森村曰く、「道徳の実現は政府の任務ではなくて、社会を構成する人々の行動の結果である。」（森村 2001、110頁）

[12] それゆえ森村は、リバタリアン・パターナリズムの提案に対して、「デフォルト・ルールやフレーミングや正面きった示唆・助言といった手段によって計画者が人々に影響を与えることは、それ自体としては人々の自由を侵害するものではない」（森村 2013、362頁）とコメントする。なぜならリバタリアンは、自由を古きよき消極的自由の意味で理解し、自由とは外的強制の欠如であって影響の欠如ではないと考えるからである。（森村 2013、358頁以下）

[13] なお、この点についてはハイエクも、「私的領域内における行為が国家による強制行為の適切な対象ではないという事実は、自由社会においてそのような行為が世論あ

を明確に区別する」リバタリアンの主張を具体的に展開したものと解釈し得る一例として、日本社会における表現の自由の保障をめぐるドネリーの論述を取り上げよう[14)][15)]。

　ドネリーの指摘によれば、先に**第Ⅱ部の第1章第1節1および第2章**で述べた「強い普遍主義」に従うと、伝統的な慣行が国際的に承認された人権と衝突する場合には前者が譲歩しなければならないが、ここから「アジア社会は西洋的な人権モデルに盲目的に従わなければならない」という結論が導かれるわけでは決してなく、国際的に承認された人権をアジアに特徴的なかたちで実施するかなりの余地が存在する。したがって彼は、「アジア社会の特徴として年功とヒエラルヒーに対する敬意がしばしば指摘されることを念頭に置けば、例えば日本社会において序列重視という価値観が個人の考えを自由に表現することを抑制するかもしれない」という問題提起に対して、次のように回答する。すなわち、年功とヒエラルヒーに対する敬意をめぐっては、大抵、インフォーマルな社会的サンクションが問題になるのであって、政府の政策が問題とされているわけではない。換言すればそれは、日本社会の構成員が典型的には相互にどのようなやり取りをするのかという問題であって、法的に保障された表現の自由という権利を人々がどのように行使するかという問題である。したがって、言葉のやり取りについての標準的な型がこのように文化によって異なるにもかかわらず、日本社会では表現の自由が実行されており、また保護されている、と。

　つまり、「状況重視型の相対的道徳」という特徴が顕著な日本社会において直接的で序列重視型の人間関係を何よりも優先する個人が、自身の考えを自由に表現することを抑制して自己の思考を導く際に「社会の人々がそう考えている」という基準を採用するのは、日本社会で法的に保障された表現の自由という権利を個々人がどのようなやり方で行使するかという問題であっ

　　　るいは非難の圧力からも免除されることを、必ずしも意味しない」（Hayek 1960, p. 146［『自由の条件Ⅱ』21頁］）と指摘している。
14)　Donnelly 1999, p. 84, Donnelly 2003, p. 120. cf. Beer 1976.
15)　もっとも、ドネリー自身はリバタリアンではなく、またリバタリアンの主張を展開しようとしたわけでもない、という点には注意しなければならない。

て、国際的に承認されたものとは異なる独自の人権構想を行使しているわけでも、国際的に承認された人権を西洋的なやり方で行使するのを強制的に禁止する正統性と必要性を示唆しているわけでも、決してない。表現の自由という権利が法的に保障されることで日本社会の構成員は、「状況重視型の相対的道徳」という日本文化の内容的特徴に従い、あるいはそれを拒絶し、あるいはそれを修正する範囲を、自らの判断に従って自由に決定できる。もしある個人が「状況重視型の相対的道徳」という特徴を十分に踏まえた選択を行った場合にはその選択が保護されるが、それはそのような特徴に挑戦する選択を行った場合についても同様なのである。

またマチャンは、森村の議論と同様に、「個人の自由を支持するリバタリアニズムは、個々人が拒絶する生き方を強制しようとするあらゆる政治的・法的手段に抵抗するが、社会道徳や共同体の行為基準について考慮することを否定するわけでは決してない」と指摘する。マチャンによれば、リバタリアニズムが強調するのは「共同体の道徳的傾向を維持し改良するという目的のために政治的権威を利用することは、不適切だ」という点である。(Machan 2006, pp. 241-243)[16]

このようなリバタリアニズムとコミュニタリアニズムやアメリカの保守主義とが最も激しく衝突するのは、マチャンの分析によると、道徳的基準——特に社会倫理——の問題に関する領域である。というのもコミュニタリアニズムやアメリカの保守主義は、リバタリアニズムが個人の自由に基礎を置く政治制度にコミットすることに対して懸念を示し、自由の価値に対する尊重を弱めて、政府が道徳的基準をめぐる様々な社会的問題に取り組むべきだと主張するからである。このようなコミュニタリアニズムやアメリカの保守主

---

16) したがってマチャンは、リバタリアニズムを政治的教義と理解し、そのような「政治的リバタリアニズム」を、①意志の自由という問題を取り扱う「形而上学的リバタリアニズム」、②自発的な人間の活動や結合体について、強制を含まないものはすべて等しく適切であり、道徳的に正しく、妥当な道徳的批判から免れているという見解を提示する「社会的リバタリアニズム」、③正しい人間の行動とは何かという観点からみた場合に、自由に選択された行為はすべて等しい価値を有しているという見解を提示する「道徳的リバタリアニズム」、から区別すべきだと主張する。(Machan 2006, p. 243)

義の主張と対照的に、リバタリアニズムは、政府・社会・個人を明確に区別し[17]、「社会におけるすべての個々人に関わりすべての個々人のために活動するのが政府であるので、政府はすべての個々人に適用可能な原理——すなわち、個々人の人権の尊重——にのみ従って活動しなければならない」と主張する。もちろん社会には、すべての個々人が従わなければならないこのような原理の他に、道徳的基準をめぐる様々な社会的問題のような数多くの重要な関心事がある。だがリバタリアニズムの主張に従えば、政府が法律を用いてこのような社会的問題における特定の立場を強制することは、明らかに正当化できない。(Machan 2006, pp. 246-249)

このようにマチャンは、リバタリアニズムの立場に基づいて、個人の自由をめぐる問題と徳・善・卓越性・幸福をめぐる問題とを明確に区別し、次のような結論を導く。すなわち、リバタリアニズムにとっての政治の課題とは個人の自由の保障であって、それ以上でもそれ以下でもない。それゆえ徳・善・卓越性・幸福といった課題は、唯一個人だけが自分自身で達成すべく努力できる課題であって、政治の強制力によって達成されるべき課題では決してないのである、と。(Machan 2006, pp. 249-254)[18]

---

[17]　この区別を分かりやすく説明するためにマチャンは、バスケットボールにおける審判・ゲーム・プレーヤーの区別という具体例を提示し、強制力を行使できるのは審判だけだと指摘する。(Machan 2006, p. 257, note 45)

[18]　このようなリバタリアンの主張と対照的に、J・S・ミルは、政府による権威的——亀本洋によれば、「『権威的』とは、上からの命令（禁止も含む）という意味とともに、罰則によって強制するという含みをもつ言葉である。」(亀本 2011、550頁)——干渉だけでなく、社会的圧力の問題をも視野に入れて論を展開している。

　　法的ルールによる強制が認められるのはどのような場合かという問題をめぐるミルの基本的な立場は、「個人の身体と財産の保護に必要なかぎりで政府による権威的干渉は当然認められるが、それ以外の権威的干渉は認められず、他人に危害を加えないかぎりある人の行動の自由を制約することはできない」というものである。このように彼は、他人の利害に影響を及ぼさない行動は政府が権威的に干渉してはならないと考え、「他人の利害に影響を及ぼすかどうか」の基準——換言すれば、政府が介入することを許されない個人の自由の領域の線引き基準——として危害原理を提示する。(参照、Mill 2015, pp. 12-13 [ミル 1971、24頁]、亀本 2011、549-555頁、568-569頁)

　　もっともここで注意を払わなければならないのは、「ミルは、危害原理を提示する際に、政府による権威的干渉だけでなく、社会的圧力の問題をも視野に入れている」

以上の点を踏まえて森村は、「リバタリアンが理想とすべき国家とは、自由主義的人権思想と『法の支配』の理念を取り込んだ中立的・普遍主義的な帝国だ」と考える。すなわちそれは、オークショットのいう「社交体」であって「統一体（universitas）」ではない、というわけである。なぜならオークショットによれば、社交体は、共通の実質的満足の追求ではなく、「行為の伝統」を構成する条件を理解し認知するという観点からの結合体だからである。換言すればそれは、ルールという観点から人々が形式的に関係している結合体であって、共通の行動という観点から人々が実質的に関係している結合体ではない。したがって社交体の各構成員は、各々が自身の利益を追求し、共通の満足を獲得するために他者と結び付くことさえあるが、いかなる目的の追求・達成とも無関係な行為ルールの権威を継続的に認知して相互に関係している。それゆえ森村の考えでは、リバタリアンが理想とすべき国家に所属する市民は、政治過程を通じて、共通の実質的価値や生き方を実現しようと試みたりはしないのである[19]。

　このような森村とマチャンの議論を踏まえるならば、日本文化を考慮した自由社会擁護論としての「再構成された『行為ルールとしての伝統』論に基

　という点である。（この点について亀本は、「ミルの自由論の優れた点は、政治権力による個人の自由の抑圧だけでなく、社会的圧力による個人の自由の抑圧をも射程に入れている点にある」と評価している。（亀本2011、570頁））したがってこの点を踏まえると、危害原理の主張内容は「政府または世間が、普通の大人に、その人の幸福を考えて、刑罰または社会的圧力をもって行う干渉は、その人の行為が誰にも危害を及ぼすおそれがないかぎり許されない」とまとめることができる。（参照、亀本2011、568-569頁）

　なお亀本によると、ミルの危害原理における社会的圧力の問題を理解する際には、次の二点に注意が必要である。第一に、説得・忠告・懇願によって他人によい生き方を勧めることに問題はない、という点である。（亀本2011、569頁）第二に、ミルのリベラリズムにおける原理原則は自由に有利な推定が与えられるため、危害原理の理解に際しては社会的圧力に有利な推定が与えられる——すなわち、社会的圧力が他人の利害に影響を及ぼすことの証明責任は、それを法律によって規制しようとする政府の側にある——というジレンマが発生する、という点である。その理由は、国家が社会に比べて圧倒的な物理的実力を持っているという事実は、なお軽視してはならないからである。（亀本2011、551-553頁、570-571頁）

19)　森村2013、56頁、Oakeshott 1975, p. 88, p. 201

づく自由社会擁護論」の特徴は、次のようにまとめることができる。すなわちそれは、国家あるいは政府と社会を明確に区別し、「法をめぐる問題——すなわち、共同体に所属するすべての構成員に強制すべきルールをめぐる問題——」と「道徳をめぐる問題——すなわち、個々人が追求すべき生き方をめぐる問題——」を明確に区別したうえで、国家あるいは政府が取り組むべき問題は「個人の自由を保障するために、共同体に所属するすべての構成員に強制すべきルールとは何か」をめぐる問題だけだと考え、「個々人が追求すべき生き方とは何か」をめぐる問題に国家あるいは政府が取り組むべきではないと主張する、と。

　この点に関連して注目に値するのが亀本の指摘である。というのも彼は、「よいこと、正しいことでも、他人に強制をしてはいけない場合がある」ということの自覚が自由主義者であるために必要不可欠な条件だと明言したうえで（亀本2011、563-564頁）、このような現代の西洋倫理学と異なりアリストテレスの倫理学においては道徳的な意味での「善い」と「正しい」とが截然と区別されておらず、この点に関しては現代も含めた日本文化における道徳意識に近いと指摘するからである。（亀本2015、2-3頁）

　したがって、日本文化を考慮した「再構成された『行為ルールとしての伝統』論に基づく自由社会擁護論」の主張内容は、実は、古典的な自由社会擁護論の根本に立ち戻ったものだということができる[20]。

---

20)　なおこの結論に対しては、「日本文化を考慮した『再構成された「行為ルールとしての伝統」論に基づく自由社会擁護論』の主張内容は、現代も含めた日本文化における道徳意識に反するため、"日本文化を考慮した"自由社会擁護論とはいえないのではないか」との反論が予想される。だが、**序論**における本書の問題設定に際して重要な示唆を得た田中の議論を詳細に確認すれば、このような反論が妥当でないことは明らかである。というのも彼は、「現代日本の法状況をどのように理解し評価したうえで、どこをどのように改革すべきか」という課題に取り組むに際して、「日本の伝統や文化を見直し、改めるべきものは改め、継承発展させるべきものは洗練し、国際的にも通用する独自の在り方を追求すること」が求められており、権利・人権・自由・平等、民主制・立憲主義・法の支配といった自由社会を支える根本的な観念・制度原理を、各国の伝統・文化・歴史の原理的差異に配慮しつつも、そのような相違を超えて相互に対話し学び合うための背景的準拠枠組として「脱西洋化」「脱宗教化」し、従来の"内の論理と外の論理"の使い分けを許さないほど相互規定的となっている国

際的・国内的な問題状況を解明・解決できるものへと、創造的に再構築することに努めるべきだ、と主張しているからである。

文献一覧

◆洋語文献

Albert, H. 1985　*Treatise on Critical Reason*, translated by M.V.Rorty, Princeton U.P.

Allen, R.T. 1998　*Beyond Liberalism : The Political Thought of F.A.Hayek & Michael Polanyi*, Transaction Publishers

An-Na'im, A.A. 1990　"Islam, Islamic Law and the Dilemma of Cultural Legitimacy for Universal Human Rights", in C.E.Welch,Jr. and V.A.Leary (eds.), *Asian Perspectives on Human Rights*, Westview Press

―――― 1999　"The Cultural Mediation of Human Rights : The Al-Arqam Case in Malaysia", in J.R.Bauer and D.A.Bell (eds.), *The East Asian Challenge for Human Rights*, Cambridge U.P.

An-Na'im, A.A. (ed.) 1992　*Human Rights in Cross-Cultural Perspectives : A Quest for Consensus*, University of Pennsylvania Press

An-Na'im, A.A. and Deng, F.M. (eds.) 1990　*Human Rights in Africa : Cross-Cultural Perspectives*, The Brookings Institution

Barnett, R.E. 1998　*The Structure of Liberty : Justice and The Rule of Law*, Oxford U.P.［嶋津格・森村進監訳『自由の構造：正義・法の支配』木鐸社、2000年］

Barry, N. 1984　"Hayek on Liberty", in Z.Pelczynski and J.Gray (eds.), *Conceptions of Liberty in Political Philosophy*, The Athlone Press［押村高訳「ハイエク」（訳者代表飯島昇藏、千葉眞『自由論の系譜――政治哲学における自由の観念』行人社、1987年）］

Bauer, J.R. and Bell, D.A. 1999　"Introduction", in do. (eds.), *The East Asian Challenge for Human Rights*, Cambridge U.P.

Bauer, J.R. and Bell, D.A. (eds.) 1999　*The East Asian Challenge for Human Rights*, Cambridge U.P.

Beer, L.W. 1976　"Freedom of Expression in Japan with Comparative Reference to the United States", in R.P.Claude (ed.), *Comparative Human*

Rights, The John Hopkins University Press

Bell, D.A. 2000　　*East Meets West : Human Rights and Democracy in East Asia*, Princeton U.P. ［施光恒／蓮見二郎訳『「アジア的価値」とリベラル・デモクラシー――東洋と西洋の対話――』風行社、2006 年］

―――― 2006　　*Beyond Liberal Democracy : Political Thinking for an East Asian Context*, Princeton U.P.

Bell, D.A. and Chaibong, H. 2003　　"Introduction : The Contemporary Relevance of Confucianism", in *do.* (eds.), *Confucianism for the Modern World*, Cambridge U.P.

Bellah, R.N. et al. 2008　　*Habits of the Heart : Individualism and Commitment in American Life*, With a New Preface, University of California Press ［島薗進、中村圭志 共訳『心の習慣――アメリカ個人主義のゆくえ』みすず書房、1991 年］

Benedict, R. 2005　　*The Chrysanthemum and the Sword : Patterns of Japanese Culture*, with a Foreword by Ian Buruma, A Mariner Book ［越智敏之・越智道雄 訳『菊と刀――日本文化の型』平凡社、2013 年］

Boaz, D. 1997　　*Libertarianism : A Primer*, The Free Press

Bousfield, A. 1999　　*The Relationship between Liberalism and Conservatism : Parasitic, competitive or symbiotic?*, Ashgate Publishing

Buchanan, J. M. 2005　　*Why I, Too, Am Not a Conservative : The Normative Vision of Classical Liberalism*, Edward Elgar Publishing

Caldwell, B. 2004　　*Hayek's Challenge : An Intellectual Biography of F.A.Hayek*, The University of Chicago Press

Chan, J. 1995　　"The Asian Challenge to Universal Human Rights : A Philosophical Appraisal", in J.T.H.Tang (ed.), *Human Rights and International Relations in the Asia-Pacific Region*, Pinter

―――― 1998　　"Asian Values and Human Rights : An Alternative View", in L. Diamond and M.F.Plattner (eds.), *Democracy in East Asia*, The Jones Hopkins University Press

―――― 1999　　"A Confucian Perspective on Human Rights for Contemporary China", in J.R.Bauer and D.A.Bell (eds.), *The East Asian Challenge for Human Rights*, Cambridge U.P.

―――― 2000　　"Thick and Thin Accounts of Human Rights : Lessons from the

Asian Values Debate", in M.Jacobsen and O.Bruun (eds.), *Human Rights and Asian Values : Contesting National Identities and Cultural Representations in Asia*, Curzon

de Croot, A. 2012 "Introduction and Acknowledgements", in S.Zweegers and A.de Croot (eds.), *Global Values in a Changing World*, KTI Publishers

Den Uyl, Douglas J. and Rasmussen, Douglas B. 2006 "The Myth of Atomism", in *The Review of Metaphysics*, Vol.59, No.4

Donnelly, J. 1999 "Human Rights and Asian Values : A Defense of 'Western' Universalism", in J.R.Bauer and D.A.Bell (eds.), *The East Asian Challenge for Human Rights*, Cambridge U.P.

―――― 2003 *Universal Human Rights in Theory and Practice*, Second Edition, Cornell U.P.

―――― 2012 "The universality of values : a historical perspective", in S. Zweegers and A.de Croot (eds.), *Global Values in a Changing World*, KTI Publishers

―――― 2013 *Universal Human Rights in Theory and Practice*, Third Edition, Cornell U.P.

Feser, E. 2003 "Hayek on Tradition", in *Journal of Libertarian Studies*, Vol.17, No.1

―――― 2006 "Introduction", in *do.* (ed.), *The Cambridge Companion to HAYEK*, Cambridge U.P.

Franco, P. 1990 *The Political Philosophy of Michael Oakeshott*, Yale U.P.

Freeman, M. 1995 "Human Rights : Asia and the West", in J.T.H.Tang (ed.), *Human Rights and International Relations in the Asia-Pacific Region*, Pinter

Fuller, L.L. 1969 *The Morality of Law*, Revised Edition, Yale U.P. ［稲垣良典訳『法と道徳』有斐閣、1968 年］

Gamble, A. 1996 *Hayek : The Iron Cage of Liberty*, Polity Press

―――― 2006 "Hayek on knowledge, economics, and society", in E.Feser (ed.), *The Cambridge Companion to HAYEK*, Cambridge U.P.

Ghai, Y. 1995 "Asian Perspectives on Human Rights", in J.T.H.Tang (ed.), *Human Rights and International Relations in the Asia-Pacific Region*, Pinter

Gissurarson, H.H. 1987 *Hayek's Conservative Liberalism*, Garland Publishing

Gray, J. 1989 *Liberalisms : Essays in Political Philosophy*, Routledge ［山本貴

之訳『自由主義論』ミネルヴァ書房、2001年〕
——— 1993　　*Post-Liberalism : Studies in Political Thought*, Routledge
——— 1995　　*Enlightenment's wake : Politics and culture at the close of the modern age*, Routledge
——— 1997　　*Endgames : Questions in Late Modern Political Thought*, Polity Press
——— 1998　　*Hayek on Liberty*, Third Edition, Routledge〔照屋佳男・古賀勝次郎訳『ハイエクの自由論（増補版）』行人社、1989年〕
Hayek, F.A. 1960　　*The Constitution of Liberty*, The University of Chicago Press〔気賀健三・古賀勝次郎訳『自由の条件Ⅰ-Ⅲ〈新版ハイエク全集第Ⅰ期第5巻-第7巻〉』春秋社、2007年〕
——— 1967　　*Studies in Philosophy, Politics and Economics*, Routledge & Kegan Paul
——— 1980　　*Individualism and Economic Order*, The University of Chicago Press, 1980〔嘉治元郎・嘉治佐代訳『個人主義と経済秩序〈新版ハイエク全集第Ⅰ期第3巻〉』春秋社、2008年〕
——— 1988　　*The Fatal Conceit : The Errors of Socialism*, Routledge〔渡辺幹雄訳『致命的な思いあがり〈ハイエク全集第Ⅱ期第1巻〉』春秋社、2009年〕
——— 1990　　*New Studies in Philosophy, Politics, Economics and the History of Ideas*, Routledge
——— 1991　　*The Road to Serfdom*, Routlegde〔西山千明訳『隷属への道』春秋社、1992年〕
——— 1993-1　　*Law, Legislation and Liberty : A new statement of the liberal principles of justice and political economy*, Volume1, Routledge〔矢島鈞次・水吉俊彦訳『法と立法と自由Ⅰ——ルールと秩序〈新版ハイエク全集第Ⅰ期第8巻〉』春秋社、2007年〕
——— 1993-2　　*Law, Legislation and Liberty : A new statement of the liberal principles of justice and political economy*, Volume2, Routledge〔篠塚慎吾訳『法と立法と自由Ⅱ——社会正義の幻想〈新版ハイエク全集第Ⅰ期第9巻〉』春秋社、2008年〕
——— 1993-3　　*Law, Legislation and Liberty : A new statement of the liberal principles of justice and political economy*, Volume3, Routledge〔渡部茂訳『法と立法と自由Ⅲ——自由人の政治的秩序〈新版ハイエク全集第Ⅰ期第10

巻〉』春秋社、2008 年］

Hobsbawm, E. and Ranger, T. (eds.) 1983　*The Invention of Tradition*, Cambridge U.P.［前川啓治・梶原景昭他訳『創られた伝統』紀伊国屋書店、1992 年］

Horton, J. and Mendus, S. 1994　"Alasdair MacIntyre : After Virtue and After", in do. (eds.), *After MacIntyre : Critical Perspectives on the Work of Alasdair MacIntyre*, Polity Press

Howard, R. 1984　"Women's rights in English-speaking Sub-Saharan Africa", in C.E.Welch,Jr. and R.I.Meltzer (eds.), *Human Rights and Development in Africa*, State University of New York Press

Hume, D. 1978　*A Treatise of Human Nature*, Edited, with an Analytical Index, by L.A.Selby-Bigge, Second Edition, with text revised and variant readings by P.H.Nidditch, Oxford U.P., 1978［木曾好能訳『人間本性論　第 1 巻 知性について』法政大学出版局、1995 年、石川徹・中釜浩一・伊勢俊彦 訳『人間本性論　第 2 巻 情念について』法政大学出版局、2011 年、伊勢俊彦・石川徹・中釜浩一 訳『人間本性論　第 3 巻 道徳について』法政大学出版局、2012 年］

Inoue, Tatsuo 1999　"Liberal Democracy and Asian Orientalism", in J.R.Bauer and D.A.Bell (eds.), *The East Asian Challenge for Human Rights*, Cambridge U.P.

Irwin, T.H. 1989　"Traditon and Reason in the History of Ethics", in *Social Philosophy & Policy*, Vol.7, Issue 1

Kausikan, B. 1998　"The 'Asian Values' Debate : A View from Singapore", in L.Diamond and M.F.Plattner (eds.), *Democracy in East Asia*, The Jones Hopkins University Press

Kley, R. 1994　*Hayek's Social and Political Thought*, Oxford U.P.

Kresge, S. and Wenar, L. (eds.) 1994　*Hayek on Hayek : An Autobiographical Dialogue*, Routledge［嶋津格訳『ハイエク、ハイエクを語る』名古屋大学出版会、2000 年］

Kukathas, C. 1989　*Hayek and Modern Liberalism*, Oxford U.P.

――― 1994　"Explaining Moral Variety", in *Social Philosophy and Policy*, Vol.11, No.1

Kymlicka, W. 1989　*Liberalism, Community and Culture*, Oxford U.P.

――― 1995　*Multicultural Citizenship : A Liberal Theory of Minority Rights*,

Oxford U.P.［角田猛之・石山文彦・山崎康仕監訳『多文化時代の市民権——マイノリティの権利と自由主義——』晃洋書房、1998年］

Liddington, J. 1984　　"Oakeshott : Freedom in a Modern European State", in Z.Pelczynski and J.Gray（eds.）, *Conceptions of Liberty in Political Philosophy*, The Athlone Press［吉浜精一郎訳「オークショット」（訳者代表飯島昇藏、千葉眞『自由論の系譜——政治哲学における自由の観念』行人社、1987年）］

Machan, T.R. 2006　　*Libertarianism Defended*, Ashgate Publishing

MacIntyre, A. 1984　　*After Virtue : A Study in Moral Theory*, Second Edition, University of Notre Dame Press［篠崎榮訳『美徳なき時代』みすず書房、1993年］

―――― 1988　　*Whose Justice? Which Rationality?*, University of Notre Dame Press

―――― 1990　　*Three Rival Versions of Moral Enquiry : Encyclopaedia, Genealogy, and Tradition*, University of Notre Dame Press

―――― 1994　　"A Partial Response to my Critics", in J.Horton and S.Mendus（eds.）, *After MacIntyre : Critical Perspectives on the Work of Alasdair MacIntyre*, Polity Press

―――― 1998　　"Politics, Philosophy, and the Common Good", in K.Knight（ed.）, *The MacIntyre Reader*, Polity Press

McCann, Jr., C.R. 2004　　"F.A.Hayek : The liberal as communitarian", in J.C.Wood and R.D.Wood（eds.）, *Friedrich A.Hayek : Critical assessments of leading economists*, Second Series, Volume Ⅳ, Routledge

Mill, J.S. 2015　　*On Liberty, Utilitarianism, and Other Essays*, Edited with an Introduction and Notes by M.Philp and F.Rosen, Oxford U.P.

Miller, D. 2007　　*National Responsibility and Global Justice*, Oxford U.P.［富沢克・伊藤恭彦・長谷川一年・施光恒・竹島博之訳『国際正義とは何か——グローバル化とネーションとしての責任』風行社、2011年］

Mulhall, S. 1994　　"Liberalism, Morality and Rationality : MacIntyre, Rawls and Cavell", in J.Horton and S.Mendus（eds.）, *After MacIntyre : Critical Perspectives on the Work of Alasdair MacIntyre*, Polity Press

Murphy, M.C. 2003　　"MacIntyre's Political Philosophy", in *do.*（ed.）, *Alasdair MacIntyre*, Cambridge U.P.

Oakeshott, M. 1975　　*On Human Conduct*, Oxford U.P.［野田裕久訳『市民状態

とは何か』木鐸社、1993 年]
―― 1976 "On Misunderstanding Human Conduct : A Reply to My Critics", in *Political Theory*, Vol.4, No.3
―― 1991 *Rationalism in Politics and other essays*, New and Expanded Edition, Liberty Fund[嶋津格他訳『[増補版] 政治における合理主義』勁草書房、2013 年]
―― 1993 *Morality and Politics in Modern Europe : The Harvard Lectures*, Yale U.P.
Onuma, Yasuaki 1999 "Toward an Intercivilizational Approach to Human Rights", in J.R.Bauer and D.A.Bell (eds.), *The East Asian Challenge for Human Rights*, Cambridge U.P.
Othman, N. 1999 "Grounding Human Rights Arguments in Non-Western Culture : *Shari'a* and the Citizenship Rights of Women in a Modern Islamic State", in J.R.Bauer and D.A.Bell (eds.), *The East Asian Challenge for Human Rights*, Cambridge U.P.
Paul, E.F. 1988 "Liberalism, Unintended Orders and Evolutionism", in *Political Studies*, Vol.36, No.2[浅野有紀＋那須耕介訳「自由主義・意図せざる秩序・進化論」(『現代思想』19 巻 12 号、1991 年)]
Peerenboom, R. 2003 "Beyond Universalism and Relativism : The Evolving Debates about 'Values in Asia' ", in *Indiana International and Comparative Law Review*, Vol.14, No.1
Peerenboom, R. (ed.) 2004 *Asian Discourse of Rule of Law : Theories and implementation of rule of law in twelve Asian countries, France and the U.S.*, Routledge
Petsoulas, C. 2001 *Hayek's Liberalism and its Origins : His idea of spontaneous order and the Scottish Enlightenment*, Routledge
Polanyi, M. 1974 *Personal Knowledge : Towards a Post-Critical Philosophy*, Paperback Edition, The University of Chicago Press[長尾史郎訳『個人的知識――脱批判哲学をめざして』ハーベスト社、1985 年]
―― 1983 *The Tacit Dimension*, Peter Smith[佐藤敬三訳『暗黙知の次元』紀伊国屋書店、1980 年]
Rawls, J. 1993 "The Law of Peoples", in S.Shute and S.Hurley (eds.), *On Human Rights : The Oxford Amnesty Lectures 1993*, Basic Books[ジョン・

ロールズ「万民の法」(中島吉弘・松田まゆみ訳『人権について──オックスフォード・アムネスティ・レクチャーズ』みすず書房、1998年)]

―――― 1996　　*Political Liberalism*, Paperback Edition, Columbia U.P.

―――― 1999-1　　*A Theory of Justice*, Revised Edition, Harvard U.P. [川本隆史／福間聡／神島裕子訳『正義論　改訂版』岩波書店、2010年]

―――― 1999-2　　*The Law of Peoples*, Harvard U.P. [中山竜一訳『万民の法』岩波書店、2006年]

―――― 2001　　E.Kelly (ed.), *Justice as Fairness : A Restatement*, Harvard U.P. [田中成明・亀本洋・平井亮輔 訳『公正としての正義 再説』岩波書店、2004年]

Scruton, R. 2006　　"Hayek and conservatism", in E.Feser (ed.), *The Cambridge Companion to HAYEK*, Cambridge U.P.

Se Teruhisa and Karatsu Rie 2004　　"A conception of human rights on Japanese culture : promoting cross-cultural debate", in *Journal of Human Rights*, Vol.3, No.3

Sen, A. 1999-1　　"Human Rights and Economic Achievement", in J.R.Bauer and D.A.Bell (eds.), *The East Asian Challenge for Human Rights*, Cambridge U.P.

―――― 1999-2　　*Development as Freedom*, Oxford U.P. [石塚雅彦訳『自由と経済開発』日本経済新聞社、2000年]

Shils, E. 1997　　S.Grosby (ed.), *The Virtue of Civility : Selected Essays on Liberalism, Tradition, and Civil Society*, Liberty Fund

Smith, A. 2015　　*The Theory of Moral Sentiments*, Forgotten Books [高哲男訳『道徳感情論』講談社学術文庫、2013年]

Steele, D.R. 1987　　"Hayek's Theory of Cultural Group Selection", in *Journal of Libertarian Studies*, Vol.8, No.2

Taylor, C. 1985　　"Atomism", in *Philosophy and the Human Sciences : Philosophical Papers 2*, Cambridge U.P. [田中智彦訳「アトミズム」(『現代思想』22巻5号、1994年)]

―――― 1995　　*Philosophical Arguments*, Harvard U.P.

―――― 1999　　"Conditions of an Unforced Consensus on Human Rights", in J.R.Bauer and D.A.Bell (eds.), *The East Asian Challenge for Human Rights*, Cambridge U.P.

Vanberg, V. 1991　　"Spontaneous Market Order and Social Rules : A Critical

Examination of F.A.Hayek's Theory of Cultural Evolution", in J.C.Wood and R.N.Woods (eds.), *Friedrich A.Hayek : Critical Assessments*, Volume Ⅳ, Routledge［石山文彦訳「自生的市場秩序と社会の諸ルール──Ｆ・Ａ・ハイエクの文化の進化論の批判的検討」(『現代思想』19巻12号、1991年)］

── 1996　"Hayek's Theory of Rules and the Modern State", in S.Ratnapala-G.A.Moens (eds.), *Jurisprudence of Liberty*, Butterworths

van Genugten, W. 2012　"The universalization of human rights : reflections on obstacles and the way forward", in S.Zweegers and A.de Croot (eds.), *Global Values in a Changing World*, KTI Publishers

Walzer, M. 1994　*Thick and Thin : Moral Argument at Home and Abroad*, University of Notre Dame Press［芦川晋・大川正彦訳『道徳の厚みと広がり──われわれはどこまで他者の声を聴き取ることができるか』風行社、2004年］

Warnke, G. 1992　*Justice and Interpretation*, Polity Press［有賀誠訳『正義と解釈』昭和堂、2002年］

Yenor, S. 2007　"Spontaneous Order and the Problem of Religious Revolution", in L.Hunt and P.McNamara (ed.), *Liberalism, Conservatism, and Hayek's Idea of Spontaneous Order*, Palgrave Macmillan

◆邦語文献

会田雄次 1972　『日本人の意識構造──風土・歴史・社会』講談社現代新書

青木保 1992　「『伝統』と『文化』」(Ｅ・ホブズボウム、Ｔ・レンジャー編、前川啓治・梶原景昭他訳『創られた伝統』紀伊国屋書店)

── 1999　『「日本文化論」の変容──戦後日本の文化とアイデンティティー』中公文庫

青木人志 2005　『「大岡裁き」の法意識──西洋法と日本人』光文社新書

アクセルロッド、R. 1998　松田裕之訳『つきあい方の科学──バクテリアから国際関係まで──』ミネルヴァ書房

アスキュー・デイヴィッド 1994　「リバタリアニズム研究序説(一)──最小国家論と無政府資本主義の論争をめぐって」(『法学論叢』第135巻第6号)

荒井一博 1997　『終身雇用制と日本文化──ゲーム論的アプローチ』中公新書

── 2006　『信頼と自由』勁草書房

アリストテレス 1971　高田三郎訳『ニコマコス倫理学(上)』岩波文庫

井波律子 1994　『三国志演義』岩波新書
井上忠司 2007　『「世間体」の構造——社会心理史への試み』講談社学術文庫
井上達夫 1999　「リベラル・デモクラシーとアジア的オリエンタリズム」(同他編『変容するアジアの法と哲学』有斐閣)
―――　 2003　『普遍の再生』岩波書店
―――　 2010　「人権はグローバルな正義たり得るか」(同編『講座 人権論の再定位 5　人権論の再構築』法律文化社)
岩田靖夫 2011　『ギリシア哲学入門』ちくま新書
内田貴 2018　『法学の誕生——近代日本にとって「法」とは何であったか』筑摩書房
内田樹 2009　『日本辺境論』新潮新書
梅棹忠夫 1967　『文明の生態史観』中央公論社
梅棹忠夫 編 2001　『文明の生態史観はいま』中央公論新社
江頭進 1999　『F. A. ハイエクの研究』日本経済評論社
大久保喬樹 2008　『日本文化論の名著入門』角川選書
大沼保昭 1998　『人権、国家、文明——普遍主義的人権観から文際的人権観へ——』筑摩書房
大林太良 1986　『神話の系譜——日本神話の源流をさぐる』青土社
桂木隆夫 1988　『自由と懐疑——ヒューム法哲学の構造とその生成——』木鐸社
加藤周一 1955-1　「日本文化の雑種性」(『思想』1955 年 6 月号)
―――　 1955-2　「雑種的日本文化の課題」(『中央公論』1955 年 7 月号)
金谷治 1993　『中国思想を考える——未来を開く伝統』中公新書
亀本洋 2011　『法哲学』成文堂
―――　 2015　『ロールズとデザート——現代正義論の一断面——』成文堂
河合隼雄 1999　『中空構造日本の深層』中公文庫
―――　 2003　『神話と日本人の心』岩波書店
川島武宜 1982-1　『川島武宜著作集 第一巻　法社会学 1』岩波書店
―――　 1982-2　『川島武宜著作集 第四巻　法社会学 4』岩波書店
菊池理夫 2004　『現代のコミュニタリアニズムと「第三の道」』風行社
―――　 2007　『日本を甦らせる政治思想——現代コミュニタリアニズム入門』講談社現代新書
葛生栄二郎 1998　『自由社会の自然法論』法律文化社
小島秀信 2011　「伝統・市場・規範性——エドマンド・バークとF・A・ハイエ

ク」(政治思想学会編『福祉社会と政治思想（政治思想研究第 11 号）』風行社)
小林公 2009 『法哲学』木鐸社
嶋津格 1985 『自生的秩序――F・A・ハイエクの法理論とその基礎――』木鐸社
施光恒 2003 『リベラリズムの再生――可謬主義による政治理論』慶應義塾大学出版会
―― 2010 「人権は文化超越的価値か――人権の普遍性と文脈依存性」(井上達夫編『講座 人権論の再定位 5 人権論の再構築』法律文化社)
―― 2018 『本当に日本人は流されやすいのか』角川新書
ゼンクハース、ディーター 2006 宮田光雄・星野修・本田逸夫 訳『諸文明の内なる衝突』岩波書店
太子堂正称 2003 「ハイエクとヒューム、スミス――社会秩序の形成過程をめぐって――」(『経済史学会年報』第 43 巻)
―― 2006 「抽象の第一義性と内在的批判――ハイエクにおけるルールの『発見』をめぐって――」(『経済論叢別冊 調査と研究』第 32 号)
高橋広次 2016 『アリストテレスの法思想――その根柢に在るもの』成文堂
田中成明 1996 『現代社会と裁判――民事訴訟の位置と役割』弘文堂
―― 2000 『転換期の日本法』岩波書店
―― 2011 『現代法理学』有斐閣
―― 2014 『現代裁判を考える――民事裁判のヴィジョンを索めて』有斐閣
―― 2016 『法学入門［新版］』有斐閣
棚瀬孝雄 2002 『権利の言説――共同体に生きる自由の法』勁草書房
千葉正士 1991 『法文化のフロンティア』成文堂
堂目卓生 2008 『アダム・スミス――『道徳感情論』と『国富論』の世界』中公新書
中根千枝 1967 『タテ社会の人間関係――単一社会の理論』講談社現代新書
―― 1978 『タテ社会の力学』講談社現代新書
仲正昌樹 2011 『いまこそハイエクに学べ――「戦略」としての思想史』春秋社
中村元 1989 『中村元選集［決定版］第 3 巻 日本人の思惟方法 東洋人の思惟方法Ⅲ』春秋社
那須耕介 2005 「政治的思考という祖型――政治的思考はどこから出てくるのか」(足立幸男編著『政策学的思考とは何か――公共政策学原論の試み』勁草書房)

登尾章 2011 「『大きな社会』とその規範的構成」(日本法哲学会編『市民／社会の役割と国家の責任・法哲学年報 2010』有斐閣)

ハイエク 2009-1 山中優監訳『政治学論集〈ハイエク全集第Ⅱ期第 5 巻〉』春秋社

―― 2009-2 八木紀一郎監訳『思想史論集〈ハイエク全集第Ⅱ期第 7 巻〉』春秋社

―― 2010 嶋津格監訳『哲学論集〈ハイエク全集第Ⅱ期第 4 巻〉』春秋社

橋本祐子 2004 「リバタリアニズムと同性婚に向けての試論――私事化の戦略――」(仲正昌樹編『法の他者』御茶ノ水書房)

長谷川晃 1991 『権利・価値・共同体』弘文堂

濱口惠俊 1998 『日本研究原論――「関係体」としての日本人と日本社会』有斐閣

濱口惠俊 編著 1998 『日本社会とは何か――〈複雑系〉の視点から』NHK ブックス

深田三徳 1999 『現代人権論――人権の普遍性と不可譲性』弘文堂

松井彰彦 2002 『慣習と規範の経済学――ゲーム理論からのメッセージ』東洋経済新報社

丸山真男 2004 「原型・古層・執拗低音――日本思想史方法論についての私の歩み――」(同他『日本文化のかくれた形』岩波現代文庫)

萬田悦夫 2008 『文明社会の政治原理――F・A・ハイエクの政治思想』慶應義塾大学出版会

南博 2006 『日本人論――明治から今日まで』岩波現代文庫

ミル、J.S. 1971 塩尻公明・木村健康 訳『自由論』岩波文庫

森田明彦 2017 『世界人権論序説――多文化社会における人権の根拠について』藤原書店

森田雅憲 2009 『ハイエクの社会理論――自生的秩序論の構造』日本経済評論社

森村進 2001 『自由はどこまで可能か――リバタリアニズム入門』講談社現代新書

―― 2012 「マイケル・サンデルのコミュニタリアン共和主義」(『一橋法学』第 11 巻第 2 号)

―― 2013 『リバタリアンはこう考える――法哲学論集』信山社

―― 2016 「マイケル・サンデルの反自由市場コミュニタアニズム」(『一橋法学』第 15 巻第 1 号)

森村進 編著 2005 　　『リバタリアニズム読本』勁草書房
―――― 2009 　　『リバタリアニズムの多面体』勁草書房
山田八千子 2008 　　『自由の契約法理論』弘文堂
山中優 1996 　　「F・A・ハイエクの政治思想（一）――自生的秩序論とその哲学的基礎――」（『法学論叢』第 139 巻第 4 号）
―――― 1997 　　「F・A・ハイエクの政治思想（二）・完――自生的秩序論とその哲学的基礎――」（『法学論叢』第 141 巻第 3 号）
―――― 2007 　　『ハイエクの政治思想――市場秩序にひそむ人間の苦境』勁草書房
吉野裕介 2014 　　『ハイエクの経済思想――自由な社会の未来像』勁草書房
ヨンパルト、ホセ 2000 　　『日本人の論理と合理性――生ける法を手掛かりに――』成文堂
老子 2013 　　福永光司訳『老子』ちくま学芸文庫
渡辺幹雄 2006 　　『ハイエクと現代リベラリズム――「アンチ合理主義リベラリズム」の諸相』春秋社
―――― 2007 　　『ロールズ正義論とその周辺――コミュニタリアニズム、共和主義、ポストモダニズム』春秋社

人名索引

あ 行

会田雄次　188
アウグスティヌス　39, 73
青木保　156
青木人志　4
アッナイム（An-Na'im, A.A.）　14, 119-122, 131-133, 139, 141-148, 173-178, 180-183
荒井一博　202
アリストテレス　39, 41, 42, 45-46, 48, 73, 160-161, 245
アレン（Allen, R.T.）　9
井波律子　156
井上忠司　188
ヴァンバーグ（Vanberg, V.）　59-63, 64, 102
ウォルツァー（Walzer, M.）　15, 137
内田樹　168
大久保喬樹　156
大沼保昭　122
大林太良　156
オークショット（Oakeshott, M.）　8-9, 20, 79-86, 178-179, 211-216, 219-224, 244

か 行

加藤周一　162, 180, 181
金谷治　160-161
亀本洋　243-244, 245
河合隼雄　156-161, 167, 176
川島武宜　1-4
カント（Kant, I.）　40, 69, 70, 164, 173, 195, 200
菊池理夫　49, 52
ギスラーソン（Gissurarson, H.H.）　11, 86, 216, 221
キムリカ（Kymlicka, W.）　55, 56
ギャンブル（Gamble, A.）　99, 109, 110, 218, 219
クカサス（Kukathas, C.）　10
グレイ（Gray, J.）　151-153, 207, 218-219
小島秀信　209-210

さ 行

サンデル（Sandel, M.）　11
嶋津格　171
ジェファーソン（Jefferson, T.）　109
シルズ（Shils, E.）　7
スミス（Smith, A.）　187-201
施光恒　15, 122-123, 187-189
セン（Sen, A.）　123
ゼンクハース（Senghaas, D.）　133, 148, 150-151

た 行

田中成明　4-6
棚瀬孝雄　1, 3-4
千葉正士　1, 156
チャン（Chan, J.）　15, 123
テイラー（Taylor, C.）　51-52
デン＝アイル（Den Uyl, Douglas J.）　51
堂目卓生　192
ドゥオーキン（Dworkin, R.）　135
ドネリー（Donnelly, J.）　14, 115-118, 127-138, 197, 207, 241
トマス・アクィナス　73

な 行

中根千枝　156, 158, 159, 164-166, 184-187, 194-195
仲正昌樹　50
那須耕介　51
ニーチェ（Nietzsche, F.W.）　70

は 行

ハイエク（Hayek, F.A.）　9-13, 19-35, 43, 49-55, 57-67, 74-76, 79, 85-112, 170-173, 186-187, 197-212, 214-219, 221-227, 238
バーク（Burke, E.）　68, 70, 218
長谷川晃　4
バーネット（Barnett, R.E.）　20
濱口惠俊　166
バリー（Barry, N.）　219
ハワード（Howard, R.）　129
ヒューム（Hume, D.）　197, 198, 200
深田三徳　16
ファーガソン（Ferguson, A.）　21, 214
フェザー（Feser, E.）　65-66

人名索引　261

ブキャナン（Buchanan, J. M.）　11, 202
フラー（Fuller, L.L.）　88
フリーマン（Freeman, M.）　14
ペッツウラ（Petsoulas, C.）　63-64, 201
ベネディクト（Benedict, R.）　156, 164-166, 168, 195
ベラー（Bellah, R.N.）　54, 145, 146
ヘラクレイトス　67
ベル（Bell, D.A.）　122-126, 131-134, 138-147, 180-183
ベンサム（Bentham, J.）　69-70, 109
ボウツ（Boaz, D.）　53-54
ホートン（Horton, J.）　79
ホブズボーム（Hobsbawm, E.）　43
ポラニ（Polanyi, M.）　9, 20

ま　行

マチャン（Machan, T.R.）　242-244
マッカン＝ジュニア（McCann, Jr., C.R.）　11
マッキンタイア（MacIntyre, A.）　10-13, 37-49, 55-57, 67-78, 141-148, 173-190, 193, 210-211, 212, 215, 224-227
マーフィー（Murphy, M.C.）　48
マルホール（Mulhall, S.）　78-79

丸山真男　162-163, 181, 183
萬田悦夫　208-209
ミラー（Miller, D.）　15, 118-119, 127, 131, 136-139
ミル（Mill, J.S.）　243-244
メンダス（Mendus, S.）　79
森田明彦　134
森田雅憲　173
森村進　52, 238-240, 244
モンテスキュー　98

や　行

山田八千子　49
吉野裕介　67, 204, 216

ら　行

ラスマッセン（Rasmussen, Douglas B.）　51
リー・クアンユー　13
ルソー（Rousseau, J-J.）　109
老子　161
ロールズ（Rawls, J.）　12, 78-79, 135, 153, 239

わ　行

渡辺幹雄　60, 65-66, 222

事項索引

※ 特に重要と思われる箇所のみを挙げた。

あ　行

アイデンティティー　39, 40, 47, 54, 55, 152, 182, 189
一般的・抽象的ルール　34, 92, 214
一般的で目的独立的で抽象的な～　29-31, 43, 51, 59, 86, 110-112, 187, 193, 195

か　行

解釈のレベル　117, 132, 205, 207
概念のレベル　117, 135, 205, 207, 208
期待　201-203
共通善　8, 44-52, 55, 76, 186
共同体
　大きな――　28-31, 52-55, 57, 76, 186, 187, 193, 195, 238
　――の異質性・多様性　49-50, 186, 193, 194
　――の同質性　49-50, 186, 193
　――論　24-32, 43-55, 76, 184-187
　小さな――　29, 31-32, 44-49, 52-55, 57, 58, 76, 184-187, 193
形式的属性　88, 92, 102
啓蒙主義　13, 36-40, 45, 46, 68, 69, 70, 77, 80, 152, 213, 218
現代正義論　7, 8, 12, 239
原理　33, 87-94, 95-98, 105, 108
権利章典　103-112
権利保障　95-98
権力制限　79, 95-98
権力分立　95-103
行為ルール　22-24, 84, 200
　正義にかなう――　98-104, 105, 108, 110, 112
構成的アプローチ　14, 119-122, 132-133, 139, 141-148, 173-178, 180-183
合理主義　7, 9, 36-40, 80-83, 102, 109, 218, 221
コミュニタリアニズム（コミュニタリアン）　8, 10-12, 49-55, 152, 242
コモン・ロー　94, 202, 213

さ　行

試行錯誤　58, 59, 66, 75, 111, 201, 216, 217, 218, 224
自生の秩序（自生的な秩序、自生的な全体秩序）　11, 22-32, 58-67, 101, 110-112, 171, 198, 202, 214, 216, 240
実施のレベル　117, 205-211, 224-227
自由社会　32-35
自由主義　7, 8, 9, 85, 244, 245
状況重視型の相対的道徳　163-169, 184-227, 241-242
進化論　58-67, 109, 216-219, 221, 224, 225
人道主義的戦略　118-119, 127, 131, 136-139
設計主義　21, 102, 109-112, 170-171, 198, 218, 219

た　行

地域知重視の人権論　122-126, 131, 138-147, 180-183
知識　9, 19-22, 32, 80-81, 212, 215, 217, 218, 219
中空均衡構造　156-161, 166-168, 170-179, 198, 237
抽象的なるものの先行性　172-173, 199-200, 204, 208
中心統合構造　158-160, 170-178, 198
強い普遍主義　115-118, 127-130, 131-132, 135-136, 138, 197, 207, 241
テシス　100-104, 108, 112
伝統
　厚い――　43-52, 76, 143, 186
　薄い――　31, 43, 186-187
　行為の――　83-85, 178-179, 183, 211-216, 222-223, 224, 239, 244
　行為ルールとしての――　22-24, 28-31, 35, 43, 89-90, 100, 170-173, 197-211, 214-217, 223-227, 238, 239, 244-245
　社会的・文化的――　41-42, 49, 79, 143
　知的探究の――　41-42, 78, 79, 141-148, 210-211, 212, 215, 226
　――間比較　68-76, 146-148, 173-178, 180-183, 190, 193-196, 210-211, 223-227

事項索引　263

――間論争　71, 146-147, 175
――構成的探究　69-71, 146-147, 175
――に体現されたものとしての合理的探究という構想　37-39, 56, 215
――の発展　55-76, 145-148, 210-211, 222-227
――の普及　57-58, 201-205, 208, 224
――理解　22-24, 40-43, 74-75, 211, 212, 214-216
同感　189-191, 198, 199-200, 201-202
統治の指図・命令　98, 100, 101
淘汰　23, 58-67, 75, 201, 216, 224

な 行

内在的批判　57, 58, 65-68, 72, 75, 76, 210-211, 222-223
日本文化　155-169
認識論的危機　71-74, 147-148
ノモス　100-112, 202, 238

は 行

普遍的価値重視型アプローチの人権論　115-119, 127-130, 135-139
文化的文脈重視型アプローチの人権論　119-126, 139-140, 141-148, 180-183, 189-190
法の支配　86-94
法の下での自由　33-35
保守主義　152, 218, 242

ま 行

明文化　20, 22, 34-35, 41-43, 86, 87, 89, 90, 97, 106, 201-205
模倣　22, 23, 34-35, 57-58, 62, 64, 66, 67, 74, 148, 201, 204, 211, 212, 215, 224-227
モデル憲法　98-102, 105

や 行

輸入・修正型文化　162-163, 166-169, 177, 180-183, 187-189, 197

ら 行

立憲主義　95-112
リバタリアニズム（リバタリアン）　11, 12, 50, 51-55, 238-244
リベラリズム　8, 9, 10, 11, 12, 17, 36, 39, 51, 52, 56, 77-78, 79, 109, 110, 123, 151-153, 187, 218-219, 239, 244
リベラル・コミュニタリアン論争　8, 10, 48

著者略歴

土井崇弘（どい　たかひろ）

中京大学法学部教授
1975年　大阪府生まれ
1997年　京都大学法学部卒業
1999年　京都大学大学院法学研究科博士前期課程修了
2002年　京都大学大学院法学研究科博士後期課程研究指導認定
2005年　中京大学法学部専任講師
2006年　中京大学法学部助教授（2007年より准教授）
2013年　中京大学法学部教授

ハイエクの伝統論の再構成
──日本文化のなかでの自由社会の擁護──
新基礎法学叢書15

2019年3月25日　初 版第1刷発行

著　者　土　井　崇　弘
発行者　阿　部　成　一

〒162-0041　東京都新宿区早稲田鶴巻町514番地
発行所　株式会社　成 文 堂
電話 03(3203)9201　FAX 03(3203)9206
http://www.seibundoh.co.jp

製版・印刷　シナノ印刷　　　製本　弘伸製本
©2019　T. Doi　　printed in Japan
☆乱丁・落丁本はおとりかえいたします☆
ISBN978-4-7923-0639-7 C3032　　検印省略

定価（本体5500円＋税）

新基礎法学叢書 刊行のことば

　このたび、以下に引用する阿南成一先生の基礎法学叢書（1970年〜1998年）刊行のことばの精神を引き継ぎ、新基礎法学叢書の刊行を開始することにした。そのめざすところは、旧叢書と異ならない。ただし、「各部門の中堅ならびに新進の研究者」という執筆者についての限定は外すことにした。基礎法学各部門の「金字塔をめざして」執筆する者であればだれでも書くことができる。基礎法学の研究者層は大変薄いこともあり、それ以外の法学部門の研究者だけでなく、哲学、歴史学、社会学等の専門家、さらには、教養あるすべての人々にも、読んでいただけるような内容になることを期待している。

　　2012年1月　　　　　　　　　　　　　京都大学教授　　亀 本　　洋

基礎法学叢書 刊行のことば

　現代は《変革の時代》であり、法律学も新たに生まれ変わろうとしている。かかる時代にあって、法哲学・法史学・比較法学・法社会学等のいわゆる基礎法学への関心も高まり、これらの学問の研究は、ますます重要性を加えつつある。
　しかし、いずれの学問分野においても、基礎的研究の重要性が説かれながら、その研究条件は、応用的ないし、実用的研究に比して、必ずしも恵まれていない。このことは基礎法学についても同様かと思われる。
　それにもかかわらず、基礎法学の研究は、こんにちことのほか重要であり、幸い全国各地には基礎法学の研究にたずさわる研究者が熱心に研究活動をつづけている。そこで、ここに《基礎法学叢書》を企画し、これを、基礎法学の各部門の中堅ならびに新進の研究者の研究成果の発表の機会とし、以って基礎法学の発展を期することとした。
　この基礎法学叢書として今後二〜三のモノグラフィーを逐年刊行の予定であるが、それらはいずれも基礎法学部門の専門、学術的な研究成果であり、各部門の発展途上における金字塔をめざして執筆されるものである。
　本叢書が基礎法学の発展に寄与できれば幸いである。

　　昭和43年2月　　　　　　　　　　　　大阪市立大学教授　　阿 南 成 一